Meinen Großeltern

Die ungeschriebenen Freiheitsrechte in der schweizerischen Bundesverfassung von 1874 im Vergleich mit dem Grundgesetz

STUDIEN UND MATERIALIEN ZUM ÖFFENTLICHEN RECHT

Herausgegeben von Herbert Bethge

Band 16

PETER LANG
Frankfurt am Main · Berlin · Bern · Bruxelles · New York · Oxford · Wien

Holger Schäfer

Die ungeschriebenen Freiheitsrechte der schweizerischen Bundesverfassung von 1874 im Vergleich mit dem Grundgesetz

PETER LANG
Europäischer Verlag der Wissenschaften

Die Deutsche Bibliothek - CIP-Einheitsaufnahme

Schäfer, Holger:

Die ungeschriebenen Freiheitsrechte in der schweizerischen Bundesverfassung von 1874 im Vergleich mit dem Grundgesetz / Holger Schäfer. - Frankfurt am Main ; Berlin ; Bern ; Bruxelles ; New York ; Oxford ; Wien : Lang, 2002
(Studien und Materialien zum öffentlichen Recht ; Bd. 16)
Zugl.: Mainz, Univ., Diss., 2000
ISBN 3-631-36903-4

D 77
ISSN 1433-1500
ISBN 3-631-36903-4

www.peterlang.de

Vorwort

Die vorliegende Arbeit wurde von dem Fachbereich Rechts- und Wirtschaftswissenschaften der Johannes Gutenberg-Universität Mainz im Sommersemester 2000 als Dissertation angenommen.

Bedanken möchte ich mich insbesondere bei Herrn Prof. Dr. Hans Heinrich Rupp für die Betreuung der Arbeit. Für die Erstellung des Zweitgutachtens danke ich Herrn Prof. Dr. Dieter Dörr. Mein Dank gilt darüber hinaus Herrn Prof. Dr. Herbert Bethge für die Aufnahme in die Reihe „Studien und Materialien zum Öffentlichen Recht".

Mainz, im Dezember 2001 Holger Schäfer

Inhaltsübersicht

Inhaltsverzeichnis

Einführung

Seit dem Jahre 1959 erkennt das Schweizer Bundesgericht sogenannte ungeschriebene Freiheitsrechte an. Von 1963 bis 1978 wurden - unter Heranbildung und Definiton verschiedener Kriterien - die Eigentumsfreiheit, die persönliche Freiheit, die Meinungsäußerungsfreiheit, die Versammlungsfreiheit sowie die Sprachenfreiheit neben die in der Bundesverfassung der Schweizerischen Eidgenossenschaft von 1874 ausdrücklich genannten Freiheitsrechte gestellt. 1995 kam das soziale Grundrecht auf Existenzsicherung hinzu.

Diese ungeschriebenen Freiheitsgarantien besitzen keinen Anknüpfungspunkt im Gesetzestext der Verfassungsurkunde, sondern wurden von dem Schweizer Bundesgericht in seiner Funktion als Staatsgerichtshof "frei" entwickelt. Durch diese Rechtsprechung gelang es dem Bundesgericht, den Kanon der nicht ausdrücklich genannten Freiheitsrechte in wesentlichen Bereichen zu erweitern und so die Rechtsstellung des Individuums in seiner Beziehung zum Staat bedeutend zu verbessern.

Auch das deutsche Verfassungsrecht eröffnet Wege, um den Freiheitsrechten einen weiten Anwendungsbereich zu schaffen und so individuelle Rechtspositionen zu stärken. Dabei ist jedoch der methodische Ansatz ein völlig anderer. Ebenso wie dies im Schweizer Staatsrecht über Jahrzehnte geschah, geschieht dies auch in Deutschland zwar überwiegend nicht durch formale Verfassungsänderungen, sondern durch die Ausschöpfung der Möglichkeiten, die die juristische Methodenlehre zur Verfügung stellt. Allerdings wurde im deutschen Verfassungsrecht der Weg über die (weite) *Auslegung* vorhandener Grundrechtsartikel gewählt. Trotz der formalen Anknüpfung an ausdrücklich geregelte Freiheiten entwickelte das Bundesverfassungsgericht dabei allerdings quasi eigene Tatbestände und verselbständigte, konsistente Rechtspositionen, so daß auch hier von "ungeschriebenen" Freiheitsrechten gesprochen werden kann. Bei dieser Vorgehensweise des Bundesverfassungsgerichts kommt Art. 2 Abs. 1 GG in seiner Auslegung als "allgemeine Handlungsfreiheit" als Anknüpfungspunkt eine zentrale Rolle zu.

Am 18. April 1999 löste die neue Bundesverfassung der Schweizerischen Eidgenossenschaft das Staatsgrundgesetz aus dem Jahre 1874 ab. Durch das Inkrafttreten der neuen Verfassung und den in ihr enthaltenen umfangreichen Grundrechtekatalog scheint das Thema der vorliegenden Arbeit auf den ersten Blick an Brisanz verloren zu haben und die Untersuchung der Kategorie der Rechtshistorie zuzuordnen zu sein. Eine solche Sichtweise liese allerdings außer Acht, daß die grundlegende Frage, wie der verfassungsrechtliche Schutz des Individuums verfassungsrechtlich optimiert werden kann - durch Auslegung, Gewohnheitsrecht oder eine dem Richterrecht zuordnende Rechtsschöpfung - ein für Verfassungen grundsätzliches methodisches Problem darstellt und von daher auch für Verfassungen anderer Staaten grundsätzlich von Wichtigkeit ist. Die verschiedenen rechtsdogmatischen Ansätze des Schweizer Bundesgerichts und des Bundesverfassungsgerichts sind deshalb nach wie vor von elementarer Bedeutung. Hier kann - unabhängig von der ehemaligen oder aktuellen Situation in zwei Rechtsordnungen - gezeigt werden, welche Optionen einem Verfassungsgericht grundsätzlich zur Verfügung stehen. An Ihnen kann - über die Darstellung der unterschiedlichen Ansätze hinaus - insbesondere aber auch illustriert werden - wie trotz unterschiedlicher Methodik ähnliche Ergebnisse erzielt werden können.

Im folgenden sollen nun diese in beiden Rechtsordnungen beschrittenen Wege einer effektiven Gestaltung des grundrechtlichen Schutzes des Bürgers beleuchtet werden. Dabei wird zunächst zu zeigen sein, daß zwar hinsichtlich zentraler verfassungsrechtlicher Fragen weitgehende Übereinstimmung in beiden Rechtsordnungen besteht, der Begriff "ungeschrieben" in Bezug auf die Freiheitsrechte jedoch unterschiedlich zu definieren ist. Während "ungeschrieben" - vor dem Hintergrund der Verfassung von 1874 - im Schweizer Recht streng positivistisch zu verstehen ist, handelt es sich bei "ungeschriebenen" Freiheitsrechten nach deutschem Verfassungsrecht um individualrechtliche Garantien, die zwar an ausdrücklich benannte Freiheitsrechte angelehnt werden, allerdings durch die Rechtsprechung des Bundesverfassungsgerichts eine gewisse Verselbständigung erfahren haben.

Mit diesem unterschiedlichen Verständnis eines zentralen verfassungsrechtlichen Begriffs ist - wie bereits erwähnt - zwangsläufig ein unterschiedliches methodischen Vorgehen der beiden Gerichte verbunden. Das Schweizer Bundesgericht benennt dabei seinen methodischen Ansatz nicht, seine Ausführungen lassen aber - wie zu zeigen sein wird - einen Rückgriff auf gewohnheitsrechtliche Elemente und Richterrecht vermuten. Das Bundesverfassungsgericht hingegen wählt den Weg über die Auslegung vorhandener Grundrechtsartikel.

Trotz dieser unterschiedlichen methodischen Ansätze werden interessanterweise - dies wurde bereits angedeutet - in weiten Bereichen in beiden Rechtsordnungen ähnliche Ergebnisse erzielt. Die hinsichtlich der Vorgehensweise noch klar mögliche methodische Trennung kann in den Resultaten nicht mehr vorgenommen werden, die Grenzen verwischen hier.

Als Hauptorientierungspunkt der folgenden Betrachtungen dient zum einen die Rechtsprechung des Schweizer Bundesgerichts in Lausanne, das auch die Funktion eines Verfassungsgerichts wahrnimmt, sowie die des Bundesverfassungsgerichts in Karlsruhe.
Aber auch die Rechtslehre soll - insbesondere in ihren kritischen Ansätzen zur Judikatur und in ihrem Angebot an Alternativen - in die Untersuchungen mit einbezogen werden.

Nach einer kurzen Darstellung der verfassungsrechtlichen Ausgangslage und Parallelen in beiden Rechtsordnungen soll eine Klärung des für die vorliegende Arbeit zentralen Begriffes "ungeschrieben" im Zusammenhang mit den Freiheitsrechten vorgenommen werden. Bevor dann der Freiheitsrechtsbestand der Bundesverfassung von 1874 und des Grundgesetzes als Ausgangspunkt der folgenden Überlegungen betrachtet werden kann, wird - unter besonderer Berücksichtigung der freiheitsrechtlichen Aspekte - die Verfassungsgeschichte beider Länder, ohne die die Gegenwart nicht verstanden werden kann, kurz skizziert werden.
Zentrale Punkte der Untersuchung werden dann die Darstellung der Rechtsprechung des Schweizer Bundesgerichts und des Bundesverfassungsgerichts sowie deren Analyse sein.

In einem Ausblick sind zum Schluß insbesondere die Veränderungen, die die 1999 erfolgte Totalrevision der Schweizer Bundesverfassung insbesondere für den Bestand der Freiheitsrechte mit sich gebracht hat, kurz zu beleuchten.

1. Teil : Die verfassungsrechtliche Ausgangslage / Der Begriff „ungeschrieben"

1. Kapitel : Gemeinsame Verfassungsstrukturen

A. Allgemein

Die Schweiz und die Bundesrepublik Deutschland besitzen eine teilweise gemeinsame oder doch ähnlich verlaufende Wirtschafts-, Sozial- und Kulturgeschichte.[1]
Sowohl die Bundesverfassung der Schweizerischen Eidgenossenschaft vom 29. Mai 1874 als auch das deutsche Grundgesetz stehen dabei in der Tradition westlicher, liberaler Verfassungen. Diese historischen Gemeinsamkeiten schlugen sich konsequenterweise auch in den Rechtsordnungen und insbesondere dem Verfassungsrecht, dem Verfassungsverständnis und der verfassungsrechtlichen Terminologie der beiden Staaten nieder :[2]

So wird sowohl in der schweizerischen Eidgenossenschaft als auch in der Bundesrepublik Deutschland das Verfassungsrecht im wesentlichen durch eine "geschriebene Verfassung" bestimmt, d. h. die materiell als Verfassung zu charakterisierenden Rechtsgrundsätze sind im wesentlichen in einer Verfassungsurkunde niedergelegt.[3] In beiden Rechtsordnungen wird der Verfassung über die Feststel-

---

1 Vgl. Huber (Gewährleistung), S. 49.

2 Dabei bestehen im Bereich der Grundrechte insbesondere (über die schweizerische Lehre mittelbare) Einflüsse von der deutschen Rechtsprechung und der deutschen Doktrin auf das Schweizer Recht, s. Huber (Grundrechte), S. 191; Einflüsse aus der Schweiz sieht Scheuner (Grundrechte), S. 473 etwa für die Stellung des deutschen Bundesverfassungsgerichtes. Zu "Wesen, Aufgabe und Prinzipien" der Bundesverfassung s. ausführlich Eichenberger, in : Kommentar BV, verfassungsrechtliche Einleitung, Rdn. 3 ff.

3 Die schweizerische Verfassungsurkunde von 1874 besteht aus 123 Artikeln, die in 3 Abschnitte gegliedert sind ("Allgemeine Bestimmungen", "Bundesbehörden", "Revision der Bundesverfasung"). Zu diesen tritt eine zeitlich begrenzt geltende Anzahl von Übergangsbestimmungen, die allerdings - mit einer eigenen Nummerierung versehen - nicht zum eigentlichen Text der Bundesverfassung gehören. Aufgrund der zahlreichen Partialrevisionen seit 1874 bietet die Bundesverfassung allerdings trotz dieser zunächst sehr klar erscheinenden Gliederung ein wenig übersichtliches Bild; vgl. hierzu etwa Saladin (Struktur), S. 219: "wenig systematischer Aufbau"; Friesenhahn, S. 85 : "heterogener Charakter"; weniger zurückhaltend Morand (droits fondamentaux), S. 197 : "illisible" und Katzenstein, S. 42 : "erschreckend in ihrem äußeren Bild". Positiver hingegen Eichenberger, in: Kommentar BV, Verfassungsrechtliche Einleitung, Rdn. 40 : "unaufällige Systematik".

lung hinaus, daß sie als rechtliche Grundordnung[4] des Staates insbesondere die Staatsorganisation und die Rechtsstellung des Bürgers in seinem Verhältnis zum Staat formal zu regeln habe, eine materielle Komponente dergestalt zugeordnet, daß sie "Mittel der Selbsdarstellung der gesamten Rechtskultur des Volkes"[5] ist und in dieser Funktion Grundentscheidungen für die gesamte Rechtsordnung normiert.[6] In der innerstaatlichen Normenhierarchie steht das Verfassungsrecht dabei in beiden Rechtsordnungen an höchster Stelle und ist "relativ starr", kann also nur erschwert und in einem besonderen Verfahren abgeändert werden. Das Grundgesetz hat dies in Art. 79 ausdrücklich normiert.[7]

Individuelle Freiheit wird nach einhelliger Meinung in beiden Ländern nicht nur durch einen mehr oder weniger umfangreichen oder systematischen Kanon von Grundrechten sichergestellt.[8] Auch andere Prinzipien und Rechtsinstitute einer Verfassung leisten hierzu - nicht zuletzt auch in ihrem Zusammenspiel untereinander und mit den Grundrechten - ihren Beitrag.[9] Die Verfassung bildet - man spricht gemeinhin vom Prinzip der "Einheit der Verfassung" - eine Einheit, deren einzelne Elemente nicht isoliert voneinander betrachtet werden können, wenn sie voll zur Wirkung gelangen sollen können.[10]
Gerade auch bei diesen Grundprinzipien weisen aber beide Verfassungen eine Reihe von Gemeinsamkeiten auf. Sowohl in der Schweizerischen Eidgenossenschaft als auch in der Bundesrepublik Deutschland bilden Rechtsstaatsprinzip, Demokratieprinzip[11], Föderalismus und Sozialstaatlichkeit[12] die Grundpfeiler der Staatsorganisation.[13]

---

4 Dem steht nicht entgegen,daß sowohl die Bundesverfassung (vgl. etwa Art. 32bis, 32ter, 35 BV) als auch das Grundgesetz (vgl. etwa Art. 48 Abs. 3 S. 2 GG) Bestimmungen enthalten, deren Platz eigentlich nicht in der Verfassung ist.

5 Gut, S. 347.

6 Vgl. etwa Häfelin (Verfassungsgebung), S. 83 f.; Gut, S. 346 ff.; Häfelin/Haller, Rdn. 18; Hesse (Verfassungsrecht), insbes. Rdn.18.

7 Häfelin/Haller, Rdn. 27; Eichenberger (Verfassung), S. 157; Hesse (Verfassungsrecht), Rdn. 36 ff.; zu den inhaltlichen Anforderungen an Verfassungsänderungen vgl. etwa Häfelin/Haller, Rdn. 25; Hesse (Verfassungsrecht), Rdn. 700 ff.

8 Vgl. dazu ausführlich unten, S. 25 f.

9 Nef, S. 194 ff.

10 Häfelin (Verfassungsgebung), S. 88 f.; Huber (Formenreichtum), S. 183; Hesse (Verfassungsrecht), insbes. Rdn. 20.

11 In der Schweiz spielen allerdings direktdemokratische Elemente eine wesentlich stärkere Rolle als in der Bundesrepublik (wie auch in anderen europäischen Staaten). Zu diesen umfangreichen Mitwirkungsrechten der Bevölkerung in der Schweiz vgl. etwa Auer (démocratie), S. 77: "On peut supposer que le nombre, la densité et la diversité des institutions démocratiques en Suisse, leur profond ancrage dans les traditions historiques aussi, confèrent à l'ideologie democratique une épaisseur qu'elle n'atteint probablement pas dans tous les Etats democratiques".

B. Grundrechte und Freiheitsrechte

Dieses hohe Maß an verfassungsrechtlichen Parallelen setzt sich im Bereich der Grund- und Freiheitsrechte fort. So wird sowohl für die schweizerische Eidgenossenschaft als auch für die Bundesrepublik Deutschland einhellig anerkannt, daß Grund- und insbesondere Freiheitsrechte[14] eine wesentliches Element einer freiheitlich-rechtsstaatlichen Ordnung darstellen und elementar für jedes demokratische Leben sind.[15]

Allerdings enthält die Schweizer Bundesverfassung von 1874[16] den Begriff "Grundrecht" nicht, kennt aber - ohne eine Begriffserklärung zu geben - dafür den Begriff des "verfassungsmäßigen Rechtes".[17] Unter verfassungsmäßigen Rechten werden dabei "justitiable Rechtsansprüche" verstanden, "die nicht ausschließlich öffentliche Interessen, sondern auch Interessen und Schutzbedürfnisse des Einzelnen" betreffen[18]. Unter den Begriff werden sämtliche Freiheitsrechte, die Rechtsgleichheit, aber etwa auch verschiedene "rechtsstaatliche und bundesstaatliche Garantien" wie die politischen Rechte oder der Grundsatz der Gewaltentrennung subsumiert.[19] Die Terminologie "verfassungsmäßiges Recht" ist somit weiter als der Terminus "Grundrechte".[20]

---

12 Tschudi, aaO., spricht sogar von der "Sozialverfassung der Schweiz".

13 Vgl. hierzu etwa für die Schweiz : Häfelin/Haller, Rdn. 1085 ff.; für Deutschland Hesse (Verfassungsrecht), Rdn. 114 ff.

14 In der vorliegenden Untersuchung soll der Begriff "Grundrechte" als Oberbegriff verstanden werden, der die Freiheitsrechte, Gleichheitsrechte und Leistungs- bzw. sozialen Grundrechte erfaßt, vgl. hierzu etwa Häfelin/Haller, Rdn. 1058; Bleckmann, § 5 Rdn. 7, 10; Dreier, in : H. Dreier (Hrsg.), Bd. 1 1996, Vorb., Rdn. 37 f.; Jarass, in : Jarass/Pieroth, Vorb. vor Art. 1, Rdn. 1; Kannengießer, in : Schmidt-Bleibtreu/Klein, Vorb. v. Art. 1, Rdn. 17 ff.; Maunz/Zippelius, § 18 I.

15 Vgl. statt vieler Müller in: Kommentar BV, Einleitung zu den Grundrechten, Rdn. 1; Rhinow (Grundrechtskatalog), S. 225; v. Münch in: v. M./K:, Art. 1-19 Vorb., Rdn. 3.

16 Anders allerdings die nachgeführte Verfassung von 1999, s. dazu ausführlich unten, S. 155 ff.

17 So urteilt das Schweizer Bundesgericht nach § 113 Abs. 1 Nr. 3 BV "über Beschwerden betreffend Verletzung verfassungsmäßiger Rechte der Bürger". In den Kantonsverfassungen variert die Bandbreite der verwendeten Begriffe noch stärker, vgl. hierzu im einzelnen Kurer, S. 1.

18 Kälin, S. 67. Zustimmend Haller, in : Kommentar BV, Art. 113, Rdn. 90; Auer (Verfassungsgerichtsbarkeit), Rdn. 289 ff.; Haefliger (Hierarchie), S. 475.

19 Vgl. hierzu im einzelnen Haller, in : Kommentar BV, Art. 113, Rdn. 96.

20 Allerdings findet sich in der Schweizer Literatur häufig eine Gleichsetzung der Begriffe, vgl. etwa Huber (Grundrechte), S. 187, 194; Kurer, S. 1; Hanggartner (Bd. 2), S. 24; ähnlich Schuler, S. 76, die allerdings nicht zwischen "Grundrechten" und "Freiheitsrechten" unterscheidet. Ohne klare Definition Häfelin/Haller, Rdn. 1068. Nach teilweise vertretener Ansicht ist der Begriff "Grundrechte" in erster Linie als rechtsethischer Begriff zu definie-

Das Schweizer Bundesgericht ist - auch wenn es den Begriff Grundrecht teilweise verwendet[21] - auf rechtsdogmatische Gesichtspunkte bisher nicht eingegangen und hat sich mit einer eher pragmatisch orientierten Definition begnügt. Danach

"... verbürgen diejenigen Verfassungsbestimmungen von Bund und Kantonen verfassungsmäßige Rechte, die dem Bürger einen Schutzbereich gegen staatliche Eingriffe sichern wollen".[22]

Entscheidend ist also der individuelle Rechtsanspruch, der dem Bürger gewährt wird, wobei aber auch Normen, die neben öffentlichen Interessen auch private Interessen schützen, erfaßt werden. Nicht hierunter fallen insbesondere Organisationsnormen oder Programmsätze.[23] Weiterhin erforderlich für die Anerkennung als "verfassungsmäßiges Recht" ist die Justitiabilität.[24]

Das Grundgesetz verwendet den Begriff "Grundrechte" expressis verbis an mehreren Stellen.[25]

Auch die Funktionen der Grundrechte werden für die Schweiz und die Bundesrepublik überwiegend gleich beurteilt. Neben der ihnen primär zugedachten und historisch bedingten Funktion als Abwehrrechte wird dabei etwa auch die Existenz derivativer grundrechtlicher Leistungsrechte anerkannt.[26]

Zu diesen subjektiv rechtlichen Funktionen weist man den Grundrechten auch eine objektive Seite zu.
Dabei wird der Frage, inwieweit von den Grundrechten als Wertordnung gesprochen werden kann, eine zentrale Rolle zugemessen.[27]

Auch die Problematik staatlicher Schutzpflichten i. S. einer Handlungspflicht des Staates zum Schutz grundrechtlicher Rechtspositionen wird insbesondere im Zu-

---

ren, der als überpositiv erst noch durch Verfassung bzw. Verfassungsgeber konkretisiert werden muß. Erst mit der Konkretisierung würden dann "verfassungsmäßige Rechte" entstehen, vgl. hierzu im einzelnen Kaufmann (Grundrechte), S. 479 f.; Sigel, S. 5.

21 Vgl. etwa aus neuerer Zeit BGE 118 Ia 209, 214.

22 BGE 104 Ia, 284, 287; eine Klassifizierung der bundesgerichtlichen Rechtsprechung nimmt Kälin, S. 74 ff. vor; kritisch zur Rechtsprechung des BG Auer (Verfassungsgerichtsbarkeit), S. 168 ff.; Kälin, S. 87 f., der vor allem auf die Qualität von Grundrechten (auch) als Leistungsrechte hinweist, was aber das BG trotz oben zitierter Formulierung nach Meinung Kälins dennoch berücksichtigt.

23 BGE 96 I, 624, 626 f.; 104 Ia, 284, 286 f.; 105 Ia, 349, 357; vgl. hierzu auch Kälin, S. 89 ff.

24 BGE 104 Ia, 284, 286; s. auch Kälin, S. 93 ff.

25 So etwa die Überschrift über Abschnitt I des GG; Art. 1 Abs. 3, Art. 18, Art. 19; Art. 23 Abs. 1 GG ("Grundrechtsschutz"); zur Terminologie siehe auch Herzog aaO, S. 483 ff.

26 Vgl zu diesen Themenkomplexen etwa Häfelin/Haller, Rdn. 1092; Sachs, in : Dreier, in : Dreier, Vorb., Rdn. 50 ff.; Hesse (Verfassungsrecht), Rdn. 287 ff.

27 Vgl. hierzu Nef (Wertordnung); Goerlich, aaO.; Dürig, in : M/D/H/S, Art. 1 Rdn. 5 ff.; BVerfGE 7, 198, 205; Zur Konzeption Giacomettis s. unten, S. 45 ff.

sammenhang mit den objektiv-rechtlichen Dimensionen der Grundrechte diskutiert.[28]
Vor dem Hintergrund eines konstitutiv - institutionellen Grundrechtsverständnisses ist für beide Verfassungen zudem anerkannt, daß Grundrechte auch die Rechtsbeziehungen zwischen Privatpersonen erfassen und sich ihre Wirkung nicht auf das Verhältnis des Bürgers zum Staat beschränkt. Die herrschende Lehre und Praxis geht dabei in beiden Ländern von einer "mittelbaren" oder "indirekten" Drittwirkung" aus.[29]

Unter Freiheitsrechten werden in beiden Rechtsordnungen diejenigen von der jeweiligen Verfassung gewährleisteten Rechte verstanden, "die den Einzelnen in seiner Freiheitssphäre gegenüber Eingriffen des Staates schützen".[30]

2. Kapitel : Der Begriff "ungeschrieben"

A. Ungeschriebene Freiheitsrechte in der Schweiz

Besteht also - wie vorstehend dargelegt - in grundlegenden verfassungs- und grundrechtlichen Fragen weitgehende Übereinstimmung, so trifft dies für den Begriff "ungeschrieben" im Zusammenhang mit den Freiheitsrechten nicht zu.

Die grundsätzliche Frage, wie den Begriffen "ungeschriebenes *Verfassungsrecht*"[31] und "ungeschriebene *Freiheitsrechte*" schärfere Konturen verliehen werden könne wiederum ist sowohl in der Schweiz als auch in Deutschland bereits

---

[28] Zur "Struktur und Funktion der Schutzpflicht" s. etwa Isensee, in HdBStR, Bd. 5, § 111, Rdn. 86 ff; Sachs, in : Sachs, Vorb., Rdn. 35 ff.; Dreier, in : Dreier, Vorb. 62 ff.; Häfelin/Haller, Rdn. 1095.

[29] D. h. die Grundrechte und damit auch die Freiheitsrechte sind bei der Auslegung und Anwendung privatrechtlicher Normen - insbesondere der zivilrechtlichen Generalklauseln und unbestimmten Gesetzesbegriffe - zu berücksichtigen. Für die Schweiz s. etwa Müller, in : Kommentar BV, Einleitung zu den Grundrechten, Rdn. 58 ff.; Häfelin/Haller, Rdn. 1105 ff; für Deutschland s. etwa Stern, III/2, S. 1509 ff; Jarass, in : Jarass/Pieroth, Vorb. vor Art. 1, Rdn. 9; Dreier, in : Dreier, Vorb., Rdn. 57 ff.

[30] Statt vieler etwa Häfelin/Haller, Rdn. 1057; Maunz/Zippelius, § 18 I.

[31] Insbesondere in der Schweiz wird z. T. anstatt von "ungeschriebenem" Recht von "ungesetztem" Recht gesprochen, da auch das nicht gesetzte Recht oft niedergeschrieben sei, vgl. etwa Béguelin, S. 2 f.; Höhn, S. 3 f. ; Liver, S. 23 ff. Allerdings wird die Frage der Terminologie bei den genannten Autoren allgemein und nicht im speziellen Hinblick auf das Verfassungsrecht diskutiert. Auch der Begriff "stillschweigendes Verfassungsrecht" findet sich, vgl. etwa Hanggartner (Bd. 1), S. 7.

seit Jahrzehnten Gegenstand der Diskussion.[32] Früh wurde hier allerdings auch die Unmöglichkeit einer messerscharfen Abgrenzung erkannt und auf die Schwierigkeiten einer griffigen Umschreibung hingewiesen.[33]

In der Schweizer Literatur kann - soweit der Begriff "ungeschrieben" überhaupt näher zu umschreiben versucht wird[34] - Übereinstimmung hinsichtlich folgender Grundlinie festgestellt werden :[35] So gehören nach Meinung der Doktrin dem ungeschriebenen Verfassungsrecht diejenigen Normen an, "die im Gegensatz zum ausdrücklichen Verfassungsrecht im Wortlaut nicht erkennbar sind, aber im Zusammenhang mit bestimmten Verfassungsbestimmungen oder der Verfassung insgesamt erschlossen werden können".[36] Die ungeschriebenen verfassungsrechtlichen Normen bestehen dann i. d. R. "ohne den leisesten Bezug auf einen Artikel, die Präambel oder die Übergangsbestimmungen" der Schweizer Bundesverfassung.[37]
Für die ungeschriebenen Freiheitsrechte bedeutet dies, daß hier "ungeschrieben" heißt, keinen Anknüpfungspunkt in einer der "ausdrücklich erwähnten Freiheiten" zu haben.[38] Während also die geschriebenen Freiheitsrechte "énoncé dans un texte" sind, werden die ungeschriebenen Freiheitsrechte "reconnus par le juge sans être l'objet d'une disposition expresse".[39]

---

32 So befaßte sich eines der Hauptthemen der Staatsrechtslehrertagung von 1951 mit dem Begriff des ungeschriebenen Verfassungsrechts, vgl. hierzu VVDStRL. Heft 10 1952, S: 1-73; s. auch Huber (Verfassungsrecht).

33 Vgl. etwa Grisel (Droit public non écrit), S. 140 : Leur (= les règles du droit non ècrits) contenue manque ... de précision; leur fondement reste douteux; leurs rapports avec le droit édicté ne sont pas toujours définis exactement"; Huber (Verfassungsrecht), S. 115: "Es hat sich auf unserm Gang erwiesen, dass es keinen einheitlichen Begriff des ungeschriebenen Verfassungsrechts gibt. Vielmehr ist es nur ein Ausdruck, der eine ganze Fülle von Problemen der Verfassung und des Verfassungsrechts, eine Fülle von ungeheurer Spannweite bezeichnet". Symptomatisch für die Uneinigkeit auch der teilweise polemische Charakter der Aussprache anläßlich der Staatsrechtslehrertagung 1952, vgl. VVDStRL. Heft 10 1952, S. 46 ff.; vgl hierzu auch Wipfelder, S. 441, für den es bis heute nicht gelungen ist, "den gordischen Knoten zu lösen".

34 So wird teilweise in einschlägigen verfassungsrechtlichen Lehrbüchern oder Monographien der Versuch einer exakten Begriffsklärung gar nicht vorgenommen, vgl. etwa Häfelin/Haller, Rdn. 1069 ff. Eine Ausnahme bildet hier etwa Eichenberger in : Kommentar BV, Verfassungsrechtliche Einleitung, Rdn. 13, der mehrere Fallgruppen bildet.

35 A. A. allerdings Wipfelder, S. 445, für den der Begriff im schweizerischen Staatsrecht soviel bedeutet wie "Ambience, mithin das die Verfassung umgebende gesellschaftliche Milieu sowie die tragende Umgebung des politischen Lebens".

36 Hanggartner (I), S. 8.

37 Aubert (Bd. 1), Rdn. 311.

38 Häfelin/Haller, Rdn. 1071.

39 Grisel (Droit public non ècrit), S. 140.

Dabei handelt es sich nach Meinung der Literatur aber auch nicht etwa um gewohnheitsrechtlich entstande Rechte.[40] Diese Meinung wird noch zu betrachten sein.[41]

Das Bundesgericht hat bis heute keine eindeutige Definition des Begriffes "ungeschrieben" im Zusammenhang mit den Freiheitsrechten gegeben.[42] Trotz seiner mittlerweile mehr als 4 Jahrzehnte währenden Rechtsprechung zu den ungeschriebenen Freiheitsrechten hat es sich bisher noch nicht in einem Fall wenigstens ansatzweise expressis verbis zu der Frage, wie denn ein ungeschriebenes Freiheitsrecht zu definieren sei, geäußert. Allerdings lassen sich aus der Rechtsprechung des Bundesgerichts *indirekt* die wesentlichen Charakteristika dieser ungeschriebenen Freiheitsrechte entnehmen.

So führt es - wie bereits oben ausgeführt - zur Definition (geschriebener) verfassungsmäßiger Rechte aus :

"... verbürgen diejenigen Verfassungsbestimmungen von Bund und Kantonen verfassungsmäßige Rechte, die dem Bürger einen Schutzbereich gegen staatliche Eingriffe sichern wollen. Häufig sind solche Schutzrechte am Wortlaut der Verfassung erkennbar, in anderen Fällen ergeben Auslegung und Konkretisierung der Bestimmung, daß sie dem einzelnen einen Rechtsanspruch gegenüber der Staatsgewalt gewähren will".[43]

Entscheidend für das Vorliegen eines verfassungsmäßigen Rechtes sind also der Wortlaut der Verfassungsbestimmung, ihre Auslegung sowie ihre Konkretisierung.[44]
Für die ungeschriebenen Freiheitsrechte bedeutet dies im Gegenschluß zu den Formulierungen des Bundesgerichts, daß darunter solche Rechte zu verstehen sind, die weder in der Bundesverfassung normiert sind noch aus dem Verfassungstext abgeleitet werden können.[45] Diese Rechte können somit also m. a. W. nicht an ausdrücklich in der Bundesverfassung geregelte Rechte angeknüpft werden.

Schweizer Lehre und Bundesgericht gehen also bei der Interpretation des Begriffes in der Sache konform.

---

40 Vgl. hierzu Ruesch, S. 55 : "Eine gewohnheitsrechtliche Geltungsgrundlage würde zum unsinnigen Ergebnis führen, dass eine bestimmte Freiheit ... erst dann geschützt werden könnte, wenn sie in ständiger Praxis auch tatsächlich nicht verletzt worden wäre".

41 S. unten S. 128 ff.

42 Renfer, S. 36, weist darauf hin, daß der "Begriff des ungeschriebenen Verfassungsrechts ... erst in der bundesgerichtlichen Rechtsprechung neueren Datums eingeführt worden" ist.

43 BGE 104 Ia, 284, 287.

44 Zu dem Verhältnis zwischen Auslegung und Konkretisierung s. etwa Huber (Formenreichtum), S. 186. Siehe hierzu auch ausführlich unten, S. 152 ff.

45 Zürcher-Lorez, S. 45.

Auch was die Auswirkungen der Qualifikation eines ungeschriebenen Freiheitsrechts angeht, besteht Einigkeit. Derartige Rechte erhalten nicht nur materiellrechtlich den Rang einer Verfassungsnorm, sondern auch "die Geltungskraft einer Verfassungsnorm in formeller Hinsicht". Bei den ungeschriebenen Freiheitsrechten handelt es sich folgerichtig um selbständige Rechte und nicht etwa um Präzisierungen ausdrücklich geregelter Freiheiten.[46]
Sie stehen auf einer Ebene mit den ausdrücklich normierten Freiheiten. Dies hat etwa zur Folge, daß sie unterverfassungsrechtliche Normen derogieren.[47] Gegenüber bestimmten geschriebenen Rechten der Verfassung gehen sie "wegen ihres besonders bedeutsamen Gehaltes" vor.[48] Abgeändert werden können die ungeschriebenen Freiheitsrechte nur durch eine Verfassungsrevsion[49], wobei jedoch ihr Kerngehalt nicht angetastet werden darf.[50] Nicht diskutiert wird - soweit ersichtlich - die Frage, inwieweit das Bundesgericht durch eine Änderung seiner Rechtsprechung ein ungeschriebenes Freiheitsrecht bei Wegfall seiner Voraussetzungen und gleichsam als "actus contrarius" wieder aus dem Grundrechtsbestand eliminieren kann.[51] Von den schweizerischen Behörden sind die ungeschriebenen Freiheitsrechte (selbstverständlich) zu respektieren.[52] Verfassungsprozessuale Konsequenz der Erhebung der ungeschriebenen Freiheitsrechte auf die Verfassungsebene ist die Tatsache, daß diese Gewährleistungen auf dem Wege der staatsrechtlichen Beschwerde gerügt werden können.[53]

Eigenartigerweise sind die ungeschriebenen Freiheitsrechte vor dem Hintergrund einer an sich positivistischen Methode der Schweizer Doktrin und insbesondere des Schweizer Bundesgerichts im Zusammenhang mit verfassungsrechtlichen Fragen entstanden.

---

[46] Hanggartner (Bd. 1), S. 65; jedes dieser Rechte unterliegt dabei eigenständigen Schranken, vgl. hierzu Huber (Verfassungsgerichtshof), S. 54 f.

[47] Aubert (Bd. 1), Rdn. 312.

[48] Dem liegt der Ansatz zugrunde, daß es im Verfassungsrecht Normen gibt, "die andern Verfassungsregeln übergeordnet sind", vgl. Haefliger (Hierarchie), S. 478 f., der allerdings keine Beispiele nennt.

[49] Aubert (Bd. 1), Rdn. 312; Grisel (juridiction constitutionnel), S. 217; Bosshart, S. 52, der hierin auch einen entscheidenden Unterschied zur inhaltlichen Ausgestaltung eines ausdrücklich normierten Grundrechtes sieht, die "immer - und mag sie auch weitgehend rechtsschöpferisch sein ... - durch bloße Praxisänderung umgestossen" werden könne.

[50] Haefliger (Hierarchie), S. 479. Zur Problematik des - von Art. 19 Abs. 2 GG - beeinflussten - Schutzes eines Kerngehalts s. Häfelin/Haller, Rdn. 1145.

[51] Für Haefliger (Hierarchie), S. 479, stellt sich diese Frage angesichts seiner Einordnung der ungeschriebenen Freiheitsrechte als "überstaatliche Normen" nicht. S. hierzu auch unten S. 127 f.

[52] Haefliger (Hierarchie), S. 476.

Bei der Schweizer Bundesverfassung von 1874 handelt es sich um eine aus dem 19. Jahrhundert stammende, dem Positivismus fest verhaftete Verfassung.[54] Sowohl Rechtspflege und Rechtslehre wurden in der zweiten Hälfte des 19. Jahrhunderts immer stärker durch positivistisches Gedankengut beeinflußt.[55] Gerade diese positivistische Grundhaltung legte den Möglichkeiten des Bundesgerichts, den als unzureichend erachteten Grundrechtsschutz aus dem Text der Bundesverfassung zu entwickeln und damit neuen Gefährdungslagen Rechnung zu tragen, jedoch Schranken auf und führte zu einer eigenartigen richterrechtlichen Grundrechtsnormierung.

B. Ungeschriebene Freiheitsrechte in Deutschland

Ein insgesamt weiteres Verständnis des Begriffs "ungeschrieben" wird hingegen im deutschen Verfassungsrecht zugrunde gelegt. Zwar ist auch nach deutschem Verfassungsverständnis die Existenz von Verfassungsrecht, das keinen Anknüpfungspunkt in einer Bestimmung des Grundgesetzes besitzt und das dann dem ungeschriebenen Verfassungsrecht zuzuordnen ist, unbestritten.[56] Allerdings gehören zu dem ungeschriebenen Verfassungsrecht nach h. M in der deutschen Literatur insbesondere auch die sich aus dem stillen Verfassungswandel mittels einer weiten Auslegung ergebenden Rechtssätze.[57] Im Zusammenhang mit den Grund- bzw. Freiheitsrechten wird "ungeschrieben" nahezu ausschließlich als Konkretisierung ausdrücklich normierter Bestimmungen verstanden.[58]

---

[53] Ruesch, S. 58 f.; in diesem Sinne (speziell auf die persönliche Freiheit bezogen) etwa BGE 97 I, 45, 49 f.

[54] Eichenberger, in : Kommentar BV, Verfassungsrechtliche Einleitung, Rdn. 54, sieht die BV allerdings als "durch einen spezifischen Grundzug prioritärer Offenheit gekennzeichnet" an, die "nämlich Revisionen an der Quelle leicht (mache), und zwar Partial- wie Totalrevisionen".

[55] German (Positivismus), S. 101; ähnlich Huber (Grundrechte), S. 185 : "Der juristische Positivismus begann sich zu recken"; s. auch Thürer (Willkürverbot), S. 434 speziell zur positivistischen Rechtsprechung des Bundesgerichts zum Willkürverbot; zum Willkürverbot allgemein s. unten, S. 145 ff.

[56] Z. Bsp. Naturrecht, Verfassungsgewohnheitsrecht, Verfassungsrecht durch Richterspruch, vgl. hierzu Wipfelder, S. 444

[57] Wipfelder, S. 446.

[58] Häufig findet sich in der deutschen Verfassungsrechtsliteratur allerdings auch die Terminologie "unbenannte Freiheit", s. etwa Alexy, S. 333, 335, dessen Gleichsetzung von "benannten" mit "geschriebenen" Freiheitsrechten die Gleichsetzung von "unbenannten" mit "ungeschriebenen" Freiheitsrechten impliziert. an anderer Stelle, S. 398, spricht er davon, "daß es mindestens ein ungeschriebenes, also auf einer den Grundrechtsbestimmungen interpretativ zugeordneten Norm beruhendes soziales grundrecht gibt". Auch der Begriff "Innominatrechte" wird verwendet, s. etwa Scholz (Persönlichkeit), S. 127; Erichsen, in HbStR, § 152 Rdn. 29.

Hintergrund dieser Sichtweise ist dabei die Ablehnung eines positivistischen Rechtsverständnisses und die Qualifizierung des Grundgesetzes als offene Verfassung[59]. Eine Verfassung, die als offen zu qualifizieren ist, eröffnet hinsichtlich ihrer Exegese aber weitere Spielräume als ein dem Positivismus verhaftetes methodisches Konzept. Durch Nutzung dieser Spielräume kann sie sich ändernden gesellschaftlichen und wirtschaftlichen Entwicklungen flexibel Rechnung tragen.[60]

Das Grundgesetz benennt, wie noch zu zeigen sein wird, eine Reihe von Schutzgütern nicht ausdrücklich, und der Wortlaut der Normen läßt einen Hinweis auf die später von der Rechtsprechung entwickelten Schutzbereiche an sich nicht zu, läßt diese von daher also "ungeschrieben". Dennoch sind diese Freiheiten - im Gegensatz zu dem in der Schweiz herrschenden Verständnis von "ungeschrieben" - vorgegeben in der Weise, daß sie in benannten Freiheitsrechten verwurzelt sind und auf dem Wege der Verfassungsinterpretation und vor dem Hintergrund einer funktionalen Auslegung nur "hervorgelockt" zu werden brauchen. Ungeschriebene Bestandteile des Grundgesetzes sind also nach deutschem Verfassungsverständnis auch die durch die Rechtsprechung des Bundesverfassunggerichts "konkretisierend entwickelten Verfassungsregelungen".[61] Die Tatsache, daß sich der "Oberfläche des Verfassungstextes" eine unmittelbare Antwort auf eine Frage nicht entnehmen läßt, erlaubt somit nicht den Schluß auf ein Schweigen der Verfassung; denn es gibt "neben den normtextlich "originären" Grundrechten auch solche, die in den verlautbarten Normtexten "versteckt" sind, d. h. der argumentativen Aufdeckung bedürfen".[62]

Hauptanknüpfungspunkt der ungeschriebenen Freiheitsrechte ist dabei vor allem Art. 2 Abs. 1 GG, der durch seine Auslegung als allgemeine Handlungsfreiheit und "Auffanggrundrecht" zur "geschriebene(n) Quelle ungeschriebener Freiheitsrechte" wird.[63] Aber auch andere Grundrechtsartikel werden extensiv ausgelegt und so zur Heimat ungeschriebener Freiheitsrechte, so etwa Art. 14 GG und einige prozeßrechtliche Grundrechte - teilweise auch in Kombination mit dem Menschenwürdegrundsatz oder dem Rechtsstaatsprinzip.

Nach deutschem Verfassungsverständnis handelt es sich bei den ungeschriebenen Freiheitsrechten also um Teilgehalte (ausdrücklich) grundgesetzlich gewährleiste-

---

59 S. etwa Hesse (Verfassungsrecht), Rdn. 22 ff., 36 ff.

60 Zur Problematik des Verfassungswandels s. etwa Hesse (Verfassungsrecht), Rdn. 39 f., 46 f.; Maunz/Zippelius, § 6 III 1, 7 II.

61 Hoffmann, S. 215; ähnlich Wipfelder, S. 446.

62 Frohn, WuM 91, S. 637, der diese Grundrechte im Gegensatz zu den "normtextlich-originären" als "derivative" Grundrechte bezeichnet.

63 Alexy, S. 335; Schmidt, S. 77.

ter Freiheiten, die durch die Rechtsprechung des Bundesverfassungsgerichts als Reaktion auf aktuelle Freiheitsgefährdungen entwickelt und mit eigener tatbestandlich klarer Struktur versehen wurden.[64] Die Konkretisierung der betroffenen Freiheitsbereiche erstreckt sich dabei sowohl auf den thematischen Schutzbereich als auch auf die Schutzintensität.[65] Durch die "präjudizielle Ausprägung und Verfestigung" erlangen die ungeschriebenen Garantien eine gewisse Verselbständigung und Selbständigkeit, die sie den geschriebenen Freiheitsrechten annähert.[66] Diese Ausformung ungeschriebener Freiheitsrechte und ihre "dogmatische Verfeinerung" erhöhen die Rechtsklarheit und steigern die inhaltliche Aussagevielfalt und Schlagkraft insbesondere auch der allgemeinen Handlungsfreiheit.[67]

Im Unterschied zu den ungeschriebenen Freiheitsrechten nach Schweizer Lesart besitzen "ungeschriebene" Freiheitsrechte nach deutschem Verfassungsverständnis also immmer einen Anknüpfungspunkt in einer Grundrechtsnorm der Verfassung[68]. Rechtsdogmatisch handelt es sich bei den ungeschriebenen Freiheitsrechten des Grundgesetzes somit immer um einen Fall der Auslegung.[69]

Das Bundesverfassungsgericht verwendet den Begriff "*ungeschriebene* Grund- oder Freiheitsrechte" - soweit ersichtlich - nicht, sondern bedient sich teilweise der Terminologie "unbenanntes Freiheitsrecht".[70]

---

64 Scholz (Persönlichkeit), S. 127; Alexy, S. 335. Letzterer versucht, insbesondere für Art. 2 Abs. 1GG, eine Abgrenzung zwischen einer nur "Handlungsbeschreibung" und einem ungeschriebenen Freiheitsrecht vorzunehmen, s. Alexy, S. 332 f.

65 Erichsen, in : HbStR, § 152 Rdn. 24.

66 Alexy, S. 335; Vgl. etwa Dreier in : Dreier, Art. 2 Rn. 23 f. zu Art. 2 Abs. 1 GG; Badura, Staatsrecht, C 34 (zum allgemeinen Persönlichkeitsrecht); zu dem Verhältnis zwischen allgemeinem Freiheitsrecht und (speziellen) ungeschriebenen Freiheiten s. etwa Alexy, S. 335; Murswiek, in: Sachs Art. 2 Rdn. 64; Erichsen, in : HbStR, § 152 Rdn. 29.

67 Erichsen, in : HbStR, § 152, Rdn. 24.

68 Mißverständlich deshalb Pieroth/Schlink, Rdn. 40, die etwa bei dem Grundrecht auf informationelle Selbstbestimmung von einem "zusätzlichen Grundrecht" sprechen. Vgl. hierzu auch Krause, S. 268, zu einem Artikel in der Frankfurter Allgemeinen Zeitung vom 17.12.1983, der feststellt, daß eine "neues Grundrecht" erfunden sei. Durch diese Anknüpfung unterliegt das ungeschriebene Freiheitsrecht dann selbstverständlich auch der Jurisdiktion des Bundesverfassungsgerichts, vgl. hierzu Schmidt, S. 77.

69 Zur genauen methodischen Einordnung des Vorgehens von Bundesgericht und Bundesverfassungsgericht s. u., S. 129 ff.

70 S. hierzu unten, S. 111; Anders allerdings der BayVerfGHE in einer Entscheidung vom 24.04.1950, abgedruckt in DÖV 1950, 407, wo er von den zu einer "menschenwürdigen-Gesamtverfassung gehörenden ungeschriebenen Grundrechte(n)" spricht; s. hierzu Wipfelder, S. 443.

2. Teil : Verfassungsgeschichtliche Entwicklung der Freiheitsrechte und Grundrechtsbestand

Das heutige Verfassungsleben und die aktuelle Situation im Bereich der Grund- und Freiheitsrechte kann nur in Kenntnis der historischen und verfassungsrechtlichen Vorbedingungen erfaßt werden. Dabei darf insbesondere nicht vergessen werden, daß die kulturgeschichtlichen Gemeinsamkeiten zwischen der Schweiz und Deutschland nicht zuletzt auf einer langen gemeinsamen Geschichte als Teil des "Heiligen Römischen Reiches Deutscher Nation" beruhen. Andererseits gab es auch bereits vor dem Ausscheiden der Schweiz aus dem Reichsverband[71] getrennte Entwicklungen, die sich dann insbesondere zu Beginn des 19. Jahrhunderts noch beschleunigen sollten.

3. Kapitel : Die Verfassungsentwicklung in der Schweiz

A. Die alte Eidgenossenschaft

Die Anfänge der Eidgenossenschaft werden gemeinhin mit dem "ewigen Bund" der drei Waldstätte von 1291 angenommen, der insbesondere in den folgenden Jahrzehnten erweitert bzw. durch weitere Bündnisse ergänzt wurde. Dieses "Bundesgeflecht" erhielt bis 1513 seine lange Zeit gültige Ausprägung.[72]
Auch wenn der Schutz des Individuuums nicht die Motivation des Bundes von 1291 und der folgenden Bünde war, so findet sich in ihm doch bereits die Regelung, keine fremden Richter zu dulden, die als historische Vorgängerin des Art. 59 Abs. 1 BV, der dem zahlungsunfähigen Schuldner den Wohnsitzgerichtsstand garantiert, gelten kann.[73] Von der Garantie eines Freiheitsrechtes im individualistischen, aufklärerischen Sinne konnte hier allerdings noch nicht die Rede sein.[74]

---

71 Für das *faktische* Ausscheiden aus dem Reich wird i.d.R. der Reichstag von Worms von 1495 bzw. der sog. "Schwaben-oder Schweizerkrieg" von 1498/99 angegeben, s. dazu Heusler, S. 247 ff.; Peyer, S. 18 ff., 75 ff.; letzterer, S. 21, sieht allerdings "weniger eine Lostrennung der Eidgenossen vom Reich als ihre Nichtbeteiligung an seiner bescheidenen Straffung und namentlich an seiner Verfürstlichung" ; die *rechtliche* Loslösung aus dem Reichsverband erfolgte mit den Friedensverträgen von 1648; s. dazu im einzelnen Peyer , S. 75 ff.; Heusler., S. 248 ff.

72 Kölz, S. 5; Peyer, S. 36 ff.

73 Huber (Grundrechte), S. 179.

74 Kölz, S. 618.

Weitere (persönliche) Freiheiten wurden zwar in den folgenden Jahrhunderten bis zur ersten gesamthelvetischen Verfassung von 1798[75] nicht ausdrücklich garantiert, auf der anderen Seite aber wurden bestimmte Freiheitsrechte auch nie grundsätzlich in Frage gestellt.[76] Überhaupt kann wohl gesagt werden, daß "der kantonale Staat für den Menschen nie so daseinsbestimmend und bevormundend wie der deutsche Territorialstaat patrimonialer oder absolutistischer Prägung" war.[77] Zu bedenken ist in diesem Zusammenhang auch, daß das Denken in der alten Eidgenossenschaft - wie auch anderswo im Mittelalter und bis weit in die Neuzeit hinein - gemeinschafts- und nicht individuumsbezogen war, so daß die Garantie individueller Freiheit nicht den Stellenwert wie heute hatte.[78]

B. Von der Helvetik bis zur Verfassung von 1848

Der Einmarsch der französischen Revolutionstruppen setzte der alten Eidgenossenschaft im Jahre 1798 ein Ende; aus dem Zusammenschluß selbständiger Staatsgebilde wurde ein Einheitsstaat. Zum erstenmal in der Geschichte der Schweiz wurden zudem nun - in Anlehnung an die französische Direktorialverfassung - Grundrechte und insbesondere Freiheitsrechte, wenngleich "unsystematisch und unvollständig gefasst", in der "Ersten Helvetischen Verfassung" von 1798 garantiert.[79] Rechte wie etwa die Religionsfreiheit[80], die Pressefreiheit (unter Voraussetzung der Informationsfreiheit)[81], die Niederlassungsfreiheit[82], das Petitionsrecht[83] und die Eigentumsgarantie[84], die Eingang in die späteren schweizer Verfassungen finden sollten, fanden zum erstenmal ihren Niederschlag. Auch die allgemeine Rechtsgleichheit wurde - wenn auch nur in Teilbereichen - gewährleistet und sollte von nun an - mehr oder weniger umfangreich - selbstverständlicher Bestandteil aller folgenden Schweizer Verfassungen sein.[85]

---

75 S. dazu im folgenden.
76 Huber (Grundrechte), S. 179 f.
77 Ruesch, S. 6 .
78 Kölz, S. 5 f.
79 Kölz, S. 109. Im Gegensatz etwa zur französischen Menschenrechtserklärung von 1789 enthält die Verfassung keine vorangehende Erklärung der Menschenrechte, s. hierzu His, Bd. 1, S. 70.
80 S. dazu im einzelnen His (Bd. 1), S. 371 ff.
81 S. dazu im einzelnen His (Bd. 1), S. 440 ff.; Kölz, S. 108.
82 S. dazu im einzelnen His (Bd. 1), S. 479 ff.
83 S. dazu im einzelnen His (Bd. 1), S. 469 ff.
84 Ähnlich Kölz, S. 108 : "unvollständig formuliert".
85 His (Bd. 1), S. 334; Kölz, S. 109.

In den folgenden fünf Jahren gab es eine Reihe weiterer Verfassungsentwürfe[86], bis schließlich am 25. Mai 1802 die im Gegensatz zu ihrer Vorgängerin wesentlich föderalistischer geprägte "Zweite Helvetische Verfassung" erging, die jedoch - wie bereits die Erste Helvetische Verfassung - von der Bevölkerung als von Frankreich übergestülpt empfunden wurde und auch aus anderen Gründen wenig Akzeptanz fand.[87]

Die schließlich durch Napoleons Vermittlung zustande gekommene und deshalb so genannte Mediationsakte vom 19. Februar 1803 kehrte zwar zum Föderalismus zurück und hatte in Teilen Ähnlichkeiten mit der alten Ordnung der Eidgenossenschaft, blieb aber dennoch nur ein Intermezzo bis zu Napoleons politischem Niedergang.[88]

Am August 1815 schlossen die nunmehr 22 Kantone einen Bundesvertrag[89], der einen Staatenbund schuf und in vielen Punkten die Rückkehr zur alten Ordnung bedeutete.[90] So wurden denn auch Freiheitsrechte - hier spiegelt sich neben innenpolitischen Ursachen nicht zuletzt der Einfluß der europäischen Großmächte und der allgemeinen politischen Strömungen in Europa wieder - nur in sehr geringem Maße garantiert.[91]

Diese Zeit der "Restauration" prägte das eidgenössische Verfassungsleben bis etwa 1830; erst seit dieser Zeit, "mit einem guten Schuß Liberalismus versehen, verjüngten und erneuerten" sich die Kantone mitsamt ihren Verfassungen.[92]

Die "Regeneration" der gesamten Schweiz sollte jedoch noch, nach Jahren der Spannungen zwischen den restaurativen und den regenerierten Kantonen - besonders hingewiesen sei in diesem Zusammenhang auf den Sonderbundskrieg von 1847 - bis 1848 dauern.

Mit der am 16. November 1848 in Kraft getretenen neuen Verfassung vom 12.09.1848 wurde das Fundament einer neuen - nunmehr als Bundesstaat, wenngleich mit starken Kantonen und nicht mehr nur als Staatenbund zu charakterisierenden - schweizerischen Eidgenossenschaft gelegt. Auf dem Gebiet der Grundrechte wurden die Garantien der Niederlassungsfreiheit, der Pressefreiheit, der

---

86 Eine Auflistung dieser verschiedenen Verfassungsentwürfe findet sich bei Aubert (Bundesstaatsrecht I), Rdn. 10 ff.

87 His (Bd.1), S. 667 ff.

88 Aubert (Bd. 1), Rdn.19 ff.

89 Hiermit war allerdings nicht die Schaffung einer eidgenössischen Verfassung verbunden.

90 Kölz, S.182 ff.

91 His (Bd. 2), insbes, S. 6 f., 68 f, 369 f.; Kölz, S. 184 ff.

92 Aubert (Bd. 1), Rdn. 34 ff.

Kultusfreiheit für Christen, der Vereinsfreiheit und der Eingabe von Petitionen festgeschrieben; daneben fand der Grundsatz der Rechtsgleichheit Eingang in das Verfassungswerk.[93]
Im Bereich der demokratischen Willensbildung entschied sich der damalige Verfassungsgeber - einer der wesentlichsten Unterschiede zur nachfolgenden Verfassung - schwerpunktmäßig für ein System der *repräsentativen* Demokratie.[94]

Die Partialrevision von 1866 brachte dann allen Konfessionen und auch den Neubürgern die Rechtsgleichheit, weitere Revisionsbestrebungen blieben erfolglos.[95]

Erst 1874 sollte dann wieder eine Totalreform der Verfassung von 1848 in Angriff genommen werden.[96]

Diese Verfassung wurde durch die Bundesverfassung der Schweizerischen Eidgenossenschaft vom 18. April 1999 abgelöst.[97]

4. Kapitel : Die Verfassungsentwicklung in Deutschland

A. Die Entwicklung bis zum Ende des Heiligen Römischen Reiches

Auch in Deutschland liegt der Ursprung der heutigen Staatlichkeit der Bundesrepublik Deutschland in föderativen Staatsgebilden begründet, die zwar unter dem Dach des Heiligen Römischen Reiches Deutscher Nation zusammengefaßt waren, aber spätestens seit dem Hochmittelalter immer stärker getrennte Wege zu gehen begannen.[98] Ebenso wie in der Schweiz war auch die Existenz von Grundrechten und Freiheitsrechten im heute verstandenen Sinne im Deutschland dieser Zeit nicht gegeben.
Einen entscheidenden Einschnitt brachte auch für die deutschen Territorien die französisch-nachrevolutionäre Ära.[99] Anders als in der Schweizerischen Eidge-

---

[93] Kölz, S. 583 ff.; His (Bd. 2), S. 15 ff.

[94] Aubert (Bd. 1), Rdn. 84.

[95] His (Bd. 3), S. 82 ff.; Aubert (Bd. 1), Rdn. 95 ff.

[96] Zu den Verfassungsstrukturen dieser Verfassung s. oben, S. 5 ff.

[97] S. hierzu unten, S. 155 ff.

[98] Diese Entwicklung begann spätestens mit den Fürstenprivilegien Friedrichs II.; vgl. hierzu Willoweit, S. 61 ff.; allerdings liegen "Ansätze zur Bildung von Staaten im Staate ... schon in der fränkischen Immunität", vgl. hierzu Mitteis/Lieberich, § 35 I 1; zu beachten ist in diesem Zusammenhang jedoch auch, daß sich das Heilige Römische Reich Deutscher Nation ohnehin "als Rechtsordnung und nicht als Machtgefüge" verstand , s. hierzu Mitteis/Lieberich, § 44 I.

[99] Zu den Folgen des Umsturzes in Frankreich gehörte letztendlich auch die Auflösung des Heiligen Römischen Reiches.

nossenschaft mit ihren Versuchen der Schaffung eines Einheitsstaates führte die Entwicklung hierzulande jedoch zu der Schaffung von (zumindest de iure) unabhängigen und souveränen Staaten, die sich dann allerdings bereits im Deutschen Bund von 1815 zum Teil wieder zusammenschlossen.[100]

Die föderative Struktur blieb denn auch - abgesehen von den Jahren 1933-1945[101] - ein Wesensmerkmal aller darauffolgenden deutschen Staaten.

B. Vom deutschen Bund bis zur Weimarer Reichsverfassung

Die ersten deutschen Verfassungen[102] mit zumindest grundrechtsähnlichen Gewährleistungen[103] des Einzelnen finden sich im Anschluß an die napoleonische Zeit in den Verfassungen einiger mitteldeutscher Kleinstaaten.[104] An diese schlossen sich zeitlich die Verfassungen der bedeutenderen (ehemaligen) süddeutschen Rheinbundstaaten an. Diesen "frühkonstitutionellen" Verfassungen gemeinsam war, daß es sich mit wenigen Ausnahmen um vom Landesherrn oktroyierte Verfassungen handelte, die dieser aufgrund seiner Machtvollkommenheit einseitig erlassen hatte.[105] Rechtstaat und Grundrechte entstehen also - und dies ist die deutsche Besonderheit - in den deutschen Staaten nicht in einer Demokratie, sondern durchweg in auf das "monarchische Prinzip" entsprechend der Wiener Schlußakte festgelegten Regierungssystemen. Es handelte sich um "monarchisch-liberale Kompromisse, die "die überlieferte monarchische Herrschaftsgewalt mit bürgerlichen Freiheits- und Mitbestimmungsrechten zu vereinen" suchten.[106] Dennoch waren diese im Frühkonstitutionalismus entstandenen Verfassungen entscheidende Wegbereiter auf dem Weg hin zu modernen Staaten.

Am charakteristischsten und bedeutensten waren hierbei die bereits angesprochenen Verfassungen der süddeutschen Staaten :

---

100 Bei dem Deutschen Bund handelte es sich um einen Staatenbund (insoweit verläuft die Entwicklung ähnlich wie die in der Schweiz, der allerdings "starke bundesstaatliche Wesenszüge" aufwies, vgl. hierzu im einzelnen Huber (E. R., Bd. 1), S. 663 ff.

101 Vgl. hierzu Willoweit, S. 311 f.; Mitteis/Lieberich, § 50 III 1 u. 2 .

102 Die in der ersten Dekade des 19. Jahrhunderts entstandenen Verfassungen sollen hierbei außer Acht gelassen werden, da sie entscheidend von Napoleon beeinflußt und geprägt wurden, vgl. hierzu im einzelnen Boldt, S. 77 f.

103 Der Begriff "Grundrechte" findet sich denn auch nicht und wurde bewußt vermieden, vgl. hierzu Kröger, S. 36.

104 Es handelt sich hier um Schwarzburg-Rudolstadt (08.01.1816); Schaumburg-Lippe (15.01.1816); Waldeck (19.04.1816); Sachsen-Weimar (05.05.1816); Sachsen-Hildburghausen (19.03.1818), vgl. hierzu im einzelnen Huber (E. R. Bd. 1), S. 317.

105 Kröger, S. 31.

106 Huber (E. R. Bd. 1), S. 318.

So enthielt die Verfassungsurkunde für das Königreich Bayern vom 26.05.1818[107] einen eigenen Abschnitt "Von allgemeinen Rechten und Pflichten". Garantiert wurden hier etwa die Gleichheit im Zugang zu allen Ämtern oder Pfründen (Tit. IV § 5), Sicherheit, Eigentum und Rechte der Einwohner (Tit. IV § 8 Abs. 1) oder die Freiheit der Presse und des Buchhandels (Tit. IV §11). Die Gewissens- (und Glaubensfreiheit) war nur für die christlichen Bekenntnisse vollkommen garantiert (Tit. IV § 9 Abs. 1)[108], die Auswanderungsfreiheit galt nur für die Übersiedlung in einen anderen Mitgliedstaat des deutschen Bundes (Tit. IV § 14).[109]

Die Verfassung für das Großherzogtum Baden vom 22.08.1818[110] regelte in einem eigenen Abschnitt "staatsbürgerliche und politische Rechte der Badener". Er verbürgte etwa die Gleichheit der Staatsbürgerlichen Rechte (§ 7), des Zugangs zu allen Ämtern allerdings nur für Staatsbürger der drei christlichen Konfessionen (§ 9) sowie der politischen Rechte (§ 19). An freiheitsrechtlichen Gewährleistungen finden sich die Wegzugsfreiheit (§ 12), der verfassungsrechtliche Schutz von Eigentum und persönlicher Freiheit (§ 13), die Preßfreiheit (§ 17), die Gewissens- und Glaubensfreiheit (§ 18).

In der Verfassungsurkunde für das Königreich Würtemberg vom 25.09.1819[111] wiederum war "von den allgemeinen Rechts-Verhältnissen der Staats-Bürger" die Rede. Auch hier wurde die Gleichheit der staatsbürgerlichen Rechte (§ 21) sowie der gleiche Zugang zu Staatsämtern (§22), wenngleich ohne Einschränkung, garantiert. Darüberhinaus sicherte der Staat den Bürgern die Freiheit der Person, Gewissens- und Denkfreiheit, Eigentumsfreiheit und Auswanderungsfreiheit (§ 24) zu. Hinzu traten die Gewissens- und Glaubensfreiheit (§ 27) sowie die Freiheit der Presse und des Buchhandels (§ 28). Im Gegensatz zu Bayern und Baden wurde hier jedoch die Freiheit der Berufswahl garantiert (§ 29).

Alle drei Verfassungen enthielten zudem staatliche Garantien wie den Schutz gegen willkürliche Verhaftungen oder das Recht auf den "ordentlichen", d. h. gesetzlichen Richter.

Für die Verfassung des Großherzogtums Hessen vom 17.12.1820[112] sowie einer Reihe anderer Staaten stellt sich der Befund ähnlich dar.[113]

---

107 Die Verfassung findet sich abgedruckt bei Huber, S. 155 ff.

108 Vgl. hierzu Huber (E. R. Bd. 1), S. 357.

109 Vgl. hierzu Huber, (E. R. Bd. 1), S. 355 f.

110 Die Verfassung findet sich abgedruckt bei Huber, E. R. (Bd.1) , S. 172 ff.

111 Die Verfassung findet sich abgedruckt bei Huber, E. R. (Bd.1), S. 187 ff.

112 Die Verfassung findet sich abgedruckt bei Huber, E. R. (Bd.1), S. 221 ff.

113 Zu den übrigen Verfassungen des Frühkonstitutionalismus vgl. im einzelnen Huber (E. R. Bd. 1), S. 317 f.

Das "Grundgesetz"[114] des Deutschen Bundes[115], die Bundesakte vom 18.06.1815, ergänzt durch die Wiener Schlußakte vom 15.05.1820 kennt bereits "einige Staatsbürgerrechte aller Deutschen"[116]. So wurde etwa festgelegt, daß die Geltung der bürgerlichen und politischen Rechte für die "chistlichen Religions-Partheyen" ohne Unterschied gelten sollten (Art. 16). Steuer- und abgabenrechtliche Garantien gab es im Zusammenhang mit dem Erwerb von Grundeigentum in Bundesstaaten außerhalb des Heimatstaates (Art. 18 a). Auch die Freizügigkeit innerhalb des Bundesgebietes des Deutschen Bundes fand ihren Niederschlag (Art. 18 b). Neben diesen unmittelbar in die Bundesakte aufgenommenen Gewährleistungen finden sich Regelungen, wonach etwa Fragen der Pressefreiheit und Urheberrechte Beratungsgegenstände der ersten Bundesversammlung sein sollten (Art. 18 d). Auch in dem Grundgesetz des deutschen Bundes war das monarchische Prinzip festgeschrieben[117]. Auch hier muß jedoch darauf hingewiesen werden, daß der Deutsche Bund ein Fürstenbund war, den man unter demokratischen Gesichtspunkten kaum mit der Situation in der Schweiz vergleichen konnte.[118]

Es sollte deshalb noch bis 1848 dauern, bis auf deutschem Boden mit der Paulskirchenverfassung ein Verfassungswerk entworfen wurde, das als "großartiger liberaler Entwurf"[119] auch heutigen Maßstäben an eine an eine Verfassung gerecht wurde, ein Entwurf, der allerdings nie in Kraft trat und deshalb auch nur mittelbar Bedeutung erlangte.[120]

Erst 1871 kam es - nach der kurzen Zeitspanne des Norddeutschen Bundes - zur Gründung eines deutschen Gesamtstaates und zum Erlaß einer Reichsverfassung.[121]
Im Gegensatz zur Schweizer Bundesverfassung von 1848 gewährleistete diese jedoch keine Grundrechte.[122]

---

114 Vgl. Art. 3 WSA.

115 Der Rechtsnatur nach handelte es sich bei dem Deutschen Bund um einen Staatenbund, ARt. 1, 2, 3, 5 WSA, vgl. hierzu Frotscher/Pieroth, Rdnr. 236.

116 Willoweit, S. 230.

117 Vgl. Art. 57, vgl. hierzu Frotscher/Pieroth, Rdn. 242.

118 Huber (E. R. Bd.1), S. 314 ff.; Mitteis/Lieberich, § 44 III 2.

119 Botzenhart, S. 50.

120 S. etwa Huber (E. R. Bd. 2), S. 769: "Die Reichsverfassung von 1871 wie alle späteren deutschen Gesamtstaatsverfassungen sind, trotz mannigfacher Modifikationen und Ergänzungen, ohne Ausnahmen dieser Grundkonzeption des Siebzehnerentwurfs von 1848 tief verpflichtet".

121 Hinsichtlich des der Reichsgründung vorausgehenden deutsch-französischen Krieges von 1870/71 sieht Boldt, S. 168, gewisse Parallelen (u.a.) zum schweizerischen Sonderbundskrieg von 1847, s. dazu oben, S. 19

122 Für Huber, E. R. (Bd. 3), S. 1009, garantierte die Reichsverfassung zwar eine Reihe von Freiheitsrechten nicht ausdrücklich,setzte sie jedoch stillschweigend voraus.

Interessanter als diese Tatsache sind die Gründe dieser Auslassung: neben dem bereits von der Paulskirchenverfassung her bekannten Risiko, das Entstehen einer gesamtdeutschen Reichsverfassung nicht durch einen umstrittenen Grundrechtskatalog scheitern zu lassen, spielte vor allem eine Rolle, daß man den Schutz des Individuums durch die Länderverfassungen in ausreichendem Maße gewährleistet sah.[123]

Dieser als ausreichend erachtete Schutz durch die Verfassungen der föderativen Glieder des Staatswesens war auch eines der Argumente dafür, bestimmte Grundrechte und Freiheitsrechte nicht in die Schweizer Bundesverfassungen von 1848 und 1874 aufzunehmen.[124]

Die erste nicht monarchisch-obrigkeitsstaatlich geprägte deutsche Verfassung war die Weimarer Reichsverfassung vom 11. August 1919. Im Unterschied zur Verfassung des Kaiserreiches sah sie - wenn auch an das Ende des Verfassungswerkes gestellt - einen selbständigen Hauptteil vor, der die "Grundrechte und Grundpflichten der Deutschen" enthielt. Dieser Grundrechtsteil war einerseits an der Paulskirchenverfassung orientiert, enthielt andererseits jedoch auch Ergänzungen in nicht unbeträchtlichem Umfang.

Mit diesem systematischen und umfangreichen Katalog gelang dem Verfassungsgeber ein "Akt von epochalem Rang"[125], insbesondere auch im Hinblick auf soziale Zielsetzungen.
Das Verfassungswerk von Weimar gewährleistete nämlich nicht nur individuelle Abwehrrechte gegen staatliche Eingriffe und die allgemeine Rechtsgleichheit sondern auch soziale Grundrechte und Intitutsgarantien, die Grundentscheidungen des gesellschaftlichen Lebens manifestieren sollten.[126] Bei all diesen wohlgemeinten Zielen darf jedoch nicht vergessen werden, daß mit den in der Weimarer Reichsverfassung kodifizierten Grundrechten zwar die Grundlagen eines rechtsstaatlich geprägten Staatswesens gelegt, diese Grundlagen aber aus vielerlei Gründen sich in der Verfassungswirklichkeit nicht durchsetzen und der NS-Diktatur nicht widerstehen konnten.[127] So war es denn auch möglich, daß die Weimarer Reichsverfassung während der Zeit des Nationalsozialismus zwar for-

---

123 Willoweit, S. 261; ähnlich Botzenhart, S. 101, der auf die Hervorhebung des "föderativen Charakters des Reiches" abstellt; nach Boldt, S. 180, hat das Fehlen von Grundrechten in der Reichsverfassung dem rechtsstaatlichen Charakter des Reiches jedoch keinen Abbruch getan.

124 S. dazu unten, S. 26 f.

125 Huber (E. R. Bd. 6), S. 95.

126 Botzenhart, S. 140 ff.; Boldt, S. 240; Huber (E. R. Bd. 6), S. 95 ff.

127 Huber, (E. R. Bd. 5), S. 1199.

mell weitergalt," die zur Dauer gewordenen Suspension von Grundrechten erlaubte (jedoch) einen willkürlichen Eingriff in die Freiheitsrechte des Bürgers zu jeder Zeit".[128]

Ein grundlegender verfassungsrechtlicher Neuanfang konnte dann erst wieder 1949 mit dem Bonner Grundgesetz unternommen werden.

5. Kapitel : Der Grundrechtsbestand

A. Die Grundrechte auf bundesrechtlicher Ebene

I. Die Situation in der Schweiz

Die schweizerische Bundesverfassung von 1874 blickt somit auf eine mehr als einhundertjährige Geschichte zurück. Der damalige Verfassungsgeber verzichtete - wie erwähnt - auf die Schaffung eines Grundrechtskataloges im Sinne einer einheitlichen und übersichtlichen Zusammenfassung grundrechtlicher Verbürgungen. Vielmehr sind die Grundrechte - und damit auch die hier besonders interessierenden Freiheitsrechte - über den gesamten ersten Abschnitt der Verfassung verteilt und darüber hinaus noch teilweise im Zusammenhang mit Kompetenznormen aufgeführt.[129]

Aus dem Bereich der Freiheitsrechte sind folgende Garantien in der Bundesverfassung von 1874 enthalten :

- Eigentumsgarantie (Art. 22ter BV)[130]
- Handels- und Gewerbefreiheit (Art. 31 BV)
- Unverletzlichkeit des Post- und Telegrafengeheimnisses (Art. 36 Abs. 4 BV)
- Niederlassungsfreiheit (Art. 45 BV)
- Doppelbesteuerungsverbot (Art. 46 Abs. 2 BV)
- Glaubens- und Gewissensfreiheit (Art. 49 BV)
- Kultusfreiheit (Art. 50 BV)
- Ehefreiheit (Art. 54 BV)
- Pressefreiheit (Art. 55 BV)
- Unabhängigkeit von Radio und Fernsehen (Art. 55bis BV)

---

[128] Boldt, S. 275.

[129] Zu den Vor- und Nachteilen eines Grundrechtskataloges s. Schaumann, S. 41 ff.; Rhinow (Grundrechtskatalog), S. 227 ff.; zu der Regelung der Grundrechte in der neuen eidgenössischen Bundesverfassungerfassung s. unten, S. 148 f.

[130] S. dazu unten S. 31 ff.

- Vereinsfreiheit (Art. 56 BV)
- Petitionsfreiheit (Art. 57 BV)
- Verbot der Schuldverhaft (Art. 59 Abs. 3 BV)
- Verbot körperlicher Strafen (Art. 65 Abs. 2 BV)

Aus dem Bereich der Gleichheitsrechte ist besonders auf Art. 4 BV, der die allgemeine Rechtsgleichheit manifestiert, hinzuweisen.

Nicht ausdrücklich aufgeführt sind im Gegensatz hierzu etwa:

- Schutz der Menschenwürde
- Persönliche Freiheit (als physische oder psychische Integrität)
- Freiheit der Unverletzlichkeit der Wohnung
- Meinungsäußerungsfreiheit
- Kunstfreiheit
- Freiheit von Forschung und Lehre/Wissenschaftsfreiheit
- Versammlungsfreiheit
- Sprachenfreiheit

Die Gründe für die Nichtaufnahme einer Reihe von Freiheitsrechten in die Bundesverfassung von 1874 sind verschiedener Natur :[131]
Zum einen waren die Verfassungsgeber von 1874 (und 1848) dem naturrechtlichen Denken bereits entfremdet, und "der Glaube an die persönlichen Freiheiten, so wie sie durch das Naturrecht der Aufklärung geprägt worden waren, hatte durch die Verwirklichung und die politische Realität gelitten".[132]
Bei einigen Freiheitsrechten wiederum lag nach Meinung des historischen Verfassungsgebers keine Gefährdungslage vor oder sie erschienen ihm als selbstverständlich.[133]
Andere individualrechtliche Garantien hingegen waren bereits auf kantonaler Ebene geregelt bzw. sollten - wegen ihrer engen Verbindung zu den kantonalen Aufgaben - diesen zur Regelung überlassen werden.[134]
Auch war das "drängende Problem" zur Zeit der Ausarbeitung der Verfassungsurkunde nicht der Schutz des Einzelnen durch Grundrechte bzw. Freiheitsrechte,

---

131 Auf die jeweils spezifischen Gründe wird noch einmal bei der Darstellung der einzelnen Freiheitsrechte Bezug genommen.

132 Renfer, S. 6; Huber (Probleme), S. 103; dies führte u. a. auch dazu, daß die eidgenössischen Grundrechte "niemals in dem Masse als umfassende Gestaltungsprinzipien für die gesamte Rechtsordnung betrachtet (wurden), wie dies in Deutschland nach 1945 der Fall war, vgl. Müller (Persönlichkeitsschutz), S. 151.

133 Hanggartner (Freiheitsgarantie), S. 337; Häfelin/Haller, Rdn. 1071.

134 Huber (Probleme), S. 103 FN 5.

sondern die Schaffung eines bundesstaatlich organisierten, funktionsfähigen Staatswesens.[135]
Hiermit zusammen hängt ein anderer Grund, der eher psychologischer Natur ist: denn in der Schweiz wird - darauf wurde bereits hingewiesen[136] - vor allem dem Demokratieprinzip Bedeutung zugemessen, was zu einem Zurücktreten der Grundrechte in der Hierarchie des als wichtg Erachteten führte.[137] Ursache dieser Sichtweise ist wohl hauptsächlich die Tatsache, daß die Mißachtung individueller Freiheit durch Diktatur und Willlkür der Eidgenossenschaft im wesentlichen erspart blieb.[138]
Bei Freiheitsrechten wie etwa der Radio- und Filmfreiheit oder einer Norm zum Schutze gegen den Mißbrauch der elektronischen Datenverarbeitung bzw. der Verwendung der Daten liegen die Gründe für die Nichtaufnahme in die Verfassungsurkunde in den fehlenden technischen Voraussetzungen und Kenntnissen zur Zeit der Verfassungsgebung begründet.

II. Die Situation in Deutschland

Das Bonner Grundgesetz faßt - im Gegensatz zur Verfassungsurkunde der Eidgenossen - die Grundrechte in einem Abschnitt katalogartig zusammen und schafft hierdurch ein Bild der Einheitlichkeit und Übersichtlichkeit.[139] Dabei zeigt bereits die Stellung dieses Kataloges in der Gesamtverfassung - nämlich am Anfang und nicht am Ende wie in der Weimarer Reichsverfassung - den Stellenwert der Grundrechte als "Gravitationszentrum"[140] und "eigentlicher Kern der freiheitlich-demokratischen Ordnung ... im Grundgesetz"[141] sowie "unaufgebbares, zur Verfassungsstruktur des Grundgesetzes gehörendes Essentiale"[142] Innerhalb der verfassungsrechtlichen Ordnung nehmen die grundrechtlichen und freiheitsrechtlichen Gewährleistungen so auch eine dominierende Rolle ein.[143]

---

135 Schaumann (Grundrechtskatalog), S. 34.
136 S. hierzu bereits oben, S. 6.
137 Huber (Grundrechte), S. 188; dies zeigt sich nicht zuletzt auch an dem Umfang, der Darstellung der Freiheitsrechte in den Staatsrechtslehrbüchern in den ersten Jahrzehnten nach dem Erlaß der Verfassung von 1874 gewidmet wurden, vgl. etwa Schollenberger: 10 Seiten von insgesamt 273 !
138 Kägi, S. 212; Huber (Grundrechte), S. 180.
139 Hierzu und zu den Vor- und Nachteilen eines Grundrechtskataloges s. Schaumann, S. 41 ff.; Rhinow (Grundrechtskatalog), S. 227 ff.
140 Starck (Grundrechte), S. 11 ff. .
141 Schmidt in : S/B/K, Vorb. vor Art. 1, Rdn. 2.
142 BVerfGE 37, 271, 280.
143 Peters (Grundrechtsdogmatik), S. 352 f.

Als "Richtlinie und Rahmen der Staatstätigkeit"[144] binden sie gemäß Art. 1 Abs. 3 GG alle drei staatliche Gewalten als unmittelbar geltendes Recht und geben somit Vorgaben für jegliches staatliche Handeln. Aber nicht nur im Grundrechtskatalog, sondern auch an anderen Stellen des Grundgesetzes finden sich mit den Grundrechten vergleichbare Garantien.[145]
Innerhalb des Grundrechtskanons kommt dabei wiederum den Freiheitsrechten - ähnlich der Situation in der Schweiz - eine dominierende Rolle zu.[146]
Dabei kann der Grundrechtskatalog des Grundgesetzes als "umfassendes System verfassungsrechtlich geregelter Freiheit" verstanden werden.[147]

B. Grundrechte auf gliedstaatlicher Ebene

In beiden Staaten werden Grundrechte zudem - von Ausnahmen abgesehen[148] - nicht nur auf Bundes-, sondern auch auf gliedstaatlicher Ebene gewährleistet. Dabei werden z. T. nur einzelne Freiheiten gewährt[149], oder aber es finden sich komplette Grundrechtskataloge[150] bzw. man verweist auf die bundesstaatliche Verfassung.[151]

Für das Verhältnis der jeweiligen gliedstaatlichen und bundesverfassungsrechtlichen Grundrechtsgarantien zueinander gilt - unbestritten - der Grundsatz, daß erstere, sofern sie enger sind als die in der Bundesverfassung garantierten Rechte oder diesen sogar widersprechen, von ihr derogiert werden.[152]
Weitergehende Garantien auf Länder- bzw. kantonaler Ebene sind jedoch möglich.[153] In den Fällen inhaltsgleichen kantonalen Verfassungsrechts im grundrecht-

---

144 Scheuner (Verfassungsgerichtsbarkeit), S. 505 .

145 S. dazu im einzelnen Hesse (Verfassungsrecht), Rdn. 277.

146 Bethge, S. 352; Starck, in : v. M./K/S Art. 3, Rdn. 3 ff.; Stern, Bd.1, § 21 IV 4.

147 Erichsen, in : HbStR., Rdn. 13; Robbers, S. 754 : "Die Einheit der Verfassung ist nicht lediglich Auslegungstopos, sondern sinnstiftendes Grundprinzip der heutigen Idee von Verfassung überhaupt". Zweifelhaft erscheint jedoch, ob damit die Qualifikation als geschlossenes grundrechtliches Wertsystem verbunden ist, vgl. hierzu bereits oben, S. 8.

148 Dies gilt für Hamburg und Schleswig-Holstein, die zwar keine Grundrechte, aber doch Staatszielbestimmungen, etwa betreffend die Gleichstellung von Mann und Frau, enthalten, vgl. etwa Art. 6 LV Schleswig-Holstein.

149 Dies gilt insbesondere für die älteren Kantonsverfassungen.

150 Dies trifft insbesondere auf die neueren bzw. umfassend neugefassten Kantonsverfassungen sowie die Verfassungen der neuen Bundesländer sowie Bayerns, Bremens, Hessens, von Rheinland-Pfalz und des Saarlandes zu.

151 Vgl. etwa Art. 2 Abs. 1 Verf. Baden-Württemberg; Art. 4 Abs. 1 Verf. Nordrhein - Westfalen; Art. 3 Verf. Niedersachsen.

152 Häfelin (Kantonsverfassungen), S. 39; Hanggartner (Bd. 1), S. 17.

153 Das kommt in den Kantonsverfassungen aber selten vor. Vgl. hierzu Haefliger (Hierarchie), S. 475.

lichen Bereich geht die (wohl) überwiegende Ansicht in der Schweizer Lehre von der Bedeutungslosigkeit und Nichtigkeit des kantonalen Rechts aus[154], während teilweise[155] (nur) von einer Suspension der kantonalen Regelungen ausgegangen wird. Das Bundesgericht äußert sich nicht eindeutig, sondern spricht etwa davon, daß die kantonalen Garantien "keine selbständige Bedeutung" haben.[156]
Im deutschen Verfassungsrecht trifft hier Art. 142 GG eine klare Regelung, indem er ausdrücklich bestimmt, daß die Bestimmungen der Länder in Kraft bleiben, denn geschützt wird hier "je nur ein und dasselbe Grundrecht"[157], wenngleich doppelt gesichert.[158]

Neben den geschriebenen Freiheitsrechten gibt es in der Schweiz auch auf der Stufe kantonalen Verfassungsrechts - ähnlich wie auf Bundesebene - ungeschriebene Grundrechte.[159]

---

154 Kurer, s. 142 ff.; Häfelin (Kantonsverfassungen), S. 40 ff.; Saladin (Grundrechte), S.115; Aubert (Bundesstaatsrecht I), Rdn. 1755; Giacometti (Staatsrecht), S. 157 f.; Huber (Freiheitsrechte), S. 111 a ff.; derselbe (Grundrechte), S. 199.

155 Brühwiler, S. 51, 64; Hanggartner (Bd. 2); S. 17; Jaquat, S. 11 ff.; Oberhänsli, S. 83 f.; Ruesch, S. 63 .

156 Häfelin/Haller, Rdn. 382, und Kurer, S. 143 f., interpretieren die Formulierungen des Bundesgerichts als Suspension der Rechtswirkung der kantonalen Garantien.

157 BVerfG 22, 267, 271; s. auch BVerfG 36, 342, 361.

158 V. Münch in v. Münch/Kunig, Art.1-19 Vorb., Rdn. 38; zur Gesamtproblematik s. etwa auch Sachs (Grundrechte), Art. 142 .

159 S. dazu im einzelnen Kurer, S. 11.

3. Teil : Die Anerkennung ungeschriebener Freiheitsrechte durch die Lehre und das Schweizerische Bundesgericht

6. Kapitel : Die Eigentumsfreiheit

Die Rechtsprechung des Schweizerischen Bundesgerichts zu den ungeschriebenen Freiheitsrechten setzte interessanterweise zum ersten Mal an einem Freiheitsrecht an, das im Jahre 1969 als Art. 22ter ausdrücklich in der Bundesverfassung von 1874 verankert wurde :[160] der Eigentumsfreiheit.
Trotz ihrer bereits im Jahre 1969 erfolgten Aufnahme in die Verfassung soll die Freiheit des Eigentums im folgenden wegen ihrer bahnbrechenden Bedeutung für die Anerkennung ungeschriebener Freiheitsrechte im Schweizer Verfassungsrecht in die Untersuchung mit einbezogen werden.

A. Die Eigentumsfreiheit in der Lehre und in den Kantonsverfassungen

Die Garantie des Eigentums als verfassungsmäßige Verbürgung des Privateigentums[161] nahm bereits in den Freiheitsrechtsdeklarationen des 18. Jahrhunderts in Amerika und Frankreich - als naturrechtlich gegeben - eine zentrale Stellung ein.[162]

Im Gegensatz hierzu verzichtete der Schweizer Bundesverfassungsgeber von 1874 auf die Aufnahme dieses Freiheitsrechtes, wobei zum einen die bereits oben[163] genannte Schwerpunktlegung auf den Ausbau demokratischer Strukturen, zum anderen aber die Zuordnung der Eigentumsgarantie zum Regelungsbereich der Kantone und der hier als ausreichend empfundene Schutz ausschlaggebend waren.[164]
Die Nichtaufnahme eines so wichtigen Freiheitsrechtes erscheint umso erstaunlicher, als Grundrechte mit wirtschaftlichem Bezug traditionell eine besondere Rolle in der Schweiz spielten.[165]

---

160 S. hierzu unten, S. 40.

161 Zur "juristischen Natur der Eigentumsgarantie" vgl. Boßhardt, S. 4 ff.; s. auch Braunschweiler, S. 14 ff.

162 Vgl. hierzu im einzelnen Saladin (Grundrechte), S.110.

163 S. oben, S. 26 f.

164 Huber (Eigentum), S. 49 ff.; Saladin, S. 111, 283; Müller (Grundrechte), S. 325 .

165 Morand (droits), S. 208 f.

In der Schweizer Lehre wurde so auch schon sehr früh und fast einhellig[166] von der Geltung eines das Eigentum gewährleistenden Grundrechtes ausgegangen, wobei die dogmatischen Begründungen allerdings variierten.[167]
So wurde die Garantie des Eigentums teilweise als Fundament des Staates[168], als "allgemeiner verfassungs- und rechtsstaatlicher Grundsatz"[169] oder als Essentiale einer jeglichen liberalen Verfassung[170] bzw. - enger - einer liberalen, verfassungsmäßig zu schützenden Wirtschaftsordnung[171] angesehen.
Teilweise wurde auch darauf hingewiesen, daß ohne die Eigentumsfreiheit andere Freiheitsrechte "weder durchführbar noch überhaupt vorstellbar" seien.[172] Konkret wurde dabei etwa auf den engen Zusammenhang mit der verfassungsmäßigen Garantie der in Art. 31 BV[173] normierten Handels- und Gewerbefreiheit abgestellt.[174]
Von andererer Seite wiederum wurde das Eigentumsrecht als der menschlichen Natur immanent angesehen.[175]
Tendenziell gewohnheitsrechtlich orientiert hingegen sind dahingehende Argumentationsmuster, daß "das Privateigentum und seine Gewährleistung durch den Staat ... von alters her die Grundlage der schweizerischen Rechts- und Wirtschaftsordnung sei" und sich "auf dieser Grundlage die geschichtliche Entwicklung und heutige Gestaltung des öffentlichen und privaten Lebens in der Schweiz" erhebe. Konsequenterweise "steht es (demnach) aber außer Zweifel, daß auch die Bundesverfassung auf dem Boden der Eigentumsgarantie steht".[176]
Vereinzelt[177] wurde auch eine Verankerung in dem aus Art. 4 BV abgeleiteten Willkürverbot vorgenommen.[178]

---

166 Anders etwa Béguin, S. 349 a ff., 407 a : "Il faut rappeler d'abord que la garantie de la propriété privée nést pas inscrite dans la Constitution fédérale.

167 S. hierzu im einzelnen Rossinelli (libertés), S. 111.

168 Luder, S. 55.

169 Boßhardt, S. 3 unter Bezug auf BGE 35 I, 559; zu diesem Entscheid ausführlich unten, S. 34 f.

170 Grisel (1955), S. 91.

171 Gygi (1957), S. 257.

172 Huber (Gewährleistung), S. 53.

173 Art. 31 BV lautet : "Die Handels- und Gewerbefreiheit ist im ganzen Umfange der Eidgenossenschaft gewährleistet, soweit sie nicht durch die Bundesverfassung und die auf ihr beruhende Gesetzgebung beschränkt ist".

174 Meier-Hayoz (Kommentar),

175 Bagi (1956), S. 71; Rossinelli (libertés), S. 112 weist allerdings darauf hin, daß naturrechtliche Begründungen bzg. der Eigentumsgarantie die Minderheit darstellten.

176 Ruck, S. 60.

177 Vogt, S. 3.

178 Zu Herleitung und Inhalt des Willkürverbotes allgemein, s. unten, S. 36 f. Zur Bedeutung bei den ungeschriebenen Freiheitsrechten s. unten, S. 145 ff.

Von den Kantonsverfassungen wurde die Eigentumsgarantie zur Zeit der erstmaligen Anerkennung als ungeschriebenes Freiheitsrecht des Bundes mit Ausnahme der des Tessins von allen gewährleistet, so daß der Schutz gegen kantonale Übergriffe sehr stark ausgebaut war.[179] Allerdings variierte die Terminologie: teilweise wurden "wohlerworbene Privatrechte"[180] geschützt, teilweise "Privatrechte"[181], überwiegend jedoch explicit das "Eigentum". Diese redaktionellen Unterschiede zwischen Eigentum und Privatrechten waren allerdings historisch bedingt.[182] In der Praxis waren damit keine unterschiedlichen Auslegungen verbunden.[183]

B. Die Rechtsprechung des Bundesgerichts

I. Die anfängliche Zurückhaltung

Die Rechtsprechung des Bundesgerichts schloß sich den von der Doktrin eingeschlagenen Wegen und Forderungen nach Anerkennung der Eigentumsgarantie als ungeschriebenem Freiheitsrecht auf bundesstaatlicher Ebene zunächst jedoch nicht an. Statt dessen folgte es einer positivistischen Sichtweise und stellte i. d. R. auf die kantonalen Eigentumsgarantien ab.

So führte es etwa im Jahre 1921 aus :

"Wenn sie (die Klagebegründung, d. Verf.) sich dabei auf die verfassungsmäßigen Garantien der Unverletzlichkeit des Eigentums und der persönlichen Freiheit beruft, ... , so ist darauf einmal zu erwidern, dass jene Garantien sich nicht in der BV, sondern nur in mehr oder weniger grossem Umfange und in verschiedener Fassung in den Kantonsverfassungen finden".[184]

In dieses Schema schien allerdings eine Entscheidung aus dem Jahre 1909 nicht hineinzupassen, in der das Bundesgericht feststellte :

---

[179] Die Aufnahme von Garantien des Privateigentums in die Kantonsverfassungen war eine Folge des "Liberalismus der Dreissiger Jahre" des vorigen Jahrhunderts, vgl. hierzu Saladin (Grundrechte), S. 111.

[180] KV Basel-Land, KV Solothurn, KV Zürich.

[181] KV Schaffhausen.

[182] Während die Garantie des "Eigentums" in der Tradition der naturrechtlich-aufklärerischen Ideale steht, sind die "(wohlerworbenen) Privatrechte deutschrechtlichen Ursprungs und mit den "iure quaesita" eng verbunden, vgl. hierzu Imboden (Verfassungsgerichtsbarkeit), S. 269 f.

[183] Vgl. hierzu Imboden (Verfassungsgerichtsbarkeit), S. 270; anders allerdings Saladin (Grundrechte), S. 115.

[184] BGE 47 II, 497, 511.

" ... il est certain, que la garantie constitutionnelle de la proprieté, telle qu'elle est inscrite dans la plupart des constituitions cantonales, et telle d'ailleurs qu'elle découle naturallement de l'état de société ... ".[185]

Das Bundesgericht schien hier also eine bundesverfassungsmäßige Eigentumsgarantie aus dem "Zustand der Gesellschaft" abzuleiten.

Diese Rechtsprechung fand übereinstimmend Zustimmung in der Lehre.[186] So vermerkte etwa Hans Huber - unter Einordnung des methodischen Vorgehens des Bundesgerichts[187] - positiv, daß sich "das Bundesgericht nicht gescheut (habe), in diesem Sinn die Programmlücke auszufüllen und dieses Individualrecht auch für den Kanton Tessin verbindlich zu erklären". In den Jahrzehnten danach sollte dieser Entscheid denn auch immer wieder als "Geburtsstunde" oder doch Klarstellung der Eigentumsgarantie auf Bundesebene zitiert werden.[188] Zwar wurde in neuerer Zeit versucht zu widerlegen, daß der Entscheid die Anerkennung eines verfassungsmäßigen Freiheitsrechtes Eigentum anstrebte.[189] Das ändert jedoch nichts an der damaligen klaren Ausage.

Trotz des positiven Echos in der Literatur sollte dieser Entscheid jedoch lange Zeit die Ausnahme bzgl. einer Anerkennung der Eigentumsfreiheit als verfassungsmäßiges Recht auf Bundesebene bleiben. Mit dem Anwachsen der Bundesaufgaben und bundesrechtlichen Eingriffskompetenzen schien dann allerdings eine Änderung dieser Rechtsprechung vorherbestimmt zu sein.[190] Hilfreich war hierbei möglicherweise auch eine Änderung im schweizerischen Verfassungsdenken in Richtung einer stärkeren Betonung der Stellung des Individuums dem Staat gegenüber.[191]

Den gedanklich ersten Schritt in Richtung einer ungeschriebenen Eigentumsgarantie auf Bundesebene hatte das Bundesgericht dabei bereits gemacht, indem es allen kantonalen Eigentumsgarantien ausdrücklich einen identischen Gehalt zugesprochen und so - wenngleich einstweilen nur auf kantonaler Ebene - inhaltlich *ein* Grundrecht der Eigentumsfreiheit geschaffen hatte. Von hier aus war der

---

185 BGE 35 I, 559, 571.

186 Vgl. etwa Bosshardt, S. 3; Huber (Garantie), S. 114a.

187 Vgl. hierzu unten, S. 129 ff.

188 Vgl. etwa Boßhardt, S. 3; Spoendlin, S. 56

189 Nach Werder, S. 59 f. bezweckte der Entscheid vielmehr, dem " Prinzip des demokratischen gesellschaftlichen Wandels durch den Gesetzgeber den Vorrang gegenüber einem dem Wandel weitgehedn verschlossenen Naturrecht zukommen zu lassen"; der Meinung anzuschließen scheint sich Rossinelli, S. 109 f.; Zürcher-Lorez geht auf diese Problematik erstaunlicherweise überhaupt nicht ein.

190 Werder, S. 57.

191 Saladin (Grundrechte), S. 283 f.

Schritt zu einer Anerkennung der Garantie des Eigentums auf Bundesebene nicht mehr weit.[192] So führte es 1948 unmißverständlich aus:

"Malgré certaines divergences de texte, les dispositions des constitutions cantonales qui garantissen l'inviolabilité de la propriété ont en substance le même sens et la même portée. Qu'une constitution, comme la zurichoise, garantisse d'une facon générale tous les droits privés regulièrement acquis, alors qu'une autre, comme la vaudoise, ne parle que de la propriété, cela n'a pas d'importence, car comme on l'a déja relevé à plusieurs reprises, ... , le mot propriété est pris en pareil cas dans le sens le plus large et comprend tous les droits privés composant la fortune de l'individu".[193]

Im Jahre 1957 allerdings wich das Bundesgericht der Entscheidung, ob die Eigentumsfreiheit auf Bundesebene verfassungsrechtlich garantiert sei, noch einmal aus. In einem Fall, der den Kanton Tessin betraf, in dem das Eigentum als einzigem Schweizer Kanton nicht verfassungsrechtlich verankert war[194], stützte das Gericht seinen Entscheid - in einer "halb positivistischen Anwandlung"[195] - einzig auf das in Art. 4 BV geregelte Willkürverbot :

"Trattandosi di diritti aquisiti, ci si potrebbe domandare se essi non cadano sotto lagaranzia del diritto di proprietà. In concreto la questione può restare indecisa, poichè, come si vedra in appresso, il ricorso dev'essere accolto in virtù dell'art. 4 CF che i ricorrenti invocano".[196]

Dieses Vorgehen des Bundesgerichts, einer klaren Stellungnahme zunächst aus dem Wege zu gehen und das Willkürverbot quasi als Auffanggrundrecht zu bemühen, ist - wie noch zu zeigen sein wird - nicht nur ein häufig festzustellendes Argumentationsmuster in der bundesgerichtlichen Rechtsprechung zur Eigentumsgarantie, sondern zu den ungeschriebenen Freiheitsrechten überhaupt.[197] Deshalb erscheinen hier einige nähere Ausführungen zu diesem Rechtsinstitut angebracht.[198]

---

192 Vgl. hierzu ausführlich Rossinelli (libertés), S. 108 ff.

193 BGE 74 I, 465, 470 unter Hinweis auf die früheren Entscheide 48 I 599 ff.; 70 I, 21, in denen sich das BG allerdings nicht derart deutlich ausdrückt, und 35 I 571 (vgl. dazu bereits ausführlich S. 34 f.).

194 Vgl. hierzu bereits oben, S 32 f.

195 Huber (Gewährleistung), S. 53.

196 BGE 67 I, 177, 188.

197 Vgl. hierzu unten, S. 145 ff.; Den Rückgriff auf das Willkürverbot verwendet das BG sogar auch in Fällen, in denen eine kantonale Eigentumsgarantie existiert, vgl. etwa BGE 82, 102, 106 : "... Insoweit fällt die Rüge der Verletzung der Eigentumsgarantie mit derjenigen der Verletzung von Art. 4 BV, d. h. des Verbotes der Willkür und rechtsungleicher Behandlung zusammen". Zu den praktischen Vorteilen der Prüfung des Willkürverbotes vor etwaig tangierten Freiheitsrechten s. Thürer (Willkürverbot), S. 462.

198 Zu den sprachgeschichtlichen Aspekten des Begriffes "Willkür",der noch im 19. Jh. wertneutral verwandt wurde, vgl. Thürer (Willkürverbot), S. 427 f.

II. Exkurs : Das Willkürverbot

In der Schweizer Bundesverfassung sucht man den Begriff "Willkür" vergeblich.[199] Als "Minimalgarantie materieller Richtigkeit des Rechts"[200] und mit seiner "normberichtigenden Funktion"[201] wurde dem Willkürverbot allerdings in jahrzehntelanger Rechtsprechung des Bundesgerichts - unter grundsätzlicher Zustimmung der Literatur - eine zentrale Rolle im Schweizer Staatsrecht zuteil.[202] Dabei wird - in der Rechtsprechung des Bundesgerichts[203] ausschließlich und in der Literatur überwiegend[204] - Art. 4 BV als Anknüpfungspunkt angesehen.[205] Bei der inhaltlichen Umschreibung des Willkürverbotes herrscht Einigkeit darüber, daß nicht *jeder* Rechtsverstoß und *jede* Ungerechtigkeit - sei sie auch noch so unbedeutend - erfaßt werden, sondern eine bestimmte Qualifikation des Verstosses als

---

199 Für die Kantonsverfassungen stellt sich die Lage ähnlich dar, vgl. hierzu Thürer (Willkürverbot), S. 423. Auch im Grundgesetz ist das Willkürverbot nicht ausdrücklich gergelt. Von der h. L. und dem Bundesverfassungsgericht wird es als Ausprägung des Gleichheitssatzes des Art. 3 Abs. 1 GG angesehen. Inhaltlich orientiert sich die Rechtsprechung des Bundesverfassungsgerichts an einer bereits in der WR vertretenen Lehre, die wiederum - interessanterweise - in starkem Maße von der Praxis in der Schweiz beeinflußt wurde, vgl. hierzu Eyermann, Erich, Gleichheitssatz, Wurzel des Willkürverbots?, in : Verfassung und Verfassungsrechtsprechung, Festschrift zum 25-jährigen Besthen des Bayer. Verfassungsgerichtshofes, S. 45 ff.

200 Thürer (Willkürverbot), S. 425.

201 Rhinow (Rechtsetzung), S. 117.

202 Die Rechtsprechung zu dem Verbot staatlicher Willkür gilt dabei überhaupt als "vielleicht sogar *die* klassische Domäne von Richterrecht" (Thürer (Willkürverbot), S. 419. Für Kaufmann (Grundrechte), S. 477 "prägt (die Rechtsprechung zum Willkürverbot) der gesamten Staatsrechtspflege unseres Bundesgerichts seinen Stempel auf", von anderer Seite (Huber (Grundrechte), S. 220) wird die Rechtsprechung des Bundesgerichts zum Willkürverbot als die „wohl kühnste und segensreichste Tat des Gerichtshofes“ bezeichnet.

203 Vgl. die Rechtsprechungsnachweise bei Müller (Gleichheitssatz), S. 43 FN 23.

204 Vgl. etwa Arioli, S.; Müller (Grundrechte), S. 239; Gygi (Grundrechtskonkurrenz), S. 71 ff.; Teilweise wird in der Literatur auch im Sinne eines überpositiven Geltungsgrundes auf den Bezug zum (naturrechtlichen) Widerstandsrecht hingewiesen, vgl. hierzu etwa Huber (Freiheitsrechte), S. 163a ff.; Imboden (Willkür), S. 6 ff., wohl auch Müller (Gleichheitssatz), S. 43; kritisch zum ganzen Thürer (Willkürverbot), S. 430 ff. Ein anderer Teil des Schrifttums hingegen geht von einer eigenständigen ungeschriebenen verfassungsrechtlichen Garantie aus, so etwa Thürer (Willkürverbot), S. 434, für den das Willkürverbot "nicht in seiner vollen Tragweite" auf den Gleichheitssatz des Art. 4 BV zurückgeführt werden kann. Wegen seiner elementaren Funktion für einen Rechtsstaat schlägt er denn auch die Aufnahme des Willkürverbotes in eine totalrevidierte Verfassung vor; s. auch Grisel (Traité, Bd. I), S. 365. Mehrere Anknüpfungspunkte nennt Müller, in: Kommentar BV, Art. 4 Rdn. 48 f.

205 Art. 4 Abs. 1 BV lautet : *Alle Schweizer sind vor dem Gesetz gleich. Es gibt in der Schweiz keine Untertenenverhältnisse, keine Vorrechte des Orts, der Geburt, der Familien oder Personen.* Der Willkürbegriff wird dabei als "eine der wichtigsten Konkretisierungen des Art. 4 BV" angesehen, vgl. hierzu Müller (Grundrechte), S. 239.

besonders grob und schwerwiegend erforderlich ist. Damit verbunden ist die Offensichtlichkeit der Fehlerhaftigkeit.[206]

Das Bundesgericht trägt diesen Anforderungen aus der Literatur Rechnung, wenngleich es sich keiner einheitlichen Terminologie bedient[207]. So liegt etwa Willkür vor, wenn sich ein Erlaß "nicht auf ernsthafte sachliche Gründe stützen läßt oder sinn- und zwecklos ist"[208], es sich um einen "faute grave" handelt[209], bei einer Entscheidung nach "bon plaisir"[210] entschieden wurde oder - besonders deutlich - wenn ein kantonaler Entscheid "offensichtlich unhaltbar ist, ... eine Norm oder einen unumstrittenen Rechtsgrundsatz krass verletzt oder in stossender Weise dem Gerechtigkeitsdenken zuwiderläuft".[211]

Die Tatsache, daß durch den Rückgriff des Bundesgerichts auf den "Rettungsanker" Willkürverbot die Rechtsstellung des einzeln gestärkt wird und die grundsätzliche Akzeptanz der Auffangfunktion dieses Prinzips in der Schweizer Lehre dürfen dennoch nicht darüber hinweg täuschen, daß sich auch kritische Stimmen in der eidgenössischen Doktrin vernehmen lassen. Dabei wird vor allem darauf hingewiesen, daß der Schutz durch ein Freiheitsrecht und derjenige durch das Verbot willkürlichen staatlichen Handelns für den Rechtsschutzsuchenden nicht unbedingt gleichwertig sind. So können sowohl der Betroffene als auch die Öffentlichkeit ein Interesse an der Klärung der Frage haben, ob und gegebenenfalls welches Freiheitsrecht einschlägig sei.[212] Bei der Bejahung des ergänzenden Charakters des Verbotes staatlicher Willkür wird zudem betont, daß es in seiner Reichweite nicht mit einer "allgemeinen Handlungsfreiheit" i.S.d. Art. 2 Abs. 1 GG gleichgesetzt werden kann.[213]

---

206 Vgl. etwa Müller (Grundrechte), S. 247; S. 75; Thürer (Willkürverbot), S. 442; Hanggartner (Bd. 2), S. 198 f. .

207 Zur Terminologie des Bundesgerichts im einzelnen s. auch Thürer (Willkürverbot), S. 486 ff.

208 BGE 110 Ia, 7, 13.

209 BGE 83 I, 160, 171.

210 BGE 97 I, 893, 898.

211 BGE 113 III, 6, 8; 110 Ia, 3, 13 f.; 109 Ia, 19, 22 : "contredit d'une manière choquante le sentiment de la justice et de l'équité"; 108 III, 41, 42; mit dieser oder ganz ähnlichen Formulierungen BGE 90 I, 137, 139; 93 I, 1, 6 f.; 96 I, 624, 627; 100 Ia, 1, 6; 103 Ia, 426, 431; 105 Ia, 172, 176; 105 Ia, 300, 322; 107 Ia, 112, 114.

212 Müller (Grundrechtstheorie), S.166; Thürer (Grundrechtstheorie), S. 462 f.

213 Thürer (Willkürverbot), S. 462. Die Äußerung von Hanggartner (Bd. 1), S. 69, 201, eine Funktion des Willkürverbotes bestehe darin, "materiell die letzte Freiheitsgarantie zu sein", kann deshalb leicht zu Mißverständnissen führen. Als unverfänglicher wird es deshalb angesehen, Art. 4 BV und dem daraus fließenden Willkürverbot "die Bedeutung einer-Schranke der Freiheitsschranken im Interesse der Freiheitsrechte" zuzuerkennen so etwa Gygi (Grundrechtskonkurrenz), S. 71.

III. Die Ausweitung der Rechtsprechung

Erst 1959 kam es dann schließlich zu einem Wechsel in der Rechtsprechung des obersten Schweizer Verfassungsgerichts, der die gesamte Jurisdiktion des nächsten Jahrzehnts im Bereich der Freiheitsrechte prägen sollte. In zwei nicht veröffentlichten Entscheiden anerkannte das Gericht die Garantie des Eigentums als ungeschriebenes Grundrecht auf Bundesebene.

So führte es im ersten der beiden Urteile, in dem der Beschwerdeführer die Verweigerung der Genehmigung zur Vergrößerung der von ihm auf eigenem Gelände betriebenen Tankstelle durch den Regierungsrat des Kantons Thurgau angegriffen hatte - aus:

"Die genannte Verfassungsbestimmung (Art. 4 BV, d. Verf.) handelt indes von der Rechtsgleichheit und nicht vom Eigentum. Wohl ist dieses kraft ungeschriebenen Bundesrechts auch dann geschützt, wenn es an einer kantonalen Eigentumsgarantie fehlt".[214]

Im Anschluß an diese Formulierung verweist das Gericht dann auf die singuläre Entcheidung aus dem Jahre 1921[215] sowie ein weiteres Urteil 2 Jahre später[216]. Da der Beschwerdeführer die Eigentumsgartantie jedoch nur "insofern als verletzt (bezeichnete), als der Regierungsrat in willkürlicher und gegen den Grundsatz der rechtsgleichen Behandlung verstossender Weise"[217] gehandelt habe, beschränkte sich das Bundesgericht (wieder einmal) auf die Überprüfung eines Verstosses gegen das Willkürverbot und ging nicht weiter auf die Verletzung der zuvor bundesrechtlich anerkannten Eigentumsgarantie ein.

Im zweiten Urteil - das die Enteignung von 90 qm Grund für den Bau einer Straße betraf - findet sich dann unter folgender Formulierung und unter Verneinung einer Ableitung der Eigentumsgarantie aus Art. 23 BV[218] eine Bestätigung dieser Rechtsprechung :

"Art. 23 BV setzt seinerseits die Eigentumsfreiheit voraus. Diese ist als Bestandteil des ungeschriebenen Bundesrechts aufzufassen."[219]

---

214 Nicht veröffentlichtes Urteil "Oberhänsli" vom 24. Juni 1959, E. 2.

215 Vgl. hierzu oben, S. 33.

216 BGE 37 I, 520; in dieser Entscheidung ist allerdings nicht von einer Eigentumsgarantie auf *Bundesebene* die Rede, sondern es wird auf eine gewisse Einheitlichkeit bei der Auslegung der kantonalen Einschränkungen der Eigentumsgarantie abgestellt.

217 Nicht veröffentlichtes Urteil "Oberhänsli" vom 24. Juni 1959, E. 2.

218 Art. 23 BV bestimmt in seinem Absatz 2 u.a.: "Zu diesem Zweck ist er (der Bund, d. Verf.) auch befugt, gegen volle Entschädigung das Recht der Expropriation geltend zu machen".

219 Nicht veröffentlichtes Urteil "Heinrich" vom 21. Oktober 1959, E.1.

Auch hier ging das Bundesgericht jedoch nicht näher auf die bundesverfassungsrechtliche Eigentumsgarantie ein, sondern beschränkte sich auf die Überprüfung eines Verstosses gegen die auch in dem Verfahren angerufene - das Eigentum garantierende - kantonale Verfassungsgarantie des Art. 4 KV Zürich. Bemerkenswert ist das Urteil u. a. auch deshalb, weil das Bundesgericht darauf verzichtete, die Eigentumsgarantie - z. B. im Wege einer extensiven Auslegung - auf Art. 23 BV zu stützen.

Der erste veröffentlichte Entscheid folgte dann im Jahre 1960, als das Bundesgericht - unter Berufung auf die beiden nicht veröffentlichten Entscheide im Jahr zuvor sowie auf Hans Huber als einen Vertreter der herrschenden Meinung in der Literatur - feststellte:

"Nach der heute herrschenden Lehre gehört die Eigentumsgarantie dem ungeschriebenen Verfassungsrecht des Bundes an... . Neben der bundesrechtlichen Gewährleistung des Eigentums haben die entsprechenden Garantien der Kantonsverfassungen keine selbständige Bedeutung".[220]

Diese Entscheidung ist umso bemerkenswerter, als keine Notwendigkeit bestanden hatte, in dem hier entschiedenen Fall ein ungeschriebenes Freiheitsrecht anzunehmen, da die - für besagten Fall einschlägige - Aargauer Verfassung das Eigentum ausdrücklich garantierte, so daß man einen Verweis auf den betreffenden Artikel hätte erwarten können.[221] Eine nähere dogmatische Begründung seines Vorgehens gab das Bundesgericht jedoch auch jetzt nicht, eine Praxis, die kein Einzelfall bleiben sollte.[222]

In der Folgezeit wurde die neue Rechtsprechung bestätigt und das Bundesgericht war vor allem damit beschäftigt, den Inhalt des neuen (ungeschriebenen) Freiheitsrechtes genauer zu definieren. Unter den Begriff "Eigentum" subsumiert wurden etwa - neben dem sachenrechtlichen Eigentum - die obligatorischen und beschränkt dinglichen Rechte, Immaterialgüterrechte und die sogenannten wohlerworbenen Rechte.
Darüber hinaus erstreckte das Bundesgericht den Schutz durch die Eigentumsgarantie auch auf bestimmte öffentlich - rechtliche Positionen.[223]

---

220 BG ZBl. Bd. 62 1961, 69, 72.

221 Das BG wollte hier jedoch möglicherweise dem "dogmatischen Trommelfeuer" der Literatur Rechnung tragen,die - wie bereits ausgeführt - die Anerkennung der Eigentumsgarantie auf Bundesebene bereits seit langem forderte bzw. von einer solchen ausging, Werder, 66 ff., 72.

222 Zu den Voraussetzungen für die Anerkennung eines ungeschriebenen Freiheitsrechtes äußerte sich das das BG zum ersten Mal 1963, vgl. hierzu unten, S. 53.

223 S. hierzu im einzelnen Müller (Grundrechte), S. 327 ff.; Häfelin/Haller, Rdn. 1358 f.; s. auch Huber (Grundrechte) : "Es (das Bundesgericht, d. Verf.) scheute sich nicht ..., Beg-

In der Literatur wurde der Richtungswechsel des Bundesgerichts überwiegend begrüßt. So wird die Vorgehensweise des Bundesgerichts, die Eigentumsfreiheit nicht "aus Art. 23 BV oder aus anderen Bestimmungen der Bundesverfassung abzuleiten", sondern als eigenständiges ungeschriebenes Freiheitsrecht anzuerkennen, befürwortet, da sie in der Bundesverfassung vorausgesetzt sei.[224] Dabei wird insbesondere auf die bereits lange von der Literatur vorgebrachten Argumente verwiesen. So sei die Eigentumsgarantie "als notwendige Rechtsgrundlage der Privatrechtsordnung und unserer wettbewerbsorientierten Wirtschaftsordnung anzusehen"[225], sei unabdingbar für die Durchführung anderer Freiheitsrechte[226] und ergänze "essentiell die Schutzwirkung anderer Grundrechte wie vor allem diejenige der Handels- und Gewerbefreiheit[227].

Mit der Verankerung der Eigentumsgarantie in Art. 22ter BV[228] im Jahre 1969[229] verlor zwar die Frage der Existenz eines ungeschriebenen Freiheitsrechtes der Eigentumsgarantie ihre Bedeutung, die Öffnung neuer dogmatischer Wege durch das Bundesgericht blieb jedoch bestehen und sollte die grundrechtliche Judikatur in Zukunft entscheidend prägen.

---

riffen, die ein Grundrecht aufbauen, einen anderen Sinn zu verleihen, als sie sonst in der Rechtsordnung haben"; zu den Parallelen in der Rechtsprechung des Bundesverfassungsgerichts s. unten, S. 117.

224 Saladin (Grundrechte), S. 116.

225 Saladin (Grundrechte), 116, unter Hinweis auf Gygi; vgl. hierzu bereits oben, S. 32.

226 Saladin (Grundrechte), 116, unter Hinweis auf Huber (Gewährleistung), vgl. hierzu bereits oben, S. 32.

227 Saladin (Grundrechte), 116, unter Hinweis auf Meier-Hayoz.

228 Art. 22ter lautet wie folgt :
Das Eigentum ist gewährleistet.
Bund und Kantone können im Rahmen ihrer verfassungsmäßigen Befugnisse auf dem Wege der Gesetzgebung im öffentlichen Interesse die Enteignung und Eigentumsbeschränkungen vorsehen.
Bei Enteignung und bei Eigentumsbeschränkungen, die einer Enteignung gleichkommen, ist volle Entschädigung zu leisten.

229 Interessanterweise war der Grund für die Aufnahme der Eigentumsgarantie in die Bundesverfasung nicht etwa "das Bedürfnis nach ausdrücklicher Gewährleistun des Privateigentums als vielmehr die Forderung nach einer intensivierten Raumplanung", Saladin (Grundrechte), S. 284; Art. 22ter ist so auch vor dem Hintergrund zu sehen, daß man der Gefahr des Mißbrauchs einer zu weiten Eigentumsgarantie begegnen wollte, vgl. hierzu Rossinelli (libertés), S. 115 f.

7. Kapitel : Die persönliche Freiheit

Die persönliche Freiheit war zwar nach der Eigentumsfreiheit und der noch darzustellenden Meinungsäußerungsfreiheit erst das dritte vom Schweizer Bundesgericht anerkannte ungeschriebene Freiheitsrecht. Hier wurden allerdings zum ersten Mal die Voraussetzungen für ein solches Recht artikuliert und Kriterien entwickelt, anhand derer die Frage, ob eine Freiheit als ungeschriebenes Freiheitsrecht anzusehen ist, beantwortet werden kann. Eine Darstellung der Rechtsprechung zu diesem ungeschriebenen Freiheitsrecht an dieser Stelle erscheint deshalb angebracht.

A. Die persönliche Freiheit in der Lehre und in den Kantonsverfassungen

Die persönliche Freiheit im Sinne einer - physischen - "Freiheit über den eigenen Körper"[230] kann als eines der ältesten Freiheitsrechte überhaupt gelten[231].
So sah etwa bereits die Habeas-Corpus-Akte von 1679 vor, daß niemand ohne richterlichen Haftbefehl verhaftet werden durfte und der Verhaftete innerhalb von 30 Tagen dem Richter vorgeführt werden mußte.[232]
In den Menschenrechtsdokumenten der Aufklärung war sie unentbehrlicher Bestandteil der freiheitsrechtlichen Gewährleistungen und sollte das Individuum insbesondere vor willkürlichen Verhaftungen und Inhaftierungen schützen.[233]

Dennoch findet sie sich nicht in der Schweizer Bundesverfassung von 1874[234]. Zwar werden etwa das Recht auf den verfassungsmäßigen Richter (Art. 58 Abs. 1 BV), die Abschaffung der Schuldverhaft (Art. 59 Abs. 3 BV), die Abschaffung der Todesstrafe wegen politischer Vergehen (Art. 65 Abs. 1 BV) oder die Untersagung von körperlichen Strafen (Art. 65 Abs. 2 BV) festgelegt, auch gewährleistet Art. 36 Abs. 4 BV die Unverletzlichkeit des Post- und Telegrafengeheimnisses, Rechte also, die mit der persönlichen Freiheit eng zusammen hängen; eine selbsständige Garantie der persönlichen Freiheit kennt das Verfassungswerk jedoch nicht.[235]

---

230 Häfelin/Haller, Rdn. 1158.

231 Einen umfassenden Überblick über die geschichtliche Entwicklung der persönlichen Freiheit gibt Spoendlin, S. 20 ff.

232 S. etwa Bleckmann, § 1, Rdn. 3.

233 Saladin (persönliche Freiheit), S. 90.

234 Zur Garantie der persönlichen Freiheit in den Verfassungen und Verfassungsentwürfen vor 1874 s. Renfer, S. 2 ff.

235 S. hierzu auch Oberhänsli, S. 62 ff.; das GG garantiert in Art. 2 Abs. 1 ausdrücklich "das Recht auf Leben und körperliche Unversehrtheit".

Als Grund für die Nichtaufnahme spielte hierbei - neben den bereits aufgeführten Gründen[236] - vor allem eine Rolle, daß der Schutz durch die kantonalen Garantien als ausreichend empfunden bzw. die persönliche Freiheit als selbstverständlich betrachtet wurde.[237]
Zudem wurde sie häufig im Zusammenhang mit Regelungen angerufen, die - wie das Strafverfahrensrecht - in den Zuständigkeitsbereich der Kantone fielen bzw. eine "Affinität zum kantonalen Aufgabenkreis" aufwiesen. Es lag somit nahe, die Garantie auch den Kantonen zur Regelung zu überlassen.[238]
Nicht zu vergessen bleibt auch hier, daß es sich bei der persönlichen Freiheit um (ehemals aufgezwungenes) "geistiges Importgut" handelte, das nicht in der schweizerischen Verfassungstradition verankert war.[239]

In der Schweizer staatsrechtlichen Doktrin hingegen gab es schon lange vor der Anerkennung als ungeschriebenes Freiheitsrecht Stimmen, die von der Existenz eines Freiheitsrechtes der persönlichen Freiheit auf Bundesebene ausgingen. Dabei wurde diese teilweise - ohne nähere Begründung - als "nothwendige Grundlage jeder Rechtsordnung"[240] angesehen oder aber es wurde konstatiert, die "körperliche Unversehrtheit und Bewegungsfreiheit" seien "als Rechtsgrundsatz anerkannt".[241]
Andere Stimmen in der Literatur wiederum argumentierten, daß die Bundesverfassung als "grundsätzlich freiheitlich" auch "in nicht ausdrücklich vorgesehenen Fällen Freiheit gewährleistet".[242]Auch hier fehlten jedoch - wie bei der Eigentumsfreiheit - i. d. R. tiefergehende Begründungen oder eingehendere Untersuchungen.
Etwas konkreter äußerte sich allerdings Hans Huber, für den "allgemeine liberale Rechte wie die persönliche Freiheit ... die tragenden Säulen des demokratischen Rechtsstaates sind, ... ohne die er in sinn- und funktionswidriger Weise durchkreuzt wäre ...".[243]
Nur von einer Minderheit in der eidgenössischen Doktrin wurde die Existenz einer bundesverfassungsmäßig garantierten persönlichen Freiheit verneint.[244]

---

236 Vgl. hierzu bereits oben, S. 26 f.
237 Grisel (Liberté personelle), S. 551; Hanggartner (Freiheitsgarantie), S. 337; Renfer, S. 7.
238 Huber (Probleme), S. 103 FN 5; Grisel (Liberté personelle), S, 551.
239 Huber (Grundrechte), S. 180 : "kein schweizerisches Gewächs alten Herkommens"; Renfer, S. 5 ff.
240 Schollenberger, S. 207.
241 Ruck, S. 59.
242 Spoendlin, S. 55.
243 Huber (Probleme), S. 103 f.
244 So etwa Fleiner, S. 318, nach dessen Meinung die persönliche Freiheit in den Kantonsverfassungen in ausreichendem Maße geschützt sei.

Während allerdings bei den vorstehend genannten, der persönlichen Freiheit positiv gegenüberstehenden Autoren das "ob" der Existenz einer bundesverfassungsrechtlichen Garantie der persönlichen Freiheit durchgehend bejaht wurde, bestand hinsichtlich des Inhaltes des Freiheitsrechtes nicht in allen Punkten Übereinstimmung.[245]
So faßte eine engere Sichtweise die persönliche Freiheit als "Verbot der Verhaftung außer aus gesetzlichen Gründen und in gesetzlicher Form"[246] auf.
Andere Autoren sahen in ihr "Schutzbestimmungen zugunsten des Individuums gegenüber der Polizei- und Strafgewalt des Staates"[247] bzw. eine Garantie zum Schutze der "Bewegungsfreiheit gegenüber staatlichem Zwang".[248] Ähnlich die Argumentation, wenn die verfassungsmäßige Garantie der persönlichen Freiheit als "Schutz vor physischer Einwirkung der Staatsorgane auf den Körper einerseits und Schutz vor Behinderung in der körperlichen Bewegungsfreiheit" andererseits beschrieben wurde.[249]
Eine weitere Meinung wiederum sah durch die persönliche Freiheit neben der "körperlichen Unversehrtheit und Bewegungsfreiheit ... ihr entsprechend die Freiheit der Wohnung" als geschützt an.[250]

Eine Auslegung der persönlichen Freiheit als "allgemeines, alle andern umfassendes und deren Lücken ausfüllendes Freiheitsrecht" bzw. als "Recht auf Vornahme beliebiger Handlungen" fand wegen seiner Grenzenlosigkeit überwiegend Ablehnung.[251]

Zwar wurde - wie gezeigt - die persönliche Freiheit überwiegend als physische Freiheit im Sinne einer Bewegungsfreiheit und eines Rechtes auf körperliche Unversehrtheit verstanden; in den vorstehend dargestellten Differenzen spiegelt sich

---

245 Vgl. hierzu ausführlich Renfer, S. 22 ff. Ein Teil der Literatur bezog sich allerdings auf den Begriff in den kantonalen Verfassungen, ohne daß damit allerdings grundsätzliche Unterschiede zu einem bundesverfassungsrechtlichen Begriff der persönlichen Freiheit verbunden wären.

246 Burckhardt, Art. 113.

247 His (Bd. 2), S. 450, hinsichtlich der kantonalen Bestimmungen.

248 His (Bd. 3), S. 616, hinsichtlich der kantonalen Bestimmungen.

249 Spoendlin, S. 39 in Anlehnung an Giacometti (Staatsrecht der Kantone), S. 159 ff., vgl. hierzu auch Renfer, 129 ff.; die Sichtweise Giacomettis hinsichtlich der Frage der Existenz der persönlichen Freiheit auf Bundesebene wird an anderer Stelle ausführlich dargestellt werden.

250 Ruck, S. 59.

251 Spoendlin, S. 35; allerdings fanden sich auch hier bereits sehr früh - zur Auslegung des Begriffs in den Kantonsverfassungen - andere Meinungen, wenn etwa unter persönlicher Freiheit "eine Ungebundenheit im Handeln, bei der nur der eigene Willen maßgebend ist", verstanden wird, so etwa Kaiser, S. 114.

jedoch bereits die Unsicherheit hinsichtlich der Ausfüllung der Begrifflichkeit "persönliche Freiheit".

Diese Problematik sollte durch die noch darzustellende und insbesondere durch das Bundesgericht vorgenommene Interpretation auch als psychische Integrität noch verstärkt werden.[252]

Die Frage der grundsätzlichen Gewährleistung einer Garantie der persönlichen Freiheit muß wegen der außerordentlichen Unbestimmtheit des Begriffes deshalb immer mit der Frage verknüpft werden, was denn unter einem solchen Freiheitsrecht zu verstehen sei. Die damit angesprochene Problematik der Bestimmung des Schutzbereiches stellt sich bei der persönlichen Freiheit wegen der Offenheit des Begriffes in besonderem Maße. Im Gegensatz zu anderen Freiheitsbereichen weist die persönliche Freiheit kein einheitliches Schutzgut auf, das allgemein umschrieben werden könnte.[253] Diese Schwierigkeit erkannte die Lehre bereits früh. So wurde etwa darauf hingewiesen, daß bei der persönlichen Freiheit "die Bestimmung des Bereiches menschlicher Lebensäußerung, für den sie gilt, ungleich schwieriger und ungewisser als bei den anderen Freiheitsgarantien" ist, "weil bei diesem Freiheitsrecht der Name so allgemein gefaßt (ist), daß eigentlich alle Lebensbereiche darunter bezogen werden könnten".[254] In der Tat sind individualrechtliche Garantien wie die Pressfreiheit, Niederlassungsfreiheit, Handels- und Gewerbefreiheit etc. einfacher einzugrenzen als die persönliche Freiheit, bei der beide Begriffsbestandteile äußerst vage und nicht auf eine individuelle Interessensphäre bezogen sind.[255]

Diese Abgrenzungsschwierigkeiten führten wohl auch dazu, daß die Problematik kaum umfassend beleuchtet wurde und auch die Rechtsprechung sich zunächst in Zurückhaltung übte.[256]

Heute wird der persönlichen Freiheit in der Literatur einhellig eine "grundlegende und gestaltende Bedeutung" für die gesamte Rechtsordnung zuerkannt.[257]

---

252 Vgl. dazu unten, S. 56 ff.
253 Haller, in : Kommentar BV, Persönliche Freiheit, Rdn. 13.
254 Spoendlin, S. 15.
255 Renfer, S. 19 ff.
256 Spoendlin, S. 15; zur Rechtsprechung s. unten, S. 49 ff.
257 Oberhänsli, S. 62; zu dem Verhältnis der persönlichen Freiheit gegenüber anderen Grundrechten vgl. Renfer, S. 19 ff.

B. Die Sicht Giacomettis/ Das "Wertesystem"

Entscheidender Wegbereiter[258] auf dem Weg hin zu einer Anerkennung der persönlichen Freiheit als ungeschriebenes Freiheitsrecht durch das Bundesgericht war Zacharia Giacometti, dessen Forderungen und systematisches Gebäude eines umfassenden Freiheitsschutzes deshalb im folgenden genauer untersucht werden sollen[259]. Seine Thesen und neue dogmatische Richtung bezogen sich zwar nicht auf die persönliche Freiheit alleine, sondern auch auf andere Freiheitsrechte, wurden aber insbesondere im Zusammenhang mit ihr diskutiert. Eine Darstellung an dieser Stelle erscheint deshalb angebracht.

I. Die Kernaussagen Giacomettis

Für Giacometti ist die Bundesverfassung von 1874 - dieses Ergebnis sei bereits vorweggenommen - hinsichtlich der Verbürgung von Freiheitsrechten zwar formal lückenhaftig, materiel spricht er ihr jedoch Lückenlosigkeit zu.[260]

Ausgangspunkt seiner Überlegungen ist hierbei die "schweizerische Staatsidee", die er als "freiheitlich und föderalistisch" klassifiziert.[261] "Tragende Säule und Seele"[262] des freiheitlichen Aufbaus wiederum ist für ihn der Katalog der Freiheitsrechte, dessen Wesensgehalt darin besteht, "die menschliche Würde und den Eigenwert des Individuums sicherzustellen"[263] Da die Schweizer Bundesverfassung jedoch - wie andere Verfassungen auch - von ihrem Wortlaut her nur eine beschränkte Anzahl von Freiheitsrechten garantiere, stellt sich für Giacometti die Frage, "ob damit auch jede aktuell werdende Freiheit" geschützt werde oder eben nur der verbriefte Kreis von Garantien. Als Beispiele solcher nicht expressis verbis geschützter, aber zu schützender individuellen Freiheiten nennt er u. a. das Recht auf Leben, auf körperliche Unversehrtheit oder die Bewegungsfreiheit als

---

[258] Dressler, 384, weist zwar der "Staatsechtslehre" insgesamt das Verdienst der wesentlichen Vorarbeit zu, bezieht sich aber im folgenden nur auf Giacometti.

[259] Giacometti legte sein Verständnis einer durch die eidgenössische Bundesverfassung garantierten Freiheitsgarantie ausführlich in seiner berühmt gewordenen Rektoratsrede aus dem Jahre 1955 ausführlich dar; im Grundsatz finden sich diese Aussagen jedoch bereits in seinem Staatsrechtslehrbuch aus dem Jahre 1941, S. 169 f.

[260] Giacometti (Freiheitsrechtskataloge), S. 176.

[261] Giacometti (Freiheitsrechtskataloge), S. 149.

[262] Giacometti (Freiheitsrechtskataloge), S. 150.

[263] Giacometti (Freiheitsrechtskataloge), S. 165, 150; genau diese Argumentation wird das Bundesgericht später in seiner Rechtsprechung zu den ungeschriebenen Freiheitsrechten wortwörtlich übernehmen, s. dazu unten, S. 58 f.

zur "persönlichen Freiheit im weiteren Sinne des Wortes" gehörende Rechte[264], aber auch die Filmfreiheit und Kunstfreiheit als Untergruppen der Meinungsäußerungsfreiheit[265] oder etwa die Informationsfreiheit "im Sinne einer Freiheit zur Beschaffung, Übermittlung und Verbreitung von Nachrichten".[266]

Zwar läßt sich nach Meinung Giacomettis der individuelle Schutz durch Auslegung und Lückenfüllung durchaus erweitern, wobei etwa an die Freiheiten zu denken sei, "die notwendige Voraussetzung für die Betätigung bestimmter ausdrücklicher Freiheitsrechte der Bundesverfassung" seien.[267] Einen allumfassenden Schutz vermag dieser so in seinem Anwendungsbereich - sei es auch ergänzt durch das Willkürverbot[268] - erweiterte Freiheitsrechtskatalog aber dennoch letztendlich nicht zu gewähren.[269]

Als Ergebnis kommt er zu dem Schluß, daß die ausdrücklich verbrieften "Freiheitsrechte nicht isoliert, sondern in ihrem geistigen Zusammenhange im Sinne einer Gesamtschau" gesehen werden müssen, d.h. - und hier taucht einmal mehr einer der zentralen Begriffe seiner Abhandlung auf, "als Einzeläußerungen eines freiheitlichen politischen **Wertsystems**".[270] Wenn eine moderne Verfassung also nur einzelne Freiheiten garantiere, so sei dies nicht erschöpfend, sondern exemplarisch zu verstehen.[271]
Somit werden aber "auch die potentiellen Freiheiten im Moment ihrer Aktualisierung von Verfassungsrechts wegen gewährleistet und damit zu ungeschriebenen Freiheitsrechten", dem Richter bleibt damit im Ergebnis nur noch die Aufgabe der Umsetzung einer bereits vorhandenen Freiheitsgarantie.[272]

---

264 Giacometti (Freiheitsrechtskataloge), S. 157 f.
265 Giacometti (Freiheitsrechtskataloge), S. 155 f.
266 Giacometti (Freiheitsrechtskataloge), S. 158.
267 Giacometti (Freiheitsrechtskataloge), S.162; auch dieses Argumentationsmuster und die hier formulierten Vorausetzungen werden später fast wortwörtlich in der Rechtsprechung des Bundesgerichts zu den ungeschriebenen Freiheitsrechten erscheinen; s. dazu unten, S. 53 ff.
268 Für Giacometti (Freiheitsrechtskataloge), S. 170, sind die geschriebenen und "ungeschriebenen Freiheitsrechte Spezialbestimmungen zum Willkürverbot"; zur Funktion des Willkürverbots als "Auffanggrundrecht" in der Schweizer Bundesverfassung s. unten S. 145 ff.
269 Giacometti (Freiheitsrechtskataloge), S. 159 ff.
270 Giacometti (Freiheitsrechtskataloge), S. 163.
271 Giacometti (Freiheitsrechtskataloge), S. 164.
272 Giacometti (Freiheitsrechtskataloge), S. 169 f.; Müller (Persönlichkeitsschutz), S. 134; ausgenommen von diesem umfassenden verfassungsrechtlichen Schutz sollen hierbei nur diejenigen Freiheiten sein, die der Verfassungsgesetzgeber ausdrücklich aus der Gewährleistung ausnimmt oder in ihrem Anwendungsbereich begrenzt, vgl. Giacometti (Freiheitsrechtskataloge), S. 165 f.

Eine solche Sicht allein kann für Giacometti die Zeitgemäßheit einer Verfassung und damit auch der Schweizer Bundesverfassung und das "Spielen der demokratischen Einrichtungen" garantieren[273] und nur ein derart definierter Katalog von Freiheitsrechten schließt "seiner Idee nach die innerstaatliche Koexistenz von Freiheit und Unfreiheit aus".[274]

Zur Begründung vorgenannter Thesen zieht Giacometti - neben der Notwendigkeit der Anerkennung eines "Wertsystems" auch die Verfassungsgeschichte heran, indem er u.a. auf die französische Menschen- und Bürgerrechtserklärung aus dem Jahre 1789 sowie die nordamerikanische Verfassung verweist, die - Vorbild späterer Menschenrechtskataloge - auch nicht nur einzelne Freiheiten erfassen wollten.[275]

II. Die Kritik an den Thesen Giacomettis

Die Aussagen Giacomettis ernteten nur teilweise Zustimmung.[276] So wurde etwa sein Ansatzpunkt, der Schweizer Bundesverfassung und den in ihr garantierten Freiheitsrechten einen liberalen Geist zuzusprechen, in der Schweizer Doktrin positiv aufgenommen[277], und auch die Qualifikation der Grundrechte als Wertentscheidungen[278] ebenso wie das Prinzip der "Einheit der Verfassung"[279] wurden bejaht.

Im Ergebnis wurden seine Thesen und Schlußfolgerungen jedoch überwiegend abgelehnt.
Die Freiheitsrechtgarantien bildeten zum einen, so die Kritik - ungeachtet gewisser zwischen ihnen bestehender Beziehungen - kein (geschlossenes) System. Dafür spreche vor allem, daß viele Grundrechte nicht - so wie es Giacometti voraus-

---

273 Giacometti (Freiheitsrechtskataloge), S. 164; auch dieses Argument der Wichtigkeit (bestimmter) Freiheitsrechte für das Funktionieren einer Demokratie sollte fester Bestandteil in der bundesgerichtlichen Judikatur werden, s. dazu unten, S. 73 ff.

274 Giacometti (Freiheitsrechtskataloge), S. 165.

275 Giacometti (Freiheitsrechtskataloge), S. 166 f.; interessanter Weise wird gerade die französische Erklärung der Menschen- und Bürgerrechte i.d.R. als Beispiel einer "punktuellen" Gewährleistung von Grundrechten genannt.

276 Vgl. etwa Kägi, S.; Lüchinger, S. 179 ff.; Saladin (Grundrechte), insbesondere S. 96 ff.; Steiner, S. 39; Hegnauer (Sprachenrecht), S. 27.

277 vgl. etwa Grisel (droits constitutionnels), S. 55: "La prémisse de ce raisonnement est discutable; Rossinelli (libertés), S. 98: "cette constatation ... ne lui (= "cette conception libérale", d. Verf.) ôte certes pas son intérêt et sa valeur".

278 Häfelin (Verfassungsgebung), S. 93.

279 Derselbe, S. 88 f.; Verfassungsnormen sind danach im Zusammenhang mit anderen und nicht isoliert auszulegen; s. dazu bereits oben, S. 6.

setze - aus einer allgemeinen Freiheit ableitbar seien. Der Begriff der Freiheit sei "immer bezogen auf deren substantiellen Gegenstand und Grenzen".[280]
Zudem verkenne Giacometti - wenn er den liberalen Geist und das demokratische Element der Schweizer Bundesverfassung als gleichberechtigte Prinzipien anrufe - das Verhältnis dieser beiden Prinzipien zueinander. Die eidgenössische Bundesverfassung zeichne sich gerade dadurch aus, daß der demokratischen Komponente ein Übergewicht über das liberale Element eingeräumt worden sei[281].
Die Sicherung des "Eigenwertes" des Individuums und der Schutz seiner Würde verlange zudem mehr als den Schutz vor staatlichen Eingriffen, was Giacometti aber durch eine Verengung seiner These auf die Abwehr des Staates nicht berücksichtige.[282]
Darüber hinaus mißachte die Annahme eines geschlossenen Wertesystems mit der Gewährleistung aller denkbar werdenden Freiheiten den Willen des historischen Verfassungsgebers, der nur bestimmte, besonders gefährdete Freiheiten garantieren wollte, andere jedoch nicht und damit dem traditionell - punktuellen Grundrechtsverständnis gefolgt sei.[283]
Auch sei die Qualifikation als durch die Verfassung garantiertes Individualrecht - so ein weiteres Argument - nur für solche Rechte angemessen, die für die Entwicklung der menschlichen Natur notwendig seien, nicht aber für jede potentiell gefährdete Freiheit.[284]
Die Stellung aller Freiheiten auf eine Ebene bedeute jedoch eine Nivellierung, die den "Kern des Grundrechtsgedankens" aufgebe.[285]
Zu guter letzt begünstige die Forderung des Schutzes gegen alle potentiellen Gefährdungen das Mißverständnis, es seien "unbegrenzte Möglichkeiten gegeben".[286]

Das Bundesgericht trug dieser Kritik in seiner Rechtsprechung Rechnung, indem es sich zwar an Giacometti anlehnte, seine Thesen aber nie ganz übernahm.[287]

Die Kantonsverfassungen garantierten[288] im Zeitpunkt der erstmaligen Anerkennung der persönlichen Freiheit als ungeschriebenes Freiheitsrecht des Bundes fast

---

280 Rhinow (Grundrechtskatalog), S. 233; Bosshart, S. 64, 66.
281 Vgl. hierzu etwa Rossinelli (libertés), S. 94 ff.
282 Müller (Persönlichkeitsschutz), S.140.
283 Grisel (droits constitutionnels), S. 55 f.; Rhinow (Grundrechtskatalog), S. 231; Rossinelli (libertés), S. 98 f.; Bosshart, S. 63; für Hanggartner (Freiheitsgarantie), S. 342, besitzt das punktuelle Grundrechtsverständnis jedoch nur noch "historische Relevanz", für ihn ist "im freiheitlichen Staat der Gegenwart ... grundsätzlich der Schritt zur Freiheit getan".
284 Grisel (droits constitutionnels), S. 56
285 Müller (Persönlichkeitsschutz), S. 139; Bosshart, S. 64 f.
286 Huber (Probleme), S.105 Anm.1.

alle entweder die persönliche Freiheit als solche oder doch wesentliche Aspekte davon. Allerdings variieren die Formulierungen.
So findet sich in den meisten Kantonsverfassungen die Formulierung "die persönliche Freiheit ist gewährleist".[289] Dabei wird sie teilweise in einem Atemzug mit der "Gleichheit der Bürger und Gleichberechtigung vor dem Gesetz" garantiert.[290] In einer weiteren Variante wurden die persönliche Freiheit und die Unverletzlichkeit der Wohnung" geschützt.[291] Ähnlich die sprachliche Fassung, wo die persönliche Freiheit "und das Hausrecht eines jeden Kantonseinwohners gewährleistet" wurden.[292] Einzig zwei Kantone, der Halbkanton Basel - Stadt und der Kanton Tessin besitzen in Ihren Verfassungen keine Regelung, die die persönliche Freiheit schützt[293], sondern gewähren nur Schutz hinsichtlich vor "Verhaftungen und Hausdurchsuchungen"[294] bzw. nur Verhaftungen.[295]

C. Die Rechtsprechung des Bundesgerichts

I. Die Rechtsprechung zur persönlichen Freiheit in den Kantonsverfassungen

Entscheidungen zur persönlichen Freiheit ergingen im Gegensatz zu anderen bundes- oder kantonsverfassungsrechtlich garantierten Freiheiten eher "spärlich".[296] Für die Zeit von "Mitte der zwanziger bis Ende der vierziger Jahre" wird sogar "vollständiges Schweigen" konstatiert".[297] Zudem wurde meist nicht nur die Ver-

---

287 Vgl. dazu im einzelnen unten, S. 56 f.

288 Zur historischen Entwicklung der Verfassungsgarantien der persönlichen Freiheit vgl. Spoendlin, S. 25.

289 Art. 19 Abs. 1 KV Aargau; Art. 11 Abs. 1 KV Appenzell Außer-Rhoden; Art. 73 Abs. 1 KV Bern; § 6 Abs. 1 KV Basel-Land; Art. 3 Abs. 1 KV Freiburg; Art. 3 Abs. 1 KV Genf; Art. 5 Abs. 1 KV Glarus; Art. 9 Abs. 1 KV Graubünden; Art. 8 Abs. 1 KV Schaffhausen; Art. 13 Abs. 1 KV Solothurn; § 9 Abs. 1 KV Thurgau; Art. KV Uri; Art. 4 Abs. 1 KV Waadt; Art. 7 Abs. 1 KV Zürich; § 8 Abs. 1 KV Zug; in Genf und Waadt wurde selbstverständlich die französiche Formulierung "La liberté individuelle est garantie"

290 Art. 2 Abs. 1 KV Appenzell Inner-Rhoden.

291 § 5 KV Luzern; Art. 7 Abs. 1 KV Neuenburg; Art. 6 KV Obwalden; § 5 S. 1 KV Schwyz; Art. 30 Abs. 1 KV St. Gallen; Art. 4 Abs. 1 KV Wallis; in Neuenburg findet sich wiederum die französiche Version : "La liberté individuelle et l'inviolabilité du domicile sont garanties".

292 Art. 1 KV Nidwalden.

293 Vgl hierzu ausführlich Spoendlin, S. 17.

294 § 3 KV Ba-St.

295 Art. 4 KV Te.

296 Spoendlin, S. 27; Grisel (Liberté personelle), S. 550.

297 Dressler, S. 383; ähnlich Saladin (Grundrechte), für den das Freiheitsrecht "in den ersten Jahrzehnten der bundesgerichtlichen Rechtsprechung verhältnismäßig oft angerufen wor-

letzung der persönlichen Freiheit, sondern die Beeinträchtigung derselben neben anderen Individualrechtsgarantien geltend gemacht.[298]

Die Rechtsprechung des Bundesgerichts bezog sich zunächst - ganz seiner positivistischen Sichtweise und Tradition treu bleibend und wie bei der Eigentumsgarantie[299] - vor allem auf die *kantonalen* Ausprägungungen der persönlichen Freiheit. Hintergrund hierfür ist die Kompetenz des Schweizer Bundesgerichts[300], in seiner Funktion als Verfassungsgericht auch individualrechtliche Garantien der Kantonsverfassungen überprüfen zu können.[301]

Trotz der unterschiedlichen redaktionellen Fassungen[302] der die persönliche Freiheit garantierenden Regelungen in den Kantonsverfassungen ist dabei kein Unterschied in der Auslegung festzustellen.[303]
Inhaltlich wird i. d. R. eine - enge - Auslegung des Schutzbereiches der persönlichen Freiheit als Garantie der physischen Integrität vorgenommen.

Die enge positivistische Sicht des Bundesgerichts wird bereits in einer Entscheidung aus dem Jahre 1876 deutlich, in der es um die Freiheit, sich nach seiner Wahl zu kleiden, ging.[304] Das Bundesgericht führte hier - unter Bezug auf den die persönliche Freiheit garantierenden Artikel in der Genfer Kantonsverfassung[305] aus :

"... par les droits constitutionnels des citoyens, on ne peut entendre toutes les facultés découlant d'une manière abstraite de la qualité d'homme libre, mais seulement les droits, dont les constitutions cantonales ont voulu assurer le libre exercise aux citoyens. ... le (dit?) article a principalement en vue de protéger la personne des citoyens contre des arrestations illégales ou arbitraires, et non point de garantir la libre manifestation de la volonté humaine dans toutes les directions dont elle est susceptible".[306]

---

den ist" und erst "ungefähr seit 1920 ... beinahe vollständig aus der amtlichen Entscheidungssammlung verschwunden ist".

298 Spoendlin, S. 27, mit einer ausführlichen Darstellung der Rechtsprechung des Bundesgerichts.

299 Vgl. dazu oben, S. 31 ff.

300 Anders etwa das deutsche Bundesverfassungsgericht, dem keine Kompetenz hinsichtlich der Überprüfung der Verfassungsbestimmungen der Länder zukommt. Vgl. hierzu etwa BVerfGE 41, 88, 118 ff. ; Sturm, in : Sachs, Art. 93, Rdn. 19 ff.; 93.

301 Vgl. hierzu etwa Häfelin/Haller, Rdn. 1698.

302 Vgl. hierzu oben, S. 48 f.

303 Spoendlin, S. 32.

304 Rossinelli (libertés), S.126 f., weist allerdings auf naturechtliche Ansätze in der gleichen Entscheidung hin. Diese scheinen allerdings eher allgemeiner Natur als speziell auf die persönliche Freiheit gemünzt zu sein.

305 Art. 3 KV Genf lautet : "La liberté individuelle est garantie. Nul ne peut être arrêté ...".

306 BGE 2, 178 180 f.; vgl. hierzu auch Rossinelli (libertés), S. 126, der wegen der in dem gleichen Bescheid, S. 181, gewählten Formulierung "ces droits essentiels et primordiaux

Das Gericht verneinte hier also die Garantie der Geltendmachung des menschlichen Willens in allen Richtungen, aus denen heraus sie, gefährdet sein könnte und betonte die Funktion der kantonalen Verfassungsnorm, die Bürger vor illegaler oder willkürlicher Verhaftung zu schützen.

Im gleichen Jahr äußert sich das Bundesgericht auch zur grundsätzlichen Bedeutung der persönlichen Freiheit :

"La liberté individuelle constitue, en effet, un de ces droits primordiaux de l'homme, à l'exercise desquels il ne saurait valablement renoncer et dont la revendication est imprescriptible", dans les limites légales et sous reserve de l'ordre public".[307]

Auf der anderen Seite finden sich aber auch Entscheide, in denen der persönlichen Freiheit zwar nicht ausdrücklich ein weiter Schutzbereich zugebilligt wird, in denen das Bundesgericht aber "anstandslos auf die Würdigung ... unter dem Gesichtspunkt der persönlichen Freiheit" eintritt[308].
So führte das Bundesgericht 1878 zu der die persönliche Freiheit garantierenden Vorschrift der bernischen Verfassung[309] in einem Fall, der eine Gemeinde zur Tragung der Kosten einer Gewässerkorrektion verpflichtete, aus :

" ... so ist klar, daß diese Verfassungsbestimmung die Bürger nur vor willkürlichen, nicht im voraus gesetzlich bestimmten Freiheitsbeschränkungen sichern will, dagegen keineswegs den Sinn hat und haben kann, daß die Bürger nicht auf dem Wege der Gesetzgebung zu gewissen Leistungen gezwungen werden können. Sonst müßten auch der Schulzwang, der Amtszwang, die Steuerpflicht, die Militärdienstpflicht u. s. w. als verfassungswidrige Beschränkungen der persönlichen Freiheit betrachtet werden, ...[310]

Willkürliche Freiheitsbeschränkungen werden in diesen Entscheiden im Ergebnis nicht angenommen.

Die vorstehend deutlich gewordene grundsätzliche Zurückhaltung bei der Auslegung kantonalen Verfassungsrechts ist im übrigen ein Phänomen, das prägend für die gesamte Rechtsprechung des obersten Schweizer Gerichts ist. Grund hierfür ist letztendlich die Respektierung der kantonalen Kompetenzbereiche. Eine

---

de l'homme libre" auf angebliche Widersprüchlichkeiten hinweist; Rossinelli übersieht wohl allerdings, daß das Bundesgericht hier nur auf eine theoretisch denkbare weite Auslegung des Begriffs der "persönlichen Freiheit" zielt.

307 BGE 2, 439, 448; s. hierzu Rossinelli (libertés), S. 127 : "avec des accents quelque peu naturalistes".

308 Spoendlin, S. 30; kritisch zu dieser Interpretation Rossinelli (libertés), S. 128.

309 § 72 KV Bern lautet : "Die persönliche Freiheit ist gewährleistet".

310 BGE 4, 380, 396; ähnlich BGE 5, 435, 437 : Zwangsbeitritt zu einem obligatorischen Krankenverein; BGE 10, 467, 470 : Wirtshausverbot; BGE 13, 444, 446 : Verbot des Verlassens eines Armenhauses; 18, 73 : Zwang zum ehelichen Zusammenleben; s. auch BGE 31, 297, 301.

"Beeinflußung des kantonalen Verfassungsrechtslebens" soll - trotz der bereits angesprochenen Kompetenz des Bundesgerichts, auch die Einhaltung kantonalen Verfassungsrechts zu überprüfen[311] - möglichst vermieden werden. Ursache hierfür ist auch, daß die kantonale, das Recht anwendende Behörde teilweise als "befähigterer Interpret des eigenen Rechts" angesehen wird.[312]

Auch ein weiteres - bereits bei der Rechtsprechung zur Eigentumsgarantie untersuchtes - Vorgehensmuster ist bei der Jurisdiktion zur persönlichen Freiheit feststellbar : das Abstellen auf i. d. R. zugleich angerufene verfassungsrechtliche Garantien wie etwa das Willkürverbot.[313] So zitiert das Bundesgericht 1922 im Fall eines Automobilfahrverbots zwar die u. a. geltend gemachten Garantien, einerseits die bundesverfassungsrechtlich garantierte Rechtsgleichheit, andererseits die kantonale Garantie der persönlichen Freiheit, inhaltlich äußert es sich aber nur zu Art. 4 BV.[314]

Ähnlich gelagert sind die Fälle, in denen zwar der Begriff der persönlichen Freiheit diskutiert wird, dies aber im Zusammenhang mit dem Willkürverbot des Art. 4 BV geschieht :[315]

Zutreffend machen die Rekurrenten ... geltend, dass die Verfügungsmacht des Lebenden über das Schicksal seines Leibes nach dem Tode, die Art seiner Bestattung sich als Ausfluss der individuellen Freiheit des Bürgers, der Persönlichkeit und ihres Rechtes auf Geltung und Achtung durch die Allgemeinheit darstelle. Wenn trotzdem die Bestimmung darüber nicht völlig dem Belieben des einzelnen überlassen werden kann, ... so darf daraus nicht geschlossen werden, dass der Staat diese Normen souverän, nach Willkür gestalten könne".[316]

Vorstehend zitierter Entscheid ist auch deswegen von besonderem Interesse, weil dieses - hier ausnahmsweise formulierte - weite Verständnis von persönlicher Freiheit mehrere Jahrzehnte später von dem Bundesgericht bei seiner Rechtsprechung zur ungeschriebenen Garantie der persönlichen Freiheit auf Bundesebene aufgegriffen werden wird.[317]

Zunächst jedoch mußte die Garantie der persönlichen Freiheit erst einmal grundsätzlich als ungeschriebenes Verfassungsrecht auf Bundesebene anerkannt werden.

---

311 S. hierzu oben, S. 50.
312 Renfer, S. 35 ff.
313 Spoendlin, S. 27; vgl. hierzu bereits oben, S. 36 ff.
314 BGE 46 I, 292; vgl. hierzu die Analyse von Spoendlin, S. 30 f.
315 Vgl. hierzu Rossinelli (libertés), S. 128 f.
316 BGE 45 I, 119, 132 f.
317 Vgl. hierzu Rossinelli (libertés), S. 129.

II. Die grundsätzliche Anerkennung auf Bundesebene

Ausgehend von den die persönliche Freiheit garantierenden kantonalen Verfassungsgarantien hatte das Bundesgericht in mehreren Jahrzehnten - ohne allerdings die persönliche Freiheit als ungeschriebenes Grundrecht auf bundesverfassungsmäßiger Ebene bereits anzuerkennen und ähnlich wie bei der Eigentumsgarantie - nach und nach zu den kantonalen Garantien einen allgemeinen Begriff der "persönlichen Freiheit" herausgearbeitet und diesem scharfe Konturen gegeben.

Diese Grundsätze faßte das Bundesgericht 1956 folgendermaßen zusammen :

"Unter dieser Freiheit ... ist die körperliche Freiheit im Gegensatz zur geistigen, d. h. die Freiheit der Verfügung über den eigenen Körper, zu verstehen. Sie umfaßt einmal die Freiheit der Bewegung im Raum und schützt damit gegen physischen Zwang (Festnahme, Einsperrung usw.) wie auch gegen mittelbaren Zwang (Verbote oder Befehle). Ferner schließt sie das Recht auf körperliche Unversehrtheit ein und bietet damit Schutz gegen staatliche Eingriffe in die körperliche Unversehrtheit".[318]

Die Anerkennung auf Bundesebene und damit eine "epochale Praxisänderung"[319] seiner Rechtsprechung leitete das Bundesgericht dann - unter dem Einfluß der Rechtslehre[320] - im Jahre 1963 ein, als es ausführte:

"Die persönliche Freiheit im Sinne der physischen Freiheit, d.h. der Freiheit über den eigenen Körper ... ist die Voraussetzung für die Ausübung aller andern Freiheitsrechte und bildet damit einen unentbehrlichen Bestandteil der rechtsstaatlichen Ordnung des Bundes. Nach der heute herrschenden Auffassung gehört die Garantie der persönlichen Freiheit ... dem ungeschriebenen Verfassungsrecht des Bundes an".[321]

Auch wenn das Bundesgericht an dieser Stelle noch keinen abschließenden Kriterienkatalog für die Anerkennung eines ungeschriebenen Freiheitsrechtes der persönlichen Freiheit vorgab, so erscheinen hier doch zum erstenmal zwei der Anforderungen, denen ein derartiges neues Freiheitsrecht entsprechen musste : es mußte nämlich notwendige Voraussetzung für die Ausübung anderer Freiheitsrechte sein und es mußte für die rechtsstaatliche Ordnung des Bundes unentbehrlich sein.Diese Kriterien sollten von nun an - u.a. - Maßstab bei der Frage, ob eine Freiheitsgarantie als ungeschriebenes Freiheitsrecht anzuerkennen sei, sein und prägend für die Rechtsprechung des Schweizer Verfassungsgerichthofes zu den ungeschriebenen Freiheitsrechten werden.

---

318 BGE 82 I, 238.

319 Huber (persönliche Freiheit), S. 114.

320 Vgl. hierzu oben, S. 42 ff.

321 BGE 89 I, 92, 97 f.; im vorliegenden Fall konnte das BG auch nicht auf die einschlägige - baselstädtische - Kantonsverfassung ausweichen, da diese eine Garantie der persönlichen Freiheit nicht gewährleistete.

In der Literatur wurde die Anerkennung des neuen Freiheitsrechts einhellig befürwortet. Begrüßt wurde einerseits grundsätzlich, daß der lückenhafte Grundrechtskatalog "durch eine mutige Rechtsprechung einigermaßen wettgeschlagen" worden sei und daß das Bundesgericht sich am "geschichtlichen Herkommen und daneben an den Bedürfnissen, wie sie ihm mit den Lebensumständen entgegentreten", orientiert und nicht etwa ein geschlossenes Grundrechtssystem angenommen habe.[322] Beifall fand auch die Interpretation der persönlichen Freiheit auf Bundesebene als physiche Integration und Bewegungsfreiheit.[323]

Die neu definierten Vorausetzungen eines ungeschriebenen Grundrechtes - notwendige Voraussetzung für die Ausübung anderer Freiheitsrechte und Unentbehrlichkeit für die rechtsstaatliche Ordnung des Bundes - waren in unmittelbarem zeitlichen Zusammenhang mit der neuen Rechtsprechung allerdings noch nicht Gegestand der Diskussion, wurden aber wohl stillschweigend akzeptiert.
Erst in neuerer Zeit wurde hier dahingehend Kritik laut, daß das Bundesgericht mit seiner Anforderung, ein neues Freiheitsrecht müsse als unentbehrlicher Bestandteil der rechtsstaatlichen (und - als später hinzugekommenes Erfordernis - demokratischen) Ordnung erscheinen, eine "gefährliche Formulierung" gewählt habe, da es "nicht das Rezept, wie die Unentbehrlichkeit erkennbar" sei, verrate.[324]

In der Folgezeit wurde diese Rechtsprechung - jetzt, wo das Eis gebrochen war - mehrfach bestätigt.

Insbesondere bis 1964 betraf der Inhalt der die persönliche Freiheit betreffenden Urteile des Bundesgerichts denn auch fast ausschließlich diese beiden "klassischen" Gefährdungen und Schutzbereiche, nämlich die physische Integrität in Form der körperlichen Integrität und der Bewegungsfreiheit.[325]
Diese Rechtsprechung des Bundesgerichts zur persönlichen Freiheit als physische Freiheit i. S. eines Schutzes der körperlichen Unversehrtheit[326] und der Bewegungsfreiheit hat bis heute Bestand. [327]

---

322 Huber (Rechtsprechung 1961-1968), S. 53.
323 Huber ebenda, S. 54.
324 Zürcher-Lorez, S. 77.
325 Grisel (liberté personelle), S. 554.
326 Dabei wird die körperliche Unversehrtheit durch jeden Eingriff in den menschlichen Körper beeinträchtigt, vgl. hierzu etwa auch BGE 118 Ia, 427, 434.
327 Haller, in : Kommentar BV, Persönliche Freiheit, Rdn. 15, weist zu Recht darauf hin, daß die Abgrenzung zwischen den einzelnen Bereichen der persönlichen Freiheit häufig nicht klar vorgenommen werden kann bzw. mehrere Teilaspekte berührt sein können.

Aus der Untergruppe der Betroffenheit der körperlichen Unversehrtheit[328] wurden dabei als unter den Schutzbereich der persönlichen Freiheit fallend angesehen etwa[329] :
Staatliche Eingriffe durch Blutentnahmen[330], Impfungen[331], Röntgenuntersuchungen[332]; die Extraktion einiger Haare in einem Strafverfahren[333], ebenso das Nichtaufschieben eines Strafvollzuges, bei dem der Verurteilte an Leib oder Leben gefährdet wäre[334], oder aber eine Vorschrift, die von einer Schwangeren, die in einem Kanton eine Abtreibung vornehmen wollte, einen zweimonatigen Wohnsitz in diesem Kanton verlangte.[335]
Auch die mit Zwang erfolgte Abnahme des Bartes eines Untersuchungsgefangenen stellt nach Meinung des Bundesgerichts einen Eingriff in die Garantie der persönlichen Freiheit dar.[336]
In einem Fall, der die Durchführung einer Urinprobe zwecks Feststellung, ob ein Rauschgiftkonsum vorlag, betraf, ließ das Bundesgericht wiederum offen, ob die persönliche Freiheit angerufen werden könne[337]. Keine Entscheidung traf das Bundesgericht auch bei der Frage, ob die Anordnung eines anthropologisch-erbbiologischen Gutachtens die körperliche Unversehrtheit berühre.[338]

In neuerer Zeit wird das ungeschriebene Freiheitsrecht der persönlichen Freiheit auch für Fragen und Problemstellungen im Zusammenhang mit der Fortpflanzungs- und Gentechnologie als "zentrale Quelle" genannt.[339]

Die zweite Komponente der physischen Integrität - die Bewegungsfreiheit - war in den Anfangsjahrzehnten der bundesgerichtlichen Rechtsprechung Hauptgegenstand der Entscheide zu den kantonsrechtlichen Garantien der persönlichen

---

328 Allerdings sind auch hier noch nicht alle Fragen geklärt, was hierunter fällt, etwa inwieweit Auswirkungen im psychosomatischen Bereich erfaßt werden, vgl. Häfelin/Haller, Rdn. 1161.

329 Die Kasuistik erfolgt in Anlehnung an Haller (persönliche Freiheit), S. 98 ff und Häfelin/Haller, Rdn.1158 ff.

330 Vgl. etwa BGE 82 I, 234, 237 f.; 89 I, 92, 98 f.; 90 I, 105, 110; 91 I, 31 34.

331 Vgl. etwa BGE 99 Ia, 747, 749; 104 Ia, 480, 485 f.

332 Vgl. etwa BGE 104 Ia, 480, 485 f.

333 BGE in : EuGRZ 1996, S. 470 f.

334 BGE 108 Ia, 69, 71 f..

335 BGE 101 Ia 575, 577 f.

336 BGE 112 Ia, 161, 162 ff.

337 ZBl. 85, 1984 45 f.; ein Eingriff in die körperliche Integrität liegt hier nach Haller, in : Kommentar BV, Persönliche Freiheit, Rdn. 41; Häfelin/Haller, Rdn. 1160, nicht vor.

338 BGE 99 Ia, 413; 90 I, 110 f.; in älteren Entscheiden war dies allerdings verneint worden, vgl. hierzu die Nachweise bei Haller, Kommentar BV, Persönliche Freiheit, Rdn. 40.

339 Schweizer, in: Kommentar BV, Art. 24novies Abs. 1, Rdn. 24.

Freiheit[340]. Nach der Anerkennung der persönlichen Freiheit als Grundrecht auf Bundesverfassungsebene spielten vor allem Fragen im Zusammenhang mit Haft und Strafvollzug in der Judikatur des Bundesgerichts eine wichtige Rolle :[341]
So stellen z. B. eine vier- bis sechsstündige Festnahme zwecks erkennungsdienstlicher Behandlung[342] oder unzureichende körperliche Betätigungsmöglichkeiten eines Untersuchungsgefangenen Eingriffe in das Freiheitsrecht dar.

Bei Einschränkungen der Bewegungsfreiheit, die nicht im Zusammenhang mit Freiheitsentziehungen stehen, urteilt das Bundesgericht hingegen eher zurückhaltend.
Nicht erfaßt werden etwa das Verbot des Windsurfens auf einem See[343] oder das Verbot, einen See an bestimmten Stellen zu befahren.[344]

III. Die Ausweitung der Rechtsprechung

1964, in einer zweiten Phase[345] - also bereits ein Jahr nach der erstmaligen Anerkennung der persönlichen Freiheit - ging das Bundesgericht bei der Bestimmung des Anwendungsbereichs des neuen Grundrechtes allerdings einen Schritt weiter und über ein Verständnis der Garantie der persönlichen Freiheit als Schutz der körperlichen Unversehrtheit und Bewegungsfreiheit hinaus. Es führte hier aus :

"Si la liberté individuelle ne s'identifie avec aucune des autres libertés garanties par la constitution, elle est cependant la condition de leur exercise. En d'autres termes, elle vise à garantir l'existence des conditions de faits indispensables pour que l'homme puisse effectivement exercerces autres libertés. Or celles-ci protègent non seulement le corps humain (interdiction de peines corporelles où liberté d'établissement, par example), mais aussi des intérêts idéaux (liberté d'opinion où libertés religieuses, par example). Il ne suffit donc pas que la liberté individuelle garantisse le droit d'aller et de venir et l'intégrité corporelle. Il faut aussi qu' elle protège l'homme contre les atteintes qui tendraient, par un moyen quelconque, à restreindre ou supprimer la faculté qui lui est propre, d'apprecier une situation donné et de se

---

340 Dressler, S. 379.

341 S. hierzu detailliert Haefliger (Grundrechte), S. 260 ff.; Müller (Grundrechte), S. 23 ff.; von der Bewegungsfreiheit zu unterscheiden sind die im Zusammenhang mit der Ausgestaltung der Haftbedingungen zu beachtenden Aspekte der persönlichen Freiheit,auf die hier aber nicht näher eingegangen werden soll; s. hierzu Haller (persönliche Freiheit), S. 103 ff.

342 BGE 107 Ia, 138, 140.

343 Nicht veröffentlichtes Urteil "Fäßler" vom 04.04.1979. S. hierzu ausführlich unten, S. 62.

344 BGE 108 Ia, 59, 60 f.; auch hier prüfte das BG das Willkürverbot als Auffanggrundrecht; vgl. hierzu Thürer (Willkürverbot), S. 461 f.

345 Allerdings hatte das Bundesgerichts in seiner Rechtsprechung zu den kantonalen Garantien der persönlichen Freiheit mehrfach eine über die physische Integrität und Bewegungsfreiheit hinaus gehende Interpretation der persönlichen Freiheit für grundsätzlich möglich erachtet, vgl. dazu Saladin ZSR 1965, 447, 455.

déterminer d'après cette appréciation. En effet l'éxistence de cette faculté constitue la condition d'exercise de nombreux droits constitutionnels".[346]

Das Gericht weitete hier also den Anwendungsbereich des neuen Freiheitsrechts über die Garantie der physischen Integrität hinaus aus und führte eine psyschisch-geistige Komponente in den Schutzbereich der persönlichen Freiheit ein. Geschützt sein sollte auch die Freiheit, eine gegebene Lage zu beurteilen und sich entsprechend dieser Beurteilung frei entscheiden zu können.

Hatte es aber bei der erstmaligen Anerkennung der persönlichen Freiheit als ungeschriebenes Freiheitsrecht und seiner Auslegung als Garantie der physischen Integrität noch einhellig Zustimmung gegeben von Seiten der Schweizer Rechtslehre, so teilten sich nun die Meinungen.
Zum einen wurde - die neue Linie des Bundesgerichts bejahend - die Ausdehnung des Schutzes der persönlichen Freiheit begrüßt und das Urteil als "von allgemeiner Tragweite" und "als einer der bedeutendsten Entscheide zur Theorie der Freiheitsrechte in jüngerer Zeit" charakterisiert.[347] Positiv vermerkt wird dabei vor allem, daß das Bundesgericht mit seiner Rechtsprechung - auch im Zusammenspiel mit anderen Freiheitsrechten - der Menschenwürde "allgemeinen Schutz zuspreche".[348] Bereits hier wird i. ü. darauf hingewiesen, daß "die neuinterpretierte persönliche Freiheit auch nicht mit Art. 2 Abs. 1 des Bonner Grundgesetzes gleichgesetzt werden" dürfe, genauer gesagt mit ihrer Auslegung als allgemeine Handlungsfreiheit.[349] Auf diesen Vergleich wird noch zurückzukommen sein.[350]

Auch eher indifferente Stimmen ließen sich vernehmen, wenn etwa geäußert wurde, daß die Entscheidung ein "premier pas dans une direction plus ou moins certaine" sei.[351]

Auf der anderen Seite wurde aber auch Kritik laut.[352] Die persönliche Freiheit in ihrer neuen Interpretation wurde als eine "Art philosophische Freiheit mit reich-

---

346 BGE 90 I, 29, 36.

347 Saladin, ZSR 1965, 447, 455 ff., dem allerdings die Entscheidung noch nicht weitreichend genug ist und für den etwa auch "ein Recht am eigenen Wort und Bild" aus der persönlichen Freiheit abgeleitet werden sollte.

348 Saladin (Grundrechte), S. 455.

349 Saladin (Grundrechte), S. 456 f.

350 Vgl. unten, S. 103 ff.

351 Saladin, In : revue international 1975, S. 549, 555.

352 Diese Kritik richtet sich dabei nicht gegen das gefundene Ergebnis, das nach Meinung Hubers auch anders hätte erreicht werden können. In dem Urteil ging es nämlich um die Frage, inwieweit der Verursacher eines schweren Verkehrsunfalls im Rahmen einer Expertise gezwungen werden könne, sich nochmals in den Zustand der Angetrunkenheit zu versetzen. Huber stellt hier die Frage, ob der "behördliche Zwang Zwang, sich zu betrinken,

lich verschwommenen Umrissen" bezeichnet, die "im Grunde nur so denkbar sei, daß sie die traditionelle physische Freiheit ablöst und ersetzt". Der Normbereich der persönlichen Freiheit würde durch die neue Interpretation des Bundesgerichts "untragbar heterogen und ungeordnet".[353]

Die bundesgerichtliche Rechtsprechung hingegen schien von der Kritik unbeeindruckt zu sein. Sie ließ es bei der 1964 vorgenommenen (erweiterten) Auslegung nicht bewenden, sondern dehnte den Schutzbereich noch weiter aus.
Im Jahre 1971 stellte das Bundesgericht, nachdem es die oben[354] angeführte Definition repetiert hatte und unter Betonung der Tatsache, sich die Auffassung Giacomettis[355] nicht zu eigen gemacht zu haben, fest :

"Es (Das Bunddesgericht, d. Verf.) hat sich jedoch ... in unzweideutiger Weise zu einer Wertordnung bekannt, die es sich zur Aufgabe macht, "die Menschenwürde und den Eigenwert des Individuums sicherzustellen (Giacometti a.a.O., S. 165). ... Die in diesem Sinne institutionell verstandene persönliche Freiheit gewährleistet somit als verfassungsrechtlicher Leitgrundsatz alle Freiheiten, welche elementare Erscheinungen der Persönlichkeitsentfaltung des Menschen darstellen; sie bietet auf diese Weise einen umfassenden Grundrechtsschutz, der sich auf den Inhalt und Umfang der übrigen verfassungsmäßig gewährleisteten Freiheitsrechte entscheidend auswirkt. Die persönliche Freiheit in diesem Sinne ist zwar mit den andern Freiheitsrechten der Verfassung nicht identisch und kann deshalb grundsätzlich nicht zum Schutz gegen Beschränkungen derselben angerufen werden ... sie gilt indessen als notwendige Vorausetzung für deren Ausübung und wirkt überdies als unmittelbar anwendbares Verfassungsrecht in dem Sinne komplementär als sich der Bürger in Fällen, in denen kein dem geschriebenen oder ungeschriebenen Verfassungsrecht angehörendes Freiheitsrecht in Frage steht, zum Schutz seiner Persönlichkeit und Menschenwürde auf sie berufen kann".[356]

Im Fortgang seiner Ausführungen finden sich dann - im Zusammenhang mit Erwägungen zur Einschränkung des Grundrechts - weitere Ausführungen zur Konkretisierung des Schutzbereiches :

"Der Wesenskern der persönlichen Freiheit genießt somit einen absoluten Schutz. Welche Beschränkungen vor der Freiheitsgarantie standhalten, läßt sich jedoch mit Rücksicht auf die dem Wandel unterworfene Wertordnung und in Anbetracht der sich verändernden Sozialverhältnisse nicht ein für allemal verbindlich festsetzen. Ob staatliche Eingriffe mit der persönlichen Freiheit vereinbar sind, ist vielmehr von Fall zu Fall zu entscheiden ... . Als Leitidee hat dabei die Erhaltung eines Staatswesens zu dienen, welches dem Bürger in jedem Fall ein bestimmtes Mindestmaß an persönlichen Entfaltungsmöglichkeiten beläßt. Ebenso sind mit der Entschei-

---

nicht auch ein Eingriff in die richtig aufgefaßte körperliche Integrität" ist, vgl. Huber (persönliche Freiheit), S. 115.

353 Huber (persönliche Freiheit), S. 115; ähnlich bereits Huber (Rechtsprechung 1961 - 1968), S. 55.

354 Vgl. oben, S. 53.

355 S. hierzu oben, S. 45 ff.

356 BGE 97 I, 45, 49 f.

dung je nach den Verhältnissen des konkreten Falles die einer rechtsstaatlichen Freiheitsidee entsprechenden philosophischen und ethischen Prinzipien zugrunde zu legen, die jedoch ihrerseits gewissen Wandlungen unterworfen sein können".[357]

Noch im selben Jahr bestätigte das Bundesgericht die von ihm eingeschlagene neue Richtung, als es entschied :

"Es (das Grundrecht der persönlichen Freiheit, d.Verf.) schützt den Bürger somit auch in seiner Freiheit, über seine Lebensweise zu entscheiden, insbesondere seine Freizeit zu gestalten, Beziehungen zu seinen Mitmenschen anzu knüpfen und sich Kenntnis über das Geschehen in seiner näheren und weiteren Umgebung zu verschaffen".[358]

Ähnliche Erwägungen finden sich in den Jahren nach 1971 des öfteren[359].

War die Kritik insbesondere Hans Hubers jedoch bisher noch eher gemäßigt, so änderte sich dies nun. Für ihn stellt sich insbesondere die Frage, wieso "das Bundesgericht dieser Versuchung, die persönliche Freiheit bis zur Unkenntlichkeit zu generalisieren, von ihrer ausdrücklichen Ausprägung in der abendländischen Rechts- und Verfassungsgeschichte zu trennen, von den Spiegelungen des Lebens und der sozialen Wirklichkeit zu entleeren und eine doch recht verworrene Normstruktur heraufzubeschwören", erlegen sei.[360]
Die Argumentation Hubers verfolgt dabei zwei Stoßrichtungen. Zum einen sind für ihn Freiheitsrechte - nicht zuletzt historisch bedingt - grundsätzlich punktuelle Gewährleistungen und "ein allgemeines Hauptfreiheitsrecht ... wäre eine Überbeanspruchung der Freiheit im Recht".[361] Auf der anderen Seite trägt für den Autor eine so verstandene Freiheitsgarantie "unverkennbar die Züge des deutschen Hauptfreiheitsrechtes", eine Parallelität, die er wiederum für nicht gegeben hält. Bereits die Ausgangsbasis ist seiner Meinung nach in Deutschland eine andere, da die Aspekte "Recht auf Leben" und "körperliche Unversehrtheit" sowie die Bewegungsfreiheit bereits positivrechtlich in Art. 2 Abs. 2 GG geregelt seien, so daß sich Einzelfreiheitsrechte und Hauptfreiheitsrecht klar voneinander abgrenzen und somit auch problemlos miteinander kombinieren ließen.[362]

---

357 BGE, ebenda.
358 BGE 97 I, 839, 842.
359 BGE 98 Ia, 514; 99 Ia, 509, vgl. Saladin (revue international 1975), S. 556.
360 Huber (persönliche Freiheit), S. 113, 116; Huber versucht allerdings auch, eine Erklärung für die Rechtsprechung des Bundesgerichts zu finden. So hält er zum einen ein Mißverständnis hinsichtlich des Begriffes "persönliche Freiheit" für möglich, denkbar ist seiner Meinung aber auch, daß das Bundesgericht einfach das psychische Element nicht zu stark von der physischen Komponente verdrängt wissen wollte, vgl. hierzu Huber (persönliche Freiheit), S. 117 f.
361 Huber (persönliche Freiheit), S. 120.
362 Huber (Persönliche Freiheit), S. 118 f.; skeptisch auch Saladin (Grundrechte), S. XXIX.

Ein anderer Teil der Lehre hingegen begrüßte die Vorgehensweise des Bundesgerichts.

Dabei wird in dem Entscheid zunächst eine grundlegende Tendenz gesehen, dem "personalen Kern" der Freiheitsrechte innerhalb der eidgenössischen Lehre und Praxis wieder mehr Gewicht zu verleihen.[363]

Auch wurde diesbezüglich insbesondere auf heutige Gefährdungslagen und ein daraus resultierendes verstärktes Schutzbedürfnis im psychisch-geistigen Bereich hingewiesen.[364]

Positiv hervorgehoben wurde insbesondere auch, daß das Bundesgericht einerseits nicht versucht habe, "aus einem begriffsjuristischen Bemühen heraus das letztlich offene Ziel des Schutzes menschlicher Freiheit mit Formeln und Definitionen abschließend einfangen zu wollen" und "daß die Konkretisierung der als Persönliche Freiheit bezeichneten Grundwertung eine offene Aufgabe gerade auch für die Verfassungsrechtsprechung bleibt". Andererseits habe es aber, "wenn notwendigerweise nur fragmentarisch", mit Kriterien wie Menschenwürde, Persönlichkeitsentfaltung u. a. Orientierungspunkte für eine Konkretisierung und die "schrittweise Abgrenzung des Normbereichs des weit umschriebenen Grundrechts" gegeben.

Besonders begrüßt wird auch die Deutlichkeit, in der das Bundesgericht mit seiner neuen Rechtsprechung die "Spannung von materialer Wertethik und Wertrelativismus" sowie "die Dialektik von Norm und Situationsethik bei der Grundrechtskonkretisierung anspricht".[365]

Darauf hingewiesen wurde ebenso, daß - im Gegensatz zu der Meinung Hubers - durch die Berufung des Bundesgerichts auf die "elementaren Erscheinungen der Persönlichkeitsentfaltung" eine Abgrenzung zu einem Verständnis als "allgemeine Handlungsfreiheit - wie es etwa der Rechtsprechung zu Art. 2 Abs. 1 GG zugrunde liegt - vorgenommen worden sei.[366]

---

[363] Müller (Rechtsprechung 1971), S. 223; Nach Müller war in der Schweiz "das Grundrechtsdenken oft einseitig an der wirtschaftlichen und Eigentumsfreiheit orientiert". Diese Verlagerung darf aber auch "nicht in das andere Extrem führen, ein geschlossenes System der Freiheitsrechte nach ihrem Persönlichkeitsgehalt aufstellen zu wollen", vgl. Müller, aaO., S. 224.

[364] Saladin (Grundrechte), S. 97; Müller (Rechtsprechung), S. 215, weist in diesem Zuammenhang auf die "vielfältigen Bedrohungen menschlicher Freiheit ..., die Technik und Wissenschaft in Verbindung mit umfassender bürokratischer (öffentlicher oder privater) Verwaltung des Menschen mit sich bringen", hin, wobei insbesondere an die Gefahren der modernen Datenverarbeitung zu denken ist.

[365] Müller (Rechtsprechung), S. 213 f.

[366] Müller (Rechtsprechung), S. 216 ff. spricht hier von einem "Abgleiten in eine allgemeine Handlungsfreiheit", die er für konturlos hält. Der vom Bundesgericht umschriebene Schutzbereich muß nach seiner Meinung "im noch weithin unbestimmten Grenzgebiet zwi-

Allerdings wurde auch vermerkt, daß die Erweiterung des Schutzbereiches der persönlichen Freiheit durch die Rechtsprechung des Bundesgerichts nicht überschätzt werden dürfe. Zum einen fasse das Gericht mit der neuen Rechtsprechung oft Fälle unter die persönlich Freiheit, die es früher unter dem Stichpunkt "Willkürverbot" geprüft habe. Zum anderen überschreite es dadurch, daß es das Erfordernis, die persönliche Freiheit müsse Voraussetzung der Ausübung anderer Grundrechte sein, aufgestellt habe, auch nicht die richterlichen Machtbefugnisse.[367]

IV. Restriktive Tendenzen in der Rechtsprechung

Die Kritik insbesondere Hubers ging nicht unbesehen am Schweizer Bundesgericht vorbei und seit 1975 sind Bemühungen zur Eingrenzung des Schutzbereichs ersichtlich :
So führte das Schweizer Bundesgericht in diesem Jahr grundlegend aus :

"Im Zuge der Entwicklung dieser neueren Praxis wurden in einzelnen Urteilsbegründungen sehr weitgehende Formulierungen gewählt; ... Die sich in solchen Erwägungen abzeichnende Ausweitung des Begriffs der persönlichen Freiheit wurde von Huber ... mit einlässlicher Begründung kritisiert. ... Auf jeden Fall umfasst auch die in neueren Urteilen vorgenommene Erweiterung des Schutzbereichs dieses Grundrechts sinngemäß nicht jede noch so nebensächliche Wahl- oder Betätigungsmöglichkeit des Menschen."[368]

Insbesondere wurde versucht, den Schutzbereich der persönlichen Freiheit einzugrenzen und sie deutlich von einer allgemeinen Handlungsfreiheit nach deutschem Muster abzugrenzen.
Im Ergebnis entschied sich das Bundesgericht in seiner nunmehr modifizierten Rechtsprechung für einen Mittelweg. Auf der einen Seite fiel die psychisch-geistige Komponente weiterhin unter den Schutzbereich der persönlichen Freiheit, auf der anderen Seite aber wurde ein zu weiter Anwendungsbereich des Freiheitsrechtes abgelehnt. So heißt es etwa in einer Entscheidung aus dem Jahre 1979 :

"Aber auch der ... erweiterte Schutzbereich (der persönlichen Freiheit, d. Verf.) ist nicht im Spiele; es geht hier nicht um Einschränkungen, welche die dem Menschen eigene Möglichkeit in Frage stellen, sich eine Lebenssituation entsprechend frei zu entscheiden. ... Der Beschwer-

---

schen den Extremen einer ganz allgemeinen Handlungsfreiheit und dem besonders von der Gewissensfreiheit anvisierten Kernbereich geistiger Existenz gesucht werden, wo ein Entscheid in einer bestimmten Sache für die Konstituierung oder Dekonstituierung der Person bedeutsam ist".

367 Saladin, 1975, 570, der allerdings kritisiert, daß manche Entscheidungen zur persönlichen Freiheit unpräzise formuliert seien und wohl deshalb Anlass zu (Fehl)interpretationen böten.

368 BGE 101 Ia 336, 346 f.

deführer wird lediglich im Gebrauch eines Fortbewegungsmittels, eines Wasserfahrzeuges eingeschränkt. Damit aber befindet er sich nicht im Schutzbereich des Verfassungsprinzips. Der Anspruch auf Schutz der persönlichen Freiheit kann nicht als subsidiäres General-Freiheitsrecht, als allgemeine Handlungsfreiheit verstanden werden".[369]

In einer Entscheidung aus dem Jahre 1988 faßte das Gericht diese Grundsätze folgendermaßen zusammen :

"Die persönliche Freiheit als zentrales Freiheitsrecht schützt nicht nur die Bewegungsfreiheit und die körperliche Integrität, sondern darüber hinaus alle Freiheiten, die elementare Erscheinungen der Persönlichkeitsentfaltung des Menschen darstellen. Indessen rechtfertigt nicht jeder beliebige Eingriff in das Recht der Persönlichkeit die Berufung auf ein ungeschriebenes verfassungsmäßiges Recht, da sich sonst dieses von andern teils durch die Verfassung, teils durch Gesetz geschützten Ansprüchen nicht mehr abgrenzen läßt. Die persönliche Freiheit hat namentlich nicht die Funktion einer allgemeinen Handlungsfreiheit, auf die sich der einzelne gegenüber jedem staatlichen Akt, der sich auf seine persönliche Lebensgestaltung auswirkt, berufen könnte."[370]

Anschließend weist das Bundesgericht darauf hin, daß die Funktion eines Auffanggrundrechtes u.a. dem Willkürverbot zukomme.[371]
Hier bieten vielmehr das Legalitätsprinzip und der daraus abgeleitete Grundsatz der Gesetzmäßigkeit der Verwaltung zusammen mit dem Willkürverbot und dem Gebot rechtsgleicher Behandlung angemessenen Schutz.

Darauf wird noch zurückzukommen sein.[372]

Für die Bestimmung der Grenze dessen, was noch vom Schutzbereich der persönlichen Freiheit erfaßt wird und was nicht, stellt das Bundesgericht als mitentscheidend darauf ab, wie intensiv der Eingriff sich darstellt :

Eine Grenzziehung ist daher notwendig, doch ist es nicht möglich, sie abstrakt ein für allemal vorzunehmen. Vielmehr muß die Lösung von Fall zu Fall gesucht werden. Ein wichtiger Ge-

---

369 Nicht veröffentlichter Entscheid "Fäßler" vom 04.04.1979. An diesem Entscheid, der die Untersagung des Windsurfens auf einem Teil des Sihlsees zum Gegenstand hatte und der thematisch ähnlichen Entscheidung des BVerfG (BVerfGE 89, 137, 152, 154 f.) betreffend die Untersagung des "Reitens im Walde" auf nicht gekennzeichneten Reitwegen läßt sich gut die unterschiedliche Sichtweise der beiden Verfassungsgerichte zeigen. Während das Bundesgericht den Schutzbereich der persönlichen Freiheit als nicht tangiert beurteilte, hielt das Bundesverfassungsgericht Art. 2 Abs. 1 GG als betroffen an, sah den Eingriff aber als durch die Schranken der Norm gedeckt an. S. hierzu auch das Sondervotum Grimm in BVerfGE 89, 164 ff.; hierzu wiederum kritisch Kunig, S. 526; s. auch Rennert.

370 BGE 114 Ia 216, 220; als "zentrales Freiheitsrecht und verfassungsrechtlicher Leitgrundsatz" wird die persönliche Freiheit in BGE 115 Ia, 234, 246 bezeichnet; s. auch z. Bsp. BGE 100 Ia, 189, 194 f.; 104 Ia, 35, 40 f. ; 107 Ia 52, 56; 108 Ia, 59, 61.

371 BGE 114 Ia, 216, 220.

372 S. dazu unten, S. 145 ff.

sichtspunkt bildet dabei die Intensität, mit der die konkret in Frage stehende Maßnahme in die freie Entfaltung der Persönlichkeit eingreift.[373]

Im Verhältnis der persönlichen Freiheit zu den anderen - ausdrücklich normierten - Freiheitsrechten gilt - in einer der oben zitierten Entscheidungen[374] kam dies bereits zum Ausdruck - der Grundsatz "lex specialis derogat legi generali". Die persönliche Freiheit kann immer dann, "wenn kein dem geschriebenen oder ungeschriebenen Verfassungsrecht angehörendes Freiheitsrecht in Frage steht, zum Schutz seiner Persönlichkeit und Menschenwürde" angerufen werden.[375]

Betrachtet man die - nicht die "klassischen" Gefährdungen körperliche Integrität und Bewegungsfreiheit betreffenden - Entscheide insbesondere der letzten beiden Jahrzehnte genauer, so läßt sich der Befund am klarsten in einer kasuistischen Auflistung der Fälle, die als elementare Erscheinungen der Persönlichkeitsentfaltung angesehen wurden, aufstellen. Dabei handelt es sich interessanterweise oft um Lebensbereiche, denen im deutschen Verfassungsrecht zumeist eigene Artikel gewidmet sind.

So bot sich, da die Schweizer Bundesverfassung von 1874 ein Grundrecht der Menschenwürde ähnlich Art. 1 Abs. 1 GG im deutschen Verfassungsrecht nicht verbrieft, etwa für diesbezügliche Gefährdungslagen das ungeschriebene Freiheitsrecht der persönlichen Freiheit als Anknüpfungspunkt an.[376] Auf die Beziehung zwischen persönlicher Freiheit und Menschenwürde weist das Bundesgericht ausdrücklich hin.[377]
Die Menschenwürde ist dabei nach Meinung des Bundesgerichts nicht auf die Lebzeiten des Individuums beschränkt, sondern gilt auch über den Tod hinaus.[378]

---

373 BGE 107 Ia, 52, 56.

374 Vgl BGE 97 I, 45, 49 f. unter Hinweis auf BGE 88 I 272.

375 BGE 97 I, 45, 49 f.

376 Eine den Schutz der Menschenwürde beinhaltende Regelung findet sich allerdings für den Bereich der Fortpflanzungs- und Gentechnologie in Art. 24novies Abs. 2 BV : "Der Bund erlässt Vorschriften über den Umgang mit menschlichem Keim- und Erbgut: Er sorgt dabei für den Schutz der Menschenwürde, der Persönlichkeit ...". Vgl hierzu auch Schweizer, in : Kommentar BV, Art. 24novies Abs. 1, Rdn. 33.

377 Diese Beziehungen zwischen persönlicher Freiheit und Menschenwürde werden bereits in BGE 97 I, 45, 49 (vgl. dazu oben, S. 59) deutlich, wenn das Bundesgericht im Zusammenhang mit der persönlichen Freiheit von einer Rechtsordnung spricht, deren Ziel es ist, " die Menschenwürde und den Eigenwert des Individuums sicherzustellen" oder wenn sich "der Bürger zum Schutz seiner Persönlichkeit und Menschenwürde auf sie berufen kann"; vgl. auch BGE 90 I, 29, 35 f.

378 Vgl. BGE 111 Ia, 231, 233 f.; zur Parallelproblematik bei Art. 1 GG vgl. etwa BVerfGE 30, 173, 194.

Unter den Schutzbereich der persönlichen Freiheit fällt so etwa das Recht, über den toten Körper bestimmen zu können.[379] In jüngster Zeit wurde so entschieden, daß die Garantie der persönlichen Freiheit über den Tod hinausgeht und das Verfügungsrecht über die sterbliche Hülle umfaßt.[380]

In der schweizerischen Literatur wurde seit langem auch die Garantie des Existenzminimums mit ihrem engen Bezug zur Menschenwürde als Bestandteil des Rechts auf Leben und der persönlichen Freiheit angesehen, wenngleich hier eine Anerkennung als eigenständige Garantie präferiert wurde.[381] Das Schweizer Bundesgericht hat 1995 ein Recht auf Existenzsicherung als ungeschriebenes Freiheitsrecht anerkannt.[382]

Auch Lebenssachverhalte, die thematisch den Bereichen Allgemeines Persönlichkeitsrecht bzw. informationelle Selbstbestimmung zuzuordnen sind, unterstellte das Bundesgericht der persönlichen Freiheit.[383] So wurden etwa die "öffentliche Bloßstellung der Person des Schuldners" durch die (öffentliche) Bekanntmachung der Namen erfolglos gepfändeter Schuldner[384] oder der Anspruch eines Privaten gegenüber einer Behörde auf Auskunft hinsichtlich gespeicherter Daten[385] als durch das Grundrecht geschützt angesehen. Auch ein "droit à l'intimité wurde dem Schutzbereich der persönlichen Freiheit unterstellt.[386] Gleiches gilt - allerdings im Zusammenhang mit zwei kantonalverfassungsrechtlichen Garantien - für den Wunsch der Eltern nach Kindern.[387]
Die durch Art. 27 und 28 ZGB geschützte Privatsphäre - im entschiedenen Fall ging es um die Herausgabe personengebundener Daten bei der Durchsuchung ei-

---

379 Angedeutet wurde dies bereits in BGE 45 I, 119, 132 f., wo dieser Anspruch allerdings unter Art. 4 BV subsumiert wurde; BGE 98 Ia 508, 522 f.; zur Situation im deutschen Recht vgl. etwa Kunig in v. Münch/Kunig, Art. 1, Rdn. 14 f.

380 BGE 123 I, 112, 118 f.

381 Müller/Müller, S. 40 f., für die die eigenständige Anerkennung aber den Vorteil hätte, "die herausragende und in jeder Hinsicht fundamentale Bedeutung des Rechts" zu betonen; die vom Bundesgericht aufgestellten Voraussetzungen würden erfüllt, da das Recht Voraussetzung für die Ausübung sämtlicher Grundrechte sei und zugleich den unentbehrlichsten Bestandteils eines rechtsstaatlichen und demokratischen Gemeinwesens darstelle; s. auch Rossinelli (libertés), S. 218 ff.

382 S. dazu unten, S. 90 f.

383 Zu den "ungeschriebenen" Freiheitsrechten "Allgemeines Persönlichkeitsrecht" und "Recht auf informationelle Selbstbestimmung im deutschen Verfassungsrecht s. unten, S. 111 ff.

384 BGE 107 Ia, 52, 56 f.; vgl. hierzu etwa auch BVerfGE 78, 77, 84 f., wo es um die öffentliche Bekanntmachung der Entmündigung wegen Verschwendung oder Trunksucht ging.

385 BGE 113 Ia, 257, 263 ff.

386 BGE 106 Ia, 277, 280.

387 BGE 119 Ia 460; BGE 115 Ia, 234.

ner Anwaltskanzlei - sah das Bundesgericht als Teil der persönlichen Freiheit an.[388]

Ebenso schützt die persönliche Freiheit vor der Beschaffung und Aufbewahrung personenbezogener Daten.[389]

Auch das Briefgeheimnis[390] wird unter die persönliche Freiheit subsumiert.[391]

In der Schweizer Lehre wird zudem die Garantie der Unverletzlichkeit der Wohnung[392] teilweise aus dem ungeschriebenen Grundrecht der persönlichen Freiheit entnommen.[393]

Die wohl herrschende Meinung präferiert allerdings - u. a. mit dem Hinweis auf den unterschiedlichen Zweck von persönlicher Freiheit und Unverletzlichkeit der Wohnung[394] - ein eigenständiges Freiheitsrecht.[395]

Das Bundesgericht hat zu der Frage noch nicht Stellung genommen, und eine bundesverfassungsrechtliche Garantie der Unverletzlichkeit der Wohnung noch nicht anerkennen müssen. Allerdings "besteht kein Zweifel, dass es nötigenfalls diesen Schritt tun würde".[396]

---

388 BGE 102 Ia 516, 521. In einer anderen Entscheidung allerdings stellte das Bundesgericht fest, bei Art. 28 ZGB handele es sich um ein gesetzliches und nicht um ein "verfassungsmäßig geschütztes Recht", vgl. BGE 104 Ia, 40, 41; für Saladin liegt die Auflösung dieses vermeintlichen Widerspruchs darin, daß das in dem erstgenannten Entscheid vorliegende Verhältnis von Anwalt und Mandant "ein spezifisches, nicht nur auf personengebundene Daten sich erstreckendes Geheimhaltungsinteresse" betraf, vgl. Saladin, Grundrechte, S. XXXI f.

389 BGE 122 I, 360, 362 f. Für den Bereich der Fortpflanzungs- und Gentechnologie enthält Art. 24novies Abs. 2 Bst. f. BV eine datenschutzrechtliche Regelung : "Das Erbgut einer Person darf nur mit ihrer Zustimmung oder aufgrund gesetzlicher Anordnung untersucht, registriert oder offenbart werden." S. hierzu auch Schweizer, in: Kommentar BV, Art. 24novies Abs. 1, Rdn. 33.

390 Die Schweizer Bundesverfassung enthält zwar mit Art. 34 Abs. 4 eine Garantie des "Post- und Telegraphengeheimnisses", diese greift jedoch nur dann ein, wenn "ein Eingriff durch die Angestellten der Postverwaltung in Frage steht", vgl. hierzu BGE 107 Ia, 148, 149; im Bonner Grundgesetz haben das "Briefgeheimnis sowie das Post- und Fernmeldegeheimnis" in Art. 10 eine eigenständige Regelung erfahren.

391 Vgl etwa BGE 107 Ia, 148, 149 ff., die die Frage des Wiederverschließens der vom Untersuchungsrichter geöffneten Post des Untersuchungsgefangenen betrifft; aus jüngster Zeit BGE 117 Ia, 341, 345 ff.

392 Zur Entwicklung dieses Freiheitsrechts in der Schweiz vgl. Steiner, S. 37 ff.; zur heutigen Situation auf kantonaler Ebene vgl. Gunten, S. 2 ff.

393 Hanggartner (Bd. 2), S. 94; Häfelin/Haller, Rdn. 1077.

394 Vgl. hierzu im einzelnen Gunten, S. 20 f.

395 Gunten, S. 22 ff. mit einer Subsumtion unter die vom Bundesgericht aufgestellten Anforderungen für die Anerkennung ungeschriebener Freiheitsrechte; Steiner, S. 39 f.; Aubert (Bundesstaatsrecht Bd. 2), Rdn. 2209; Saladin (persönliche Freiheit), S. 110.

396 Müller (Grundrechte), S. 45 m. w. N.

Bei der Frage des Zugangs zu einem Studium stellte das BG, ohne eine Entscheidung in einem konkreten Fall zu treffen fest, "dass die Möglichkeit, sich eine Hochschulbildung anzueignen, eine Grundvoraussetzung ... für eine freie und harmonische Entwicklung der Persönlichkeit bildet".[397]

Die Forschungsfreiheit[398] wird nach herrschender Meinung in der Schweizer Lehre[399] (zumindest überwiegend) als "zum Kernbereich der Persönlichkeitsentfaltung" gehörend angesehen. Forderungen nach einem eigenständigen Recht werden kaum erhoben.
Verschiedene Entscheidungen des Bundesgerichts deuten jedoch auf eine Anerkennung als (eigenständiges) ungeschriebenes Verfassungsrecht hin.[400] So beschränkt sich das Bundesgericht in einer Entscheidung darauf, "die Frage (zu) stellen, ob die Wissenschafts- oder forschungsfreiheit als Garantie eines unantastbaren schöpferischen Kerns wissenschaftlicher Erkenntnis und Lehre sowie zur Bewahrung der geistigen und methodischen Unabhängigkeit der Forschung ... im Sinne eines ungeschriebenen Verfassungsrechts des Bundes anzuerkennen ist".[401]
Eine Entscheidung aus dem Jahre 1992 deutet allerdings auf eine implizite Anerkennung der Forschungsfreiheit hin.[402] Das Bundesgericht führt hier aus:

"Ein Rechtfertigungsgrund der Wahrung berechtigter "höherwertiger öffentlicher Interessen wird in der Literatur etwa bejaht für den Bereich der wahrheitsgetreuen Berichterstattung ... . Entsprechendes dürfte gelten unter dem Gesichtspunkt der Wissenschaftsfreiheit".[403]

---

397 BGE 103 Ia, 369, 388; s. auch BGE 102 Ia, 321, 324 f.; beide Entscheidungen sind jedoch auch vor dem Hintergrund der Problematik ergangen, inwieweit aus einem ungeschriebenen Freiheitsrecht Leistungsansprüche erwachsen können. Zur Frage eines ungeschriebenen Freiheitsrechtes auf Bildung s. unten, S. 96 ff.

398 Die Forschungsfreiheit wird allgemein als zweite Komponente eines Freiheitsrechtes der Wissenschaftsfreiheit gesehen, die allerdings auch keine ausdrückliche Verankerung in der Bundesverfassung gefunden hat.

399 Haller (Lehrfreiheit), 134; Hegnauer, 137; (überwiegend) bei der Meinungsäußerungsfreiheit angesiedelt wird die Forschungsfreiheit von Hanggartener (Grundrechte), 113 f.; bei der Forschung in der Industrie greift wohl auch das Grundrecht der Handels- und Gewerbefeiheit (Art. 64 BV) ein, vgl. hierzu Müller (Grundrechte), S. 121, FN. 153).

400 In BGE 115 Ia, 234, 267 ff. beschränkte sich das Bundesgericht darauf, "die Frage zu stellen, ob die Wissenschafts- oder Forschungsfreiheit als Garantie eines unantastbaren schöpferischen Kerns wissenschaftlicher Erkenntnis und Lehre sowie zur Bewahrung der geistigen und methodischen Unabhängigkeit der Forschung ... im Sinne eines ungeschriebenen Verfassungsrechts des Bundes anzuerkennen" sei. In BGE 118 IV, 153, 162 f. führt das Bundesgericht aus, "daß das Persönlichkeitsrecht eines Verstorbenen, je länger sein Tod zurückliegt, umso weniger gegenüber der Wissenschaftsfreiheit ins Gewicht fällt"; vgl. hierzu Häfelin/Haller, Rdn. 1282.

401 BGE 115 Ia, 234, 267 ff.

402 Diese Interpretation geben Häfelin/Haller, Rdn. 1282.

Bei der Begrenzung "sonstiger Wahl- oder Betätigungsmöglichkeiten"[404] menschlichen Handelns folgt das Bundesgericht einer eher restriktiven Praxis.
Nicht als "elementare Erscheinungen der Persönlichkeitsentfaltung angesehen und damit nicht von der persönlichen Freiheit geschützt werden etwa der bewilligungsfreie Kauf einer Schußwaffe[405], das Verbot, Tiere zu halten[406] oder die Möglichkeit des Spielens um Geld an Automaten.[407]

Die Frage, ob eine Regelung betreffend das Waffentragen und den Waffenbesitz den Schutzbereich der persönlichen Freiheit tangiert, wurde vom Bundesgericht offengelassen.[408]

8. Kapitel : Die Meinungsäußerungsfreiheit

1963 - also im selben Jahr wie die persönliche Freiheit - wurde die Meinungsäußerungsfreiheit[409] als Freiheitsrecht ohne ausdrückliche verfassungsmäßige Verankerung auf Bundesebene durch das eidgenössische Bundesgericht anerkannt.

A. Die Meinungsäußerungsfreiheit in der Lehre und in den Kantonsverfassungen

In den Freiheitsrechtsdeklarationen des 18. und 19. Jahrhunderts nahm die Meinungsäußerungsfreiheit zwar nie den gleichen Stellenwert wie die Eigentumsfreiheit und die persönliche Freiheit ein.[410]. Dennoch kann auch sie als "klassisches Freiheitsrecht" bezeichnet werden.
Die Schweizer Bundesverfassung von 1874 garantiert zwar ausdrücklich verschiedene "Freiheiten der sozialen Kommunikation"[411] wie die Glaubens- und Gewissensfreiheit (Art. 49 BV), die Kultusfreiheit (Art. 50 BV), die Pressefreiheit (Art. 55 BV), die Unabhängigkeit der Programmgestaltung von Radio und

---

403 BGE 118 IV, 153, 162 f..
404 Vgl. zu dieser Terminologie etwa BGE 101 Ia, 336, 346 f.
405 BGE 114 Ia, 286, 290.
406 BG in ZBl. 79 (1978), 35.
407 BGE 101 Ia, 336, 347.
408 BGE 118 Ia, 305, 315.
409 Zu dem Gebrauch der Begriffe "Meinungsäußerungsfreiheit" und "Meinungsfreiheit" s. Grisel (droits constitutionnels), S. 64, FN 44.
410 S. hierzu etwa Florio, S. 11 ff.
411 Allgemein hierzu etwa Häfelin/Haller, Rdn. 1263 ff.; zur "neben dem "menschenrechtlichen Gehalt ... eminente(n) politischen Bedeutung der Meinungsäußerungsfreiheit" vgl. Müller, in : Kommentar BV, Meinungsäußerungsfreiheit, Rdn. 4.

Fernsehen (Art. 55bis Abs. 3 BV), die Vereinsfreiheit (Art. 56 BV) sowie das Petitionsrecht (Art. 57 BV), ein allgemeines Grundrecht der Meinungsäußerungsfeiheit findet sich jedoch nicht.[412]

Grund hierfür ist wohl einerseits die Tatsache, daß Verletzungen der Meinungsäußerungsfreiheit durch Maßnahmen der Exekutive in der Praxis des politischen Lebens kaum vorkamen, andererseits konnte man sich in solchen Fällen in der Regel auf die Versammlungsfreiheit berufen.[413]

Trotz dieser eher geringen praktischen Relevanz ist es "eine alte Streitfrage des schweizerischen Staatsrechts", ob die Meinungsäußerungsfreiheit auf Bundesebene garantiert ist und wenn ja, wo sie ihre dogmatische Verankerung findet.[414]

Eine Minderheit in der eidgenössischen Doktrin lehnte dabei die bundesverfassungsmäßige Existenz der Meinungsäußerungsfreiheit ab.[415]
Teilweise wird die Meinungsäußerungsfreiheit bei der Behandlung der bundesmässigen Freiheitsrechte in der Schweizer Literatur überhaupt nicht erwähnt.[416]

Die Mehrheit in der Schweizer Lehre bejaht jedoch die Existenz eines Grundrechtes der Meinungsäußerungsfreiheit. Allerdings sind die dogmatischen Ansatzpunkte unterschiedlich :[417]
So bedarf es nach einer Meinung "im allgemeinen keiner Begründung und entspricht im besonderen der Vereins- und Versammlungsfreiheit ..., im Rahmen der Straf- und Polizeirechtsordnung ... seiner Meinung durch gesprochenes Wort oder schriftliche Mitteilung Ausdruck zu geben".[418] Der Autor scheint also überwigend eine Verankerung in der Vereins- und Versammlungsfreiheit zu sehen.[419]
Eine andere Sichtweise nimmt die Verortung in der durch Art. 55 gewährleisteten Preßfreiheit vor[420], die "zweifellos auch die übrigen Bestandteile der Meinungsäußerungsfreiheit, wie die Meinungsäußerungsfreiheit im Sinne der Wortfreiheit

---

412 Grisel (droits constitutionnels), S. 65.

413 His, (Bd. 3), S. 558; zu den allgemein historischen Aspekten der Meinungsäußerungsfreiheit s. Aubert (liberté), S. 433.

414 Saladin (Grundrechte), S. 74; für Rossinelli (libertés), S. 118, ist diese Uneinigkeit in der Literatur ein Grund dafür, daß das Bundesgericht so lange mit der Anerkennung als ungeschriebenes Freiheitsrecht zögerte.

415 Vgl. etwa Burckhardt, S. 529; Jaccottet, S. 144a.

416 Schollenberger, S. 206 ff.

417 Vgl. hierzu auch ausführlich Bosshart, S. 16.

418 Ruck, S. 61.

419 Für die Äußerung religiöser Meinungen sieht er die Religionsfreiheit des Art. 49 BV als einschlägig an, s. Ruck, S. 61.

420 Art. 55 BV lautet lapidar: *Die Pressefreiheit ist gewährleistet.*

und der Brieffreiheit sowie der Freiheit der bildlichen Darstellung, insofern diesbezüglich nicht Spezialvorschriften der Bundesverfassung in Frage kommen", garantiere.[421]
Weitere Autoren wiederum stellen auf die Bedeutung der Meinungsäußerungsfreiheit als für die menschliche Persönlichkeit grundlegende Freiheit[422] oder ihre Unentbehrlichkeit für den demokratischen Rechtsstaat, ohne deren Existenz "er in sinn- und funktionswidriger Weise durchkreuzt wäre", ab[423] oder sehen sie als "fundamentales Grundrecht jeder rechtsstaatlichen und demokratischen Staatsordnung" an.[424]
Nach einer anderen Meinung in der eidgenössischen Lehre handelt es sich bei der Garantie der Meinungsäußerungsfreiheit um ein allgemeines Prinzip.[425]

Als das Bundesgericht die Meinungsäußerungsfreiheit zum ungeschriebenen Freiheitsrecht erklärte, wurde sie von 12 Kantonsverfassungen garantiert.[426] Dabei lassen sich hinsichtlich der redaktionellen Ausgestaltung des Freiheitsrechtes zwei Hauptgruppen unterscheiden :
So wird der Meinungs(äußerungs)freiheit in einem Teil der Kantonsverfassungen ein eigener Artikel gewidmet[427], der "die Meinungsfreiheit"[428] "die freie Meinungsäußerung"[429], "die freie Meinungsäußerung in Wort und Schrift"[430] oder "das Recht, (die) Meinung frei zu bilden, sie ungehindert zu äußern und in Wort, Schrift, Bild oder in anderer Weise zu verbreiten", garantiert[431].
Andere kantonale Verfassungen wiederum regeln das Freiheitsrecht gemeinsam mit anderen Garantien. Dabei wird es entweder zusammen mit dem Petitions-, Vereins-, und Versammlungsrecht[432] oder mit der "Freiheit der Presse"[433] geregelt,

---

421 So etwa Fleiner/Giacometti, S. 365.
422 So etwa Fleiner, S. 372.
423 So etwa Huber (Probleme), S. 104.
424 So etwa Saladin (Grundrechte), S. 75.
425 Favre (Droit constitutionnel), S. 295; derselbe (l'évolution), S. 361 a.
426 Rossinelli (libertés), S. 116 unter Hinweis auf Bosshart, S. 54 Fn. 42, der allerdings von 13 Kantonsverfassungen ausgeht.
427 Bzw. eine eigene Ziffer innerhalb eines mehrere thematisch teilweise wenig zusammenhängenden "Sammelartikel".
428 Art. 13 Nr. b KV Obwalden.
429 Art. 9 Abs. 1 KV Schaffhausen.
430 § 10 KV Schwyz, ähnlich Art. 2 Abs. 1 KV Appenzell-Inner-Rhoden.
431 Art. 17 Abs. 1 KV Bern; § 13 Abs. 1 KV Aargau, der auch das Recht, "die Meinungsäußerung anderer frei zu empfangen", sowie in Abs. 2 die Informationsfreiheit, garantiert.
432 Art. 10 KV Zug; ähnlich Art. 3 Abs. 1 KV Zürich : "... die freie Meinungsäußerung durch Wort und Schrift, das Vereinsrecht und Versammlungsrecht".
433 Art. 6 Abs. 1 KV Luzern, Art. 1 Abs. 1 KV Nidwalden, Art. 8 KV Wallis.

oder aber es werden "die Informations-, Meinungs- und Pressefreiheit" geschützt.[434]

B. Die Rechtsprechung des Bundesgerichts

I. Die grundsätzliche Anerkennung der Meinungsäußerungsfreiheit

Bereits in den ersten Jahrzehnten der bundesgerichtlichen Rechtsprechung kam es - meist im Zusammenhang mit den kantonalen Garantien der Pressefreiheit - zu Entscheiden, die der Anerkennung eines ungeschriebenen Freiheitsrechts der Meinungsäußerungsfreiheit auf Bundesebene günstig zu sein schienen.[435]

So stellte das Bundesgericht etwa im Jahre 1882 fest :

"... denn der Grundsatz der Preßfreiheit, d. h. das Prinzip, daß die Meinungsäußerung durch die Presse grundsätzlich die gleiche Freiheit wie diejenige durch Wort und Schrift genieße, ist ... in keiner Weise verletzt".[436]

1888 wiederum findet sich die Aussage :

"... le Tribunal fédéral a reconnue que la liberté de la presse, laquelle n'est qu'un des modes de la libre manifestation de la pensée, ne consiste pas uniquement dans l'abolition de mesures préventives vexatoires, mais qu'une violation de cette liberté, et de la garantie constitutionelle qui la consacre, doit être admises toutes les fois qu'une appréciation légitime et ne portant atteinte à aucun droit se trouve poursuivie comme illicite et délictueuse".[437]

1898 führt das Gericht aus :

"Durch den Grundsatz der Preßfreiheit wird das Recht der freien Meinungsäußerung gewährleistet auch für den Fall, daß diese in der Presse erfolgt".[438]

1900 heißt es - ausnahmsweise zu der *bundesverfassungsrechtlich* garantierten Pressefreiheit - in einem Entscheid :

"Die Garantie der Preßfreiheit nun, wie sie in Art. 55 B.-V. ausgesprochen ist, enthält nicht lediglich eine Schranke für die kantonale Gesetzgebung in dem Sinne, daß dadurch die Censur u. dgl. Maßregeln gegen die Presse verboten wären, sondern sie gibt den Einzelnen ein konkretes, positives Individualrecht öffentlich-rechtlichen Inhaltes : das Recht der freien Meinungsäußerung durch die Schrift, insbesondere durch die Presse; und dieses Recht untersteht, da es eben durch die Bundesverfassung gewährleistet ist, ... ".[439]

---

[434] § 6 Nr. 4 KV Thurgau.

[435] Vgl. hierzu im einzelnen Rossinelli (libertés), S.117.

[436] BGE 8, 172, 176.

[437] BGE 14, 510, 512.

[438] BGE 24 I, 48, 51.

[439] BGE 26 I, 38, 42.

Daneben finden sich jedoch wieder Urteile, die auf eine positivistische Sicht hindeuten.[440] Grundschema dieser Urteile ist die ausschließliche Prüfung der entsprechenden kantonalen Garantien der Meinungsäußerungsfreiheit und das Ausdemwegegehen einer Entscheidung, indem entweder nur willkürliches Verhalten der kantonalen Behörden überprüft wird[441] oder aber auch - "spitzfindig"[442] - die Betroffenheit des Schutzbereiches der Meinungsäußerungsfreiheit verneint wird. So etwa in einer Entscheidung aus dem Jahre 1891, in der es heißt :

" ... daß in dem Verbot der öffentlichen Einladung zu Heilsarmeeversammlungen nicht eine Beschränkung der freien Meinungsäußerung sondern lediglich eine Beschränkung der Publizität der Versammlungen der Heilsarmee liege": [443]

1925 geht das Bundesgericht einer Entscheidung wiederum aus dem Weg, als es dahingestellt sein läßt, "ob auch die Meinungsäußerung durch Plakat" unter den Schutz der Pressfreiheit fällt und sich ansonsten auf einen Verstoß gegen Art. 4 BV konzentriert.[444]

Unmißverständlich ablehnend dann eine Äußerung im Jahre 1929 zu Art. 55 BV.[445] Das Bundesgericht weist hier zudem (wieder einmal) auf seine begrenzten Möglichkeiten in den Fällen hin, in denen eine Freiheit zwar auf kantonaler Ebene geschützt ist, aber unter einem Mißbrauchsvorbehalt steht : In dem Leitsatz des Entscheides heißt es denn auch :

"La liberté de manifester son opinion n'est pas garantie d'une facon générale par la Constitution fédérale. L'art. 55 ne garantit que la liberté de la presse. Lorsqu'une constitution cantonale garantit la liberté d'opinion, sous réserve des restrictions légales, le Tribunal fédéral, saisi d'un recours de droit public, doit borner son examen à la question de l'application arbitraire de la loi cantonale".[446]

Das Bundesgericht kann nach seinem Verständnis also selbst in den Fällen, in denen die Meinungsäußerungsfreiheit auf kantonaler Verfassungsebene geschützt ist, nur prüfen, ob die einschränkende Maßnahme willkürlich ist.[447]

---

440 Vgl. Rossinelli (libertés), S. 117.

441 Vgl etwa BGE 12, 508, 513 : "Dabei kann, sofern es sich um die Anwendung allgemeinstrafrechtlicher Bestimmungen des kantonalen Rechts handelt, eine Verletzung des Rechtes der freien Meinungsäußerung nur dann angenommen werden, wenn eine offenbar berechtigte, kein Rechtsgut verletzende Aeußerung in mißbräuchlicher Anwendung kantonalgesetzlicher Normen unter Strafe gestellt wird".

442 So Saladin (Grundrechte) : "spitzfindiger Entscheid".

443 BGE 17, 352, 354.

444 BGE 51 I, 306.

445 Zu den Gründen für diese Zurückhaltung des BG nach der Jahrhundertwende s. Stalder, S. 125 f.

446 BGE 55 I, 226, 227.

447 Zu dieser Thematik s. bereits oben, S. 51 f.

Im Jahre 1961 - also in enger zeitlicher Nähe mit der Anerkennung der Eigentumsgarantie - kam dann die Wende in der die Meinungsäußerungsfreiheit als bundesverfassungsrechtlich garantiertes Freiheitsrecht ablehnenden Rechtsprechung.
Im Zusammenhang mit der Zensur eines Kinofilms stellte das Bundesgericht - wieder einmal nur sehr lapidar und erneut ohne Begründung - fest :

"On ne peut notamment ... se fonder sur la liberté d'expression, qui constitue un principe fondamental de droit fédéral et cantonal, écrit ou non, et une extension de la protection assurée par la presse".[448]

Dieses Urteil ist umso erstaunlicher, als man die Vermeidung einer klaren Stellungnahme des eidgenössischen Bundesgerichts durch eine Beschränkung auf den hier - u.a. - angerufenen Art. 4 BV hätte erwarten können.[449]

Auffallend hier auch die Anlehnung an die ausdrücklich geregelte Pressefreiheit, ein Hinweis dafür, wie schwer sich das Bundesgericht mit der Anerkennung eines neuen ungeschriebenen Freiheitsrechtes tat.

In einer Entscheidung ein Jahr später hingegen, in der es um die Vereinbarkeit der Zensur eines Films mit der in der Kantonsverfassung Luzern geregelten Meinungsäußerungsfreiheit ging, erwähnte das Bundesgericht das kurz zuvor anerkannte ungeschriebene Freiheitsrecht Meinungsäußerungsfreiheit - obwohl dies nahegelegen hätte - mit keiner Silbe.[450]
Auch ein Urteil aus dem Jahre 1963 deutete auf eine Abkehr von der Entscheidung zwei Jahre vorher hin. In einem Fall, der zwar nicht die Meinungsäußerungsfreiheit betraf, sondern die Frage des verfassungsmäßigen Schutzes des Individuums gegenüber einer (zwangsweisen) Blutentnahme im Rahmen eines Ehelichkeitsanfechtungsprozesses (durch die persönliche Freiheit[451], führte das Bundesgericht aus :

Nach der heute herrschenden Auffassung gehört die Garantie der persönlichen Freiheit über den eigenen Körper ... daher wie die Eigentumsgarantie dem ungeschriebenen Verfassungsrecht des Bundes an.[452]

---

[448] BGE 87 I, 114, 117.
[449] S. dazu unten, S. 145 ff.
[450] Vgl. auch BG in ZBl. Bd. 64 1963, 363, 365 ff., wo das BG zwar auf die in Art. 6 KV Luzern garantierte Meinungsäußerungsfreiheit eingeht, den Schwerpunkt seiner Prüfung aber auf das - nicht angerufene, aber ausdrücklich normierte - Willkürverbot legt; vgl. hierzu Rossinelli (libertés), S. 120.
[451] Zu Blutentnahmen als Verletzung der körperlichen Unversehrtheit s. bereits oben, S. 55.
[452] BGE 89 I, 92, 98.

Das Bundesgericht zählte hier die Meinungsäußerungsfreiheit also nicht zu dem Kreis der ungeschriebenen Freiheitsrechte.

Die endgültige Festschreibung der Meinungsäußerungsfreiheit als ungeschriebenes Freiheitsrecht erfolgte dann jedoch im Jahre 1965, allerdings wieder in einem obiter dictum und ohne Begründung. Das Gericht führte hier aus :

"Das Bundesgericht hat den Bestand ungeschriebenen Verfassungsrechts des Bundes mit Bezug auf die Eigentumsgarantie ..., die Meinungsäusserungsfreiheit (BGE 87 I 117)[453] und die persönliche Freiheit anerkannt".[454]

Eine *Begründung* für die Anerkennung der Meinungsäußerungsfreiheit als verfassungsmäßiges Grundrecht sollte das Bundesgericht jedoch erst im Jahre 1970 geben, als es feststellte :

"Wie das Bundesgericht ... ausgeführt hat, ist bei der Anerkennung von durch ungeschriebenes Bundesrecht gewährleisteten Freiheitsrechten Zurückhaltung geboten. Die Annahme einer solchen Gewährleistung rechtfertigt sich nur für Befugnisse und Freiheiten, die eine Voraussetzung für die Ausübung anderer Freiheitsrechte bilden oder die sonst als unentbehrliche Bestandteile der demokratischen und rechtsstaatlichen Ordnung des Bundes erscheinen ... . Das trifft ... für die Meinungsäußerungsfreiheit zu, denn ohne freie Meinungsäußerung ist die demokratische Willensbildung bei Wahlen und Abstimmungen und die freie Ausübung der politischen Rechte (Initiativrecht, Referendum usw.) nicht denkbar".[455]

Die hier wiederum auftauchenden Bedingungen für die Anerkennung eines Rechtes als ungeschriebenes Freiheitsrecht, *Voraussetzung für die Ausübung anderer Freiheitsrechte* sowie *Unentbehrlichkeit für die rechtsstaatliche Ordnung*, waren bereits Jahre zuvor im Rahmen der Rechtsprechung zur persönlichen Freiheit entwickelt worden.[456] Hinzu kam hier allerdings das Kriterium der Unentehrlichkeit für die *demokratische Ordnung*.

Noch am selben Tag - in einem anderen Entscheid - ergänzte das Bundesgericht obige Begründung :

"Mais la liberté d'expression n'est pas seulement, comme d'autres libertés expresses ou implicites du droit constitutionnel fédéral, une condition de l'éxercise de la liberté individuelle et un élément indispensable à l'épanouissement de la personne humaine; elle est encore le fondement de tout Etat démocratique: permettant la libre formation de l'opinion politique, elle est indispensable au plein exercise de la démocratie. Elle mérite dès lors une place à part dans le catalogue des droit individuels garantis par la constitution et un traitement privilégié de la part des autorités".[457]

---

453 Vgl. hierzu bereits oben, S. 72.

454 BGE 91 I, 480, 485 f.

455 BGE 96 I, 219, 223 f.

456 Vgl. hierzu bereits oben, S. 53.

457 BGE 96 I, 586, 592.

Das Bundesgericht sieht also die Meinungsäußerungsfreiheit nicht nur als "normales" ungeschriebenes Freiheitsrecht an, sondern weist ihm in dem Katalog der Individualrechte einen Platz "à part" und damit eine Sonderstellung zu. Ausführungen, worin denn nun diese hervorgehobene Stellung und Privilegierung bestehen soll, finden sich jedoch nicht.

Diese Anerkennung der Meinungsäußerungsfreiheit als "preferred freedom" wurde durch das Bundesgericht zwar in der Folgezeit weitgehend relativiert.[458]

In der Lehre allerdings findet sich weiterhin die Forderung nach einer Sonderstellung der Meinungsäußerungsfreiheit.[459]

Letzerem ist zu folgen, deutet doch der materielle Inhalt, der dem Freiheitsrecht zugewiesen wurde, darauf hin, daß ihm eine besondere Rolle zukommt.[460] Dem Begriff der Meinung wurde nämlich - wie im folgenden zu zeigen sein wird - durch die Rechtsprechung des Bundesgerichts ein außerordentlich weiter Anwendungsbereich zugeordnet.

In der eidgenössischen Lehre fand die grundsätzliche Anerkennung des neuen ungeschriebenen Freiheitsrechtes auf Meinungsäußerung durch das Bundesgericht Zustimmung[461]. So wird insbesondere auch die Tatsache begrüßt, daß "gerade die geistigen Freiheiten und die Rechte, die für die politische Willensbildung und Kundgabe wesentlich sind, ... vermehrte Anerkennung gefunden" haben.[462]

II. Der Inhalt der Meinungsäußerungsfreiheit

1. Allgemein

Im allgemeinen Sprachgebrauch versteht man unter dem Begriff "Meinung" das Ergebnis gedanklicher Vorgänge[463]. Nach Ansicht des Bundesgerichts

" ... ist der Begriff der "Meinung" weit zu fassen, und es sind darunter die Ergebnisse von rationalen Denkvorgängen sowie rational fassbar und mittelbar gemachte Überzeugungen in der

---

[458] Zur Frage einer "preferred position" der Meinungsäußerungsfreiheit vgl. Stalder, S. 128 ff.; Florio, S. 37 f.

[459] Vgl. hierzu Saladin (Grundrechte), S.; Stalder, S. 135 ff.

[460] Kritisch zu einer Sonderstellung der Meinungsäußerungsfreiheit Grisel (droits constutionnels), S. 65 : "pas un super-droit"; vgl. auch Müller (Grundrechte), S. 88.

[461] Vgl. etwa Saladin (Grundrechte), S. 75; Stalder, S. 126 ff.

[462] Stalder, S. 126.

[463] Grisel (droits constitutionnels), S. 64.

Art von Stellungnahmen, Wertungen, Anschauungen, Auffassungen und dergleichen zu verstehen ...".[464]

Diese Formel hat allerdings Kritik erfahren. So wird die Definition des Meinungsbegriffs als "Ergebnisse von Denkvorgängen oder rational fassbar und mittelbar gemachter Überzeugungen" als "zu eng" beurteilt, da sie "unreflektierte Äußerungen" bzw. "sprachliche Sinngehalte, ... die mehr intuitiv als rational fassbar sind", außer acht lasse.[465]

Nach überwiegend vertretener Auffassung muß die unter dem Schutz der Bundesverfassung stehende Meinung einen ideellen Inhalt aufweisen. Kommerzielle Aussagen wie etwa Werbung fallen demzufolge nicht unter den Schutzbereich der Meinungsfreiheit, sondern werden von der durch Art. 31 BV geschützten Handels- und Gewerbefreiheit umfaßt .[466]

Da Meinungen auch anders als durch Worte artikuliert werden können, fallen nach Meinung der eidgenössischen Literatur unter den Schutzbereich auch solche nicht-verbalen Äußerungen unter den Schutzbereich.[467]

Das BG schloß sich dieser Meinung bedingt an. So führt es einerseits aus :

Eine Demonstration ist die Darlegung der Meinung der Teilnehmer, sei es durch das Mitmarschieren an sich, sei es durch das Tragen von Spruchbändern, sei es durch Sprechchöre ...".[468]

Andererseits stellt es im Falle eines Anwaltes, der durch das demonstrative Verlassen des Gerichtssaales seine Mißbilligung der Verhandlungsführung ausdrücken wollte, fest :

"Auch wenn mit diesem Verhalten eine Missbilligung zum Ausdruck kam, handelt es sich nicht um die positive Äusserung einer Meinung".[469]

Der Anwendungsbereich der Meinungsäußerungsfreiheitfreiheit umfaßt sowohl die Bildung[470] als auch das Haben[471] sowie die Weitergabe einer Meinung.[472]

---

[464] BGE 101 I a, 148, 150; ähnlich BGE 108 Ia, 318; BG ZBl. 87 (1986), 126, 129; s. auch BGE 101 Ia, 252, 255 : "Une opinion est un jugement émis sur un objet quelquonque, en particulier sur une personne, son comportement, voire ses propres opinions".

[465] Müller, in : Kommentar BV, Meinungsfreiheit, Rdn. 7.

[466] Müller, a.a.O., Rdn. 8; Müller (Grundrechte), S. 90; Häfelin/Haller, Rdn. 1268; Aubert (Bd. 2), Rdn. 2009 f.; Grisel (droits constitutinnels), S. 65.

[467] In Betracht kommen etwa auch Ansteckplaketten; vgl. hierzu ausführlich Müller, in : Kommentar BV, Meinungsfreiheit, Rdn. 11 ff.; Müller (Grundrechte).

[468] BGE 111 Ia, 322.

[469] BGE 108 Ia, 316, 318; kritisch hierzu Müller (Grundrechte), S. 91 f.

[470] BGE ZBl. Bd. 83 1982, 219, 223.

[471] BGE 105 Ia, 181, 182.

2. Meinungsfreiheit und Informationsfreiheit

Auch die Informationsfreiheit im Sinne der Freiheit, sich aus allgemein zugänglichen Quellen zu informieren, ordnete das Bundesgericht dem ungeschriebenen Grundrecht der Meinungsäußerungsfreiheit zu : Es führte hierzu aus :

"... die Fähigkeit, seine Meinung bekanntzugeben, setzt auf der anderen Seite die Fähigkeit des Publikums voraus, die Ansicht eines andern zur Kenntnis zu nehmen. Tatsächlich wäre der rechtliche Schutz einer ins Leere geäußerten Meinung sinnlos. Es ergibt sich demnach, dass nach der Rechtsprechung des Bundesgerichtes der freie Empfang von Informationen gewährleistet sei. Diese Rechtsprechung ist dahin zu verdeutlichen, daß die Informationsfreiheit als Bestandteil der Meinungsäußerungsfreiheit und der Pressefreiheit das Recht gewährleistet, Nachrichten und Meinungen ... ohne Eingriffe der Behörden zu empfangen und sich aus allgemein zugänglichen Quellen zu unterrichten".[473]

Weitergehende Gewährleistungen des Inhalts, "dass die Behörden über ihre Tätigkeit zu informieren hätten", lehnte das Bundesgericht allerdings ab.[474]

Diese Beschränkung der in der Meinungsäußerungsfreiheit (und der Pressefreiheit) enthaltenen Informationsfreiheit rief allerdings Kritik hervor. So forderte die Lehre immer wieder die Garantie eines umfassenderen Anspruchs des Bürgers - und insbesondere der Presse - gegenüber Behörden auf Bekanntgabe von Informationen.[475] Darauf wird noch zurückzukommen sein.[476]

III. Die Kunstfreiheit als Bestandteil der Meinungsäußerungsfreiheit

Das Bundesgericht begnügte sich aber nicht mit der vorstehend skizzierten Definiton des Schutzbereiches, sondern ordnete dem Begriff weitere Lebensbereiche zu. So führte es bereits 1963 im Zusammenhang mit einer kantonalverfassungsrechtlich geschützten Meinungsäußerungsfreiheit aus :

"Der Begriff der "Meinung" aber ... ist ... weit zu fassen. Er ... umschließt ebenso das Kunstschaffen und dessen Hervorbringungen".[477]

---

472 BGE 97 I, 893, 896 : " ... faculté de faire connaître librement ses opinions et de les répandre enusant des moyens légaux"; s. auch Müller, Kommentar BV, Meinungsfreiheit, Rdn. 15.

473 BGE 104 Ia, 88, 94; 104 Ia, 378; 105 Ia, 181, 182; 107 Ia, 305; 108 Ia, 277; 113 Ia, 317; vgl. hierzu ausführlich Müller (Grundrechte), S. 145 ff.

474 BGE 104 Ia, 88, 95.

475 Müller, in: Kommentar BV, Informationsfreiheit, Rdn. 5 ff., 41 ff.

476 S. dazu unten, S. 98 ff.

477 BGE in ZBl. Bd. 64 1963, 363, 365; der Sache nach garantiert das Bundesgericht hier den "Werkbereich" und den "Wirkbereich", vgl. hierzu etwa auch BVerfGE 30, 173, 189; einen Überblick über die Definitionsversuche des Begriffes "Kunst" geben - auch in rechts-

Hintergrund dieser Entscheidung ist letztendlich die Tatsache, daß die Schweizer Bundesverfassung nicht die Freiheit der künstlerischen Betätigung garantiert.[478]
Dabei zählt die Kunstfreiheit zwar nicht zu der Gruppe der klassischen Freiheitsrechte, die etwa durch die amerikanische oder französiche Verfassung des ausgehenden 18. Jahrhunderts garantiert wurden[479], dennoch wird ihr ein wichtiger Stellenwert in einem demokratischen Rechtsstaat zuerkannt.[480]
Wie die "klassische" Meinungsäußerungsfreiheit kann sie zur Kategorie derjenigen Rechte gerechnet werden, die den "unmittelbaren Schutz der freien Entfaltung der geistigen und seelischen Fähigkeiten des Menschen" bezweckt.[481]

In den kantonalen Verfassungen ist die Kunstfreiheit nur teilweise - und zwar insbesondere in den neuen Kantonsverfassungen - anzutreffen. Garantiert werden hier etwa "die künstlerische Betätigung"[482], die Freiheit des künstlerischen Ausdrucks[483], einfach nur "die Kunst"[484] oder - nicht so weit gehend - die "freie Ausübung jeder Berufsart in Kunst und Wissenschaft".[485]

Die Rechtsprechung des Bundesgerichts zur Ausdehnung der Meinungsäußerungsfreiheit auf die Kunstfreiheit wurde mehrfach bestätigt.[486]

Unter den Begriff der Kunst subsumierte das Bundesgericht dann noch die Vorführung von Filmen zu nichtkommerziellen Zwecken :

"In diesem Sinn wird auch einem Film, der nicht der Verbreitung oder Verteidigung von Stellungnahmen, Wertungen oder Anschauungen auf dem Gebiete der Moral, der Politik, des Wissens und des Glaubens dient, sondern rein als Kunstwerk verstanden sein will, der Schutz des § 6 KV zuteil".[487]

Der Weg, die Kunstfreiheit unter das Dach der Meinungsäußerungsfreiheit zu stellen, fand nur eingeschränkt Zustimmung in der eidgenössischen Doktrin: Während die Manifestierung eines verfassungsrechtlichen Schutzes künstleri-

---

vergleichender Sicht zu Deutschland - etwa Vogt, S. 8 ff.; Baeggli, S. 17 ff.; s. auch Hempel, S. 28 ff., 62 ff.

478 Zu den Gründen hierzu s. Baeggli, S. 7 f.

479 Einen umfassenden Überblick über die Geschichte der Kunstfreiheit gibt Baeggli, S. 1 ff.

480 Saladin (Grundrechte), S. 79.

481 Müller (Persönlichkeitsschutz), S. 75.

482 Vgl. § 14 KV Aargau; § 6 Nr. 6 KV Thurgau.

483 Vgl. Art. 14 KV Appenzell Ausserrhoden; Art. 22 KV Bern.

484 Vgl. Art. 17 KV Schaffhausen.

485 Vgl. Art. 10 Abs. 1 KV Wallis; ähnlich Art. 21 KV Zürich : "Die Ausübung jeder Berufsart in Kunst und Wissenschaft".

486 Vgl. etwa BGE in EuGRZ 1985, 720, 721; BGE 101 Ia, 148, 150; BGE in ZBl. Bd. 87 1986, 126, 129.

487 BGE in ZBl. Bd. 64 1963, 363, 365.

schen Schaffens zwar grundsätzlich begrüßt [488] wird, findet die Alternative, diese Garantie durch die Ausdehnung des Anwendungsbereiches der Meinungsäußerungsfreiheit zu erhalten, Kritik. Zwar wird einerseits zugegeben, daß eine scharfe Trennung zwischen "Meinung" und "Kunst" oft nicht durchführbar ist.[489]

Auf der anderen Seite wird jedoch auch darauf hingewiesen,daß es künstlerische Äußerungen geben kann, die nicht unter den Begriff der Meinungsäußerung zu fassen sind.[490] Beide Begriffe seien nicht deckungsgleich und sogar "wesensverschieden", so daß die Rechtsprechung des Bundesgerichts zwar als Schritt in die richtige Richtung betrachtet, eine befriedigende Lösung jedoch nur in der Anerkennung eines selbständigen die Kunst schützenden ungeschriebenen Freiheitsrechtes gesehen wird.[491]

Das Bundesgericht diskutierte die Möglichkeit einer eigenständigen Kunstfreiheit in der Folgezeit zwar nicht, schließt sie wohl aber nicht grundsätzlich aus, wenn es ausführt:

" ... dabei kann im vorliegenden Fall offengelassen werden, ob der Kunstfreiheit ein eigenständiger Wert zuzuordnen ist oder ob sie als Teilgehalt der Meinungsäußerungsfreiheit zu verstehen ist ...".[492]

IV. Sonstige Aspekte der Meinungsäußerungsfreiheit

In der Literatur ist insbesondere auch die Freiheit der Lehre[493] im Zusammenhang mit der Meinungsäußerungsfreiheit diskutiert wurden.
Das Grundrecht der akademischen Lehrfreiheit[494] wird nicht zu den klassischen Freiheitsrechten gezählt.[495] Ebensowenig hat die Verfassung der Eidgenossenschaft der Freiheit der Lehre einen Artikel gewidmet.

In den Kantonsverfassungen wird die Lehrfreiheit teilweise geschützt.[496]

---

488 Vgl. etwa Saladin (Grundrechte), S. 79.

489 Baeggli, S. 16.

490 Baeggli, ebenda.

491 Vogt, S. 46, 50 ff.

492 BGE in ZBl. Bd. 87 1986, 126, 129.

493 Die Freiheit der Lehre ist streng von der Unterrichtsfreiheit im Sinne des Rechtes, Privatschulen zu errichten und zu betreiben, zu unterscheiden; ein diesbezügliches ungeschriebenes Freiheitsrecht wird überwiegend abgelehnt, vgl. Haller (Lehrfreiheit), S. 116 f.; Giacometti (Freiheitsrechtskataloge), S. 165 f.; Florio, S. 182; a. A. Rossinelli (libertés), S. 223 f.

494 Zur Begriffsdefinition s. Haller (Lehrfreiheit), S. 125 f.

495 Wildhaber (Lehrfreiheit), S. 399 f.

496 Vgl. etwa § 14 KV Aargau : "Die wissenschftliche Lehre und Forschung ... sind frei"; Art. 21 Abs. 1 KV Bern : " ... die Freiheit von Forschung und Lehre sind gewährleistet"; Art.

Teilaspekte professoraler Meinungen genießen allerdings den Schutz durch Pressefreiheit (Art. 55 BV), Glaubens- und Gewissensfreiheit (Art. 49 BV), Handels- und Gewerbefreiheit (Art. 31 BV)[497] bzw. durch die etwaig gegebene kantonale Unterrichtsfreiheit.[498]

Als Hauptanknüpfungspunkt der Lehrfreiheit gilt jedoch das ungeschriebene Freiheitsrecht der Meinungsäußerungsfreiheit, da sich die akademische Lehre ohne weiteres unter die vom Bundesgericht zu dem Begriff der "Meinung" gegebenen Definition[499] subsumieren lasse.[500]
Ein eigenständiges ungeschriebenes Grundrecht wird daneben nicht als notwendig angesehen[501] bzw. das Vorliegen der vom Bundesgericht aufgestellten Anforderungen an ein ungeschriebenes Freiheitsrecht werden eher skeptisch beurteilt· So wird von der Literatur insbesondere in Frage gestellt, "die Lehrfreiheit ... als Grundvorausetzung unserer Rechtsordnung zu bezeichnen" und auch das Erfordernis, Bedingung für die Ausübung anderer Grundrechte zu sein, wird verneint[502].

Das Bundesgericht hat sich zu der Frage noch nicht geäußert.

9. Kapitel : Die Sprachenfreiheit

Das vierte vom Schweizer Bundesgericht anerkannte ungeschriebene Freiheitsrecht sollte im Jahre 1965 die Sprachenfreiheit sein.

Hierbei erkannte das Bundesgericht zum erstenmal ein Freiheitsrecht an, das nicht zu den "grossen klassischen Freiheitsrechten"[503] gezählt wird.[504]

---

13 Abs. 1 KV Appenzell Ausserrhoden : "Die Freiheit von Forschung und Lehre und ... sind gewährleistet"; § 6 Nr. 6 KV Thurgau gewährleistet "die Freiheit der wissenschaftlichen Lehre und Forschung".

497 Haller (Lehrfreiheit), S. 133 f.; Wildhaber (Lehrfreiheit), S. 404 f. sieht zudem Berührungspunkte mit der Informationsfreiheit, dem (nicht anerkannten) Recht auf Bildung und der persönlichen Freiheit; zu letzterem Punkt s. Haller (Lehrfreiheit), S. 128 ff.

498 Wildhaber (Lehrfreiheit), S. 400 f.; a.A. Haller (Lehrfreiheit), S.135 f.

499 Vgl. insbes. BG in ZBl. Bd. 64 1963, 363, 365; s. dazu oben, S. 74 f.

500 Haller (Lehrfreiheit), S. 131 f.; Florio, S. 177.

501 So etwa Haller (Lehrfreiheit), S. 134 f.: "keine Notwendigkeit ... aber wünschenswert".

502 Wildhaber (Lehrfreiheit), S. 406 f.; hinsichtlich der letzteren Bedingung hält er den "Definitionsversuch" des Bundesgerichts allerdings für zu "eng" .

503 Malinverni, in : Kommentar BV, Sprachenfreiheit, Rdn. 2; unter "klassischen" Freiheitsrechten werden hier solche Freiheitsrechte verstanden, die sich bereits in den großen Menschenrechtsdeklarationen des 18. Jh. fanden, vgl. hierzu Malinverni, aaO., S. 20.

A. Die Sprachenfreiheit in der Lehre und in den Kantonsverfassungen

Die Mehrsprachigkeit der Schweiz[505] ist nicht nur eine ethno-linguistische Tatsache, sondern muß als "Element der schweizerischen Staatsidee"[506] und zu beachtender Faktor im Rahmen des "Konkordanzprinzips" und des gesamten Staatslebens angesehen werden.[507]
Der Bedeutung der verschieden lingualen Zusammensetzung der Schweizer Bevölkerung[508] wurde verfassungsrechtlich allerdings (lediglich) dadurch Rechnung getragen, daß alle vier[509] Sprachen in Art. 116 BV[510] zu Nationalsprachen der Schweiz erklärt wurden.

Durch Art. 116 Abs. 1 BV sehen ein Teil der Literatur und die bundesgerichtliche Rechtsprechung allerdings unmittelbar (nur) das sog. "Territorialitätsprinzip" garantiert, d. h. die kantonale Befugnis zu Maßnahmen, die die Homogenität und die überlieferten Sprachgrenzen bewahren sollen.[511]

Eine ausdrückliche Regelung der Sprachenfreiheit - verstanden als "Recht, sich in einer beliebigen Sprache, insbesondere in der Muttersprache, zu äußern"[512] - fehlt jedoch nach einhelliger Auffassung in der Schweizerischen Bundesverfassung.[513]

---

504 Zu den historischen Aspekten der Sprachenfreiheit vgl. Morand, S. 166 : "un droit fondamental jeune et encore mal assuré"; zur Sprachenfreiheit in den Verfassungen anderer europäischer Staaten vgl. Viletta, S. 293 ff.

505 In der Schweiz werden 4 Idiome nebeneinander und in jeweils eigenen Geltungsgebieten gesprochen: deutsch, französisch, italienisch und rätoromanisch; s. hierzu Hegnauer (Sprachenrecht), S. 18 ff.; Rätoromanisch ist dabei der Oberbegriff für "fünf verschiedene Schriftidiome ohne (anerkannte) gemeinsame Schriftsprache", wobei es daneben noch mehrere Mundarten gibt, s. hierzu Viletta, S. 60; zur historischen Entwicklung der Sprachen in der Schweiz vgl. etwa Morand, S. 162 ff.; Viletta, S. 30 ff.

506 Viletta, S. 43 f.; ähnlich Hegnauer (Sprachenrecht), S. 42 ff.; Marti-Rolli, S. 111, spricht sogar von einem "élément essentiel de son existence".

507 Dessemontet, S. 80 ff.; Schäppi, S. 67 ff.

508 Vgl. hierzu ausführlich etwa Dessemontet, S. 17 ff.; Viletta, S. 29 ff.Schäppi, 14 ff., 91 ff., 242 ff.

509 Das Rätoromanische kam erst durch eine Verfassungsänderung im Jahre 1938 hinzu; zur Vorgeschichte s. Gieré, S. 24 ff.

510 Art.116 BV lautet :
"Das Deutsche, Französische, Italienische und Rätoromanische sind Nationalsprachen der Schweiz.
Als Amtssprachen werden das Deutsche,Französische und Italienische erklärt.".

511 S. hierzu Müller (Grundrechte), S. 80 f., 84 f. mit Kritik und Hinweisen auf Literatur und Rechtsprechung; Thürer (Territorialprinzip), S. 246 ff.; zur Reichweite des Art. 116 Abs. 1 BV in der geschichtlichen Entwicklung s. Dessemontet, S. 61 ff.

512 Saladin (Rechtsprechung), S. 456; Häfliger (Sprachenfreiheit), S. 77; Schäppi, S. 57; Viletta, S. 285 ff.; Morand (liberté de la langue), S. 167 f.; enger, weil nur auf die Muttersprache bezogen, Hegnauer (Sprachenrecht), S. 28; Gieré, S. 9; Fleiner/Giacometti, S.

Zum einen sah man auch hier den Minderheitenschutz - und damit den Schutz sprachlicher Minoritäten - durch das Schweizer Selbstverständnis und die verfassungsrechtlichen Strukturprinzipien als gewährleistet an.[514]
Auch wird darauf hingewiesen, daß die Schweizer Staatsidee auf dem Zusammenschluß der Kantone und nicht dem ethnischer Gruppen beruhe.[515]
Grund des historischen eidgenössischen Verfassungsgebers für die Nichtaufnahme weitergehender Regelungen war aber zudem einmal mehr die Tatsache, daß die später durch das Bundesgericht entwickelten Grundsätze wohl als selbstverständlich betrachtet wurden.[516]

Forderungen nach einer verfassungsrechtlich garantierten Sprachenfreiheit wurden denn auch - wenngleich vor allem erst seit den 40er Jahren - vielfach laut.[517]

393; zu dem Verhältnis von Territorialprinzip und Sprachenfreiheit vgl etwa Thürer (Territorialprinzip), S. 246 ff.

513 Das Grundgesetz enthält nur in Art. 3 Abs. 2 eine eher allgemein gehaltene sprachenrechtliche Regelung; interessant ist in diesem Zusammenhang auch Art. 40 der Verfassung der Deutschen Demokratischen Republik vom 06.04.1968, wo es heißt: "Bürger der Deutschen Demokratischen Republik sorbischer Nationalität haben das Recht zur Pflege ihrer Muttersprache und Kultur,die Ausübung dieses Rechts wird vom Staat gefördert", s. hierzu Viletta, S.293; die drei heute in Deutschland lebenden sprachlichen Minderheiten werden durch landesverfassungsrechtliche Bestimmungen geschützt : Art. 25 LVerf. Brandenburg; Art. 18 LVerf. Mecklenburg-Vorpommern; Art. 5 Abs. 2 u.3, Art. 6 LVerf. Sachsen; Art. 37 LVerf. Sachsen-Anhalt; Art. 5, 8 Abs. 4 LVerf. Schleswig-Holstein.

514 Schäppi, S. 235; ebenso - allerdings wohl eine Spur zu optimistisch - Hegnauer (Sprachenrecht) S. 29 : "Eine Vergewaltigung der Angehörigen einer bestimmt Sprache erscheint durch den genossenschaftlichen Aufbau, die politische Tradition und die soziale Struktur der Eidgenossenschaft vollkommen ausgeschlossen"; ähnlich auch ein u. a. zu Art. 116 BV ergangenes Urteil des BG aus dem Jahre 1932 ("Zähringer"). Sehr kritisch zu diesem harmonischen Bild Rossinelli (linguistique), S. 163.

515 Vgl. etwa Marti-Rolli, S. 8 : L'Etat suisse ne repose pas ... sur l'union de quatre ethnies, mais sur l'union de 25 cantons et demi-cantons : le suisse est vaudois ou zurichois, avant d'etre romand ou alémanique; ähnlich Gieré, S. 11 : "Überdies ist das kantonale Bewusstsein des Schweizers stärker als sein Sprachbewußtsein".

516 Dies kommt auch in der Botschaft des Bundesrates anläßlich der Aufnahme des Rätoromanischen in Art. 116 BV zum Ausdruck : "Ohne Freiheit der Muttersprache ist eine wirkliche Freiheit des Geistes undenkbar: in diesem ungeschriebenen, aber desto mächtigeren Gesetz der Achtung vor dem Menschen und seiner Muttersprache erblicken wir den Schlüssel zu jenem Geheimnis, dass wir in einem Lande, in dem Völkerschaften von vier verschiedenen Sprachen in enger Gemeinschaft zusammenleben, unsere gegenseitigen Beziehungen nie von einem Sprachenstreit getrübt sehen mussten", vgl. BBl. 1937 II, S. 13. In einem gewissen Widrspruch hierzu steht die Feststellung Malinvernis, die Vielfalt der Sprachen sei in der Epoche der Entstehung der Bundesverfassung "eher als hinderlich für sowohl den wirtschaftlichen als auch den kulturellen Austausch angesehen worden", vgl. Malinverni, in : Kommentar BV, Sprachenfreiheit, Rdn. 2.

517 Vgl. bereits etwa Fleiner/Giacomett, S. 393, wenngleich hier nur auf den Gebrauch der Muttersprache Bezug genommen wird.

Heute wird der Sprachenfreiheit in der Schweizer Doktrin ein zentraler Platz im Grundrechtskanon zugewiesen.[518]

Hinsichtlich der dogmatischen Ansatzpunkte eines Grundrechtes der Sprachenfreiheit gibt es allerdings verschiedene Alternativen :

Während teilweise eine naturrechtliche Geltung der Sprachenfreiheit angenommen wird[519], geht der überwiegende Teil der Doktrin von einem Schutz durch ein ungeschriebenes Freiheitsrecht aus.[520] So wird "die Sprachenfreiheit im Sinne des Rechts des Individuums auf freien Gebrauch seiner Muttersprache" als "wesentliche Voraussetzung für die ungehinderte Entfaltung der Persönlichkeit des Einzelnen und für das Wirksamwerden der demokratischen Einrichtungen" betrachtet und deshalb "als eines der fundamentalen Freiheitsrechte des Individuums" gesehen".[521] Im übrigen sieht der überwiegende Teil der Lehre die Sprachenfreiheit - zumindest soweit die vier Nationalsprachen betroffen sind - mittelbar als von Art. 116 Abs.1 BV geschützt an.[522]

Die (mehrsprachigen) Kantone enthalten in ihren Verfassungen zwar alle Regelungen, die ihre National- oder Amtssprachen betreffen[523], Garantien der Sprachenfreiheit finden sich jedoch erst in wenigen neueren Kantonsverfassungen.[524]

B. Die Rechtsprechung des Bundesgerichts

Auch das Bundesgericht sieht die Sprachenfreiheit als ungeschriebenes Freiheitsrecht an.
Im Jahre 1965 urteilte es zum ersten Male[525] in diesem Sinne und gab auch gleich eine Inhaltsbestimmung der neu anerkannten Gewährleistung :

---

518 Morand, S. 167 : "... le droit le plus fondamental de tous".

519 Vgl. etwa Marti-Rolli, S.7 : "L'homme a un droit naturel à la langue".

520 Vgl. etwa Hegnauer (Sprachenrecht), S. 28 f.; Viletta, S. 301 ff.; Schäppi, S. 57 f.; Dessemontet, S. 75 f.: "La liberté de la langue est ainsi implicite dans l'ordre constitutionnel helvétique"; Gieré, S. 9 f.

521 Hegnauer (Sprachenrecht), S. 28 f.

522 Hegnauer (Sprachenrecht), S. 29, 84; Haefliger (Sprachenfreiheit), S. 78 f.; Häfelin/Haller, Rdn.1257 f.

523 S. hierzu etwa Malinverni, in : Kommentar BV, Art. 116, Rdn. 6, 7. Auch hier muß selbstverständlich der sprachlichen Zusammensetzung der Bevölkerung getragen werden.

524 Vgl. etwa Art. 15 KV Bern vom 06.06.1993: Die Sprachenfreiheit ist gewährleistet"; selbst die Verfassung des Kantons Jura, vor dessen Bildung die Sprachenfrage ein entscheidender Streitpunkt war, enthält keine Sprachengarantie; Zur Rechtslage hinsichtlich der Kantonsverfassungen vgl. auch Auer (liberté de la langue), S. 957, 961; Dessemontet, S. 109 ff.; Marti-Rolli, S. 18 ff.

"Die Sprachenfreiheit gehört nach der Lehre zu den ungeschriebenen Freiheitsrechten der BV (Giacometti, Bundesstaatsrecht, S. 393 ff.) mit Verweisungen). Dieser Auffassung ist zuzustimmen. Das Bundesgericht hat den Bestand ungeschriebenen Verfassungsrechts des Bundes mit Bezug auf die Eigentumsgarantie ... , die Meinungsäußerungsfreiheit ... und die persönliche ... Freiheit anerkannt; es besteht kein Grund, diese Anerkennung nicht auch auf die Sprachenfeiheit auszudehnen. Wie die persönliche Freiheit ... , so ist auch die Sprachenfreiheit, das heisst die Befugnis zum Gebrauche der Muttersprache, eine wesentliche, ja bis zu einem gewissen Grade notwendige Voraussetzung für die Ausübung anderer Freiheitsrechte; im Falle der Sprachenfreiheit ist dabei an all jene Grundrechte zu denken, welche die Freiheit der Äußerung durch das gesprochene oder geschriebene Wort gewährleisten, wie die Meinungsäußerungsfreiheit, vorab in der Gestalt der Pressefreiheit, die Kultusfreiheit, die Vereinsfreiheit, die politischen Rechte und, soweit dies anerkannt ist, auch die Unterrichtsfreiheit".[526]

Auch zu dem Verhältnis zu Art. 116 Abs. 1 BV äußerte sich das Gericht :

"Entgegen einer im Schrifttum vertretenen Meinung ... gewährleistet Art. 116 BV dabei nicht selber die Sprachenfreiheit, er setzt diese vielmehr voraus und zieht ihr im öffentlichen Interesse gewisse Schranken".

Diese Auffassung wurde vom Bundesgericht später bestätigt.[527]

Im Jahre 1982 erweiterte das Bundesgericht allerdings den Schutzbereich des Freiheitsrechtes über den Gebrauch der Muttersprache hinaus. Das Bundesgericht führte hier aus :

"... geht es nicht an, ihnen (den Beschwerdeführern, d. Verf.) den Schutz der Sprachenfreiheit und damit die Legitimation zur staatsrechtlichen Beschwerde nur dann zuzubilligen, wenn sie sich im Gebrauche jener Sprache beeinträchtigt fühlen, die man aufgrund eingehenderer Klärungnen als ihre Muttersprache ansehen müßte. vielmehr umfaßt der Begriff der Muttersprache, wie er vom Bundesgericht bisher im Zusammenhang mit der Sprachenfreiheit verwendet worden ist, auch jene Zweit- und Drittsprache, welche einer Person nahestehen und welcher sie sich vernünftigerweise zu bedienen pflegt".[528]

Zwei Jahre zuvor hatten die Richter noch einen "dogmatischen Schwenk" vollzogen, als sie die Muttersprache, die gleichzeitig Nationalsprache ist, - ohne jegliche Begründung[529] - unmittelbar unter den Schutzbereich von Art. 116 Abs. 1 BV stellten. Das Bundesgericht äußerte sich, nachdem es wiederholt hatte, die Spra-

---

525 Zu dem umstrittenen, nicht veröffentlichten Entscheid "Zähringer" vom 03.06.1932 s. Rossinelli (libertés), S.138 m. w. N.

526 BGE 91 I, 480, 485 f.

527 Vgl. etwa BGE 100 Ia, 462, 465 : "Nach Lehre und Rechtsprechung gehört die Sprachenfreiheit, d. h. die Befugnis zum Gebrau der Muttersprache, zu den ungeschriebenen Freiheitsrechten der Bundesverfassung. ... Der Art. 116 BV garantiert die Sprachenfreiheit allerdings nicht selbst; er setzt sie vielmehr voraus und zieht ihr im öffentlichen interesse gewisse Schranken".

528 BG in ZBl. 83 1982, 356, 361.

529 Kritisch hierzu Rossinelli (libertés), S. 142.

chenfreiheit als Befugnis zum Gebrauch der Muttersprache gehöre zu den ungeschriebenen Freiheitsrechten, hier folgendermaßen :

"Soweit die Muttersprache gleichzeitig eine Nationalsprache des Bundes ist, steht deren Gebrauch zudem unter dem Schutz von Art. 116 Abs. 1 BV, der vier Nationalsprachen anerkennt".[530]

In einer Entscheidung aus neuester Zeit stellte das Bundesgericht jede Sprache, deren sich jemand bedienen möchte, unter den Schutz der Sprachenfreiheit.[531]

Die Meinungen in der Doktrin hinsichtlich der bundesgerichtlichen Rechtsprechung sind eher ablehnend.

Zwar wird einerseits die Aussage, die Sprachenfreiheit sei "eine wesentliche, ja bis zu einem gewissen Grade notwendige Voraussetzung für die Ausübung anderer Freiheitsrechte", grundsätzlich begrüßt, da das ungeschriebene Freiheitsrecht "persönlichkeitsessentiell" sei. [532]

Überwiegend erntete das ungeschriebene Freiheitsrecht der Sprachenfreiheit in der durch die Rechtsprechung des Bundesgerichts geprägten Form jedoch Widerspruch in der eidgenössischen Lehre.
So wird die grundsätzliche Frage aufgeworfen, ob - da die Sprachenfreiheit (und das Territorialitätsprinzip) "die teils konvergenten, teils divergenten Hauptfaktoren notwendiger Integration und gleichzeitiger Wahrung der Vielfalt verschiedener Sprachen darstellten - es sachgerecht sei "diese Aufgebe weitgehend als Grundrechtsfrage zu behandeln".[533]
Auch würden die Inhalte der Sprachenfreiheit im von den Bundesrichtern vorgegebenen Sinne im wesentlichen bereits durch andere freiheitsrechtliche Garantien - etwa durch die persönliche Freiheit, die Meinungsäußerungsfreiheit, die Pressefreiheit oder die Handels- und Gewerbefreiheit - gewährleistet, ein besonderes Freiheitsrecht sei somit überflüssig.[534]
Darüber hinaus wird bemängelt, daß der Sinn eines ungeschriebenen Grundrechtes der Sprachenfreiheit, nämlich die Gleichstellung aller sprachlichen Gruppen zu erreichen, in der vorliegenden Form des Freiheitsrechtes in der Praxis kaum erreicht werde, da insbesondere im Wirtschaftsleben deutsch die dominierende

---

530 BGE 106 Ia, 299, 302 f.

531 BGE 122 I, 236, 238.

532 Vgl. etwa Saladin (Rechtsprechung 1965), S. 455.

533 Müller (Grundrechte), S. 84.

534 Auer (liberté), S. 957 ff., 964: "Inopérante et inutile dans le secteur privé"; Rossinelli (libertés non écrits), S.149; Müller (Grundrechte), S. 84 ff.

Sprache sei und somit eine faktische Benachteiligung der Sprachminoritäten vorliege.[535]

10. Kapitel : Die Versammlungsfreiheit

Als bis heute letztes ungeschriebenes Freiheitsrecht sollte im Jahre 1970 die Versammlungsfreiheit in die Gruppe der ungeschriebenen Freiheitsrechte aufgenommen werden.

A. Die Versammlungsfreiheit in der Lehre und in den Kantonsverfassungen

Die Bundesverfassung von 1874 kennt kein ausdrückliches Grundrecht der Versammlungsfreiheit[536], gewährt allerdings in Art. 56 BV das Recht zur Bildung von Vereinen.[537]
Grund hierfür war zum einen wiederum insondere die Konzentration auf den Aufbau des Staates. Zum anderen verließ man sich - soweit vorhanden - auf die kantonalen Garantien - oder aber empfand keine Gefährdungslage.[538] Als Grund für letzteres kann wohl die Tatsache gesehen werden, daß in den Kantonen ohne ausdrückliche Regelung der Versammlungsfreiheit diese stillschweigend anerkannt war bzw. als selbsverständlich angesehen wurde.[539] Auch hätte "Art. 4 BV eine genügende Handhabe geboten ... , gegen völlig grundlose Versammlungsverbote einzuschreiten".[540]

---

[535] Dessemontet, S. 76f.; Rossinelli (question linguistique), S. 178 f.; angesichts derart gestalteter Kritik insbesondere von Angehörigen der Minderheitssprachen muß die Aussage von Viletta, aaO., S. 179, daß es die Schweiz "zumindest im Grundsatz verstanden (habe), die Sprachverschiedenheit ihrer Bürger als absolut positives .... Faktum zu werten", zumindest als zweifelhaft erscheinen.

[536] Zur Geschichte des Versammlungsrechtes in der Schweiz vgl. Ruesch, S. 5 ff.; Fleischmann, S. 2 ff., der - sehr weitgehend - das Versammlungsrecht "schon in den ersten Bünden der Eidgenossen ... keimhaft angelegt sieht."

[537] Art. 56 BV lautet : "Die Bürger haben das Recht, Vereine zu bilden, sofern solche weder in ihrem Zweck noch in den dafür bestimmten Mitteln rechtswidrig oder staatsgefährlich sind".

[538] Hoerni, S. 35; Ruesch, S.15 f., Bosshart, S. 27. : "Ein faktischer Schutz bestand seit jeher auch in den Kantonen, deren Verfassung das Versammlungsrecht nicht ausdrücklich gewährleistet.

[539] Ruck, S. 61; Huber (Garantie), S. 156a.

[540] Huber (Garantie), S. 156a.

Dennoch gilt die Frage der Existenz eines Grundrechtes der Versammlungsfreiheit bzw. die Frage ihrer dogmatischen Verankerung als "eine der klassischen Streitfragen des schweizerischen Staatsrechtes".[541]

Naheliegenderweise wurde dabei und vor allem auch schon sehr früh eine Subsumtion der Versammlungs- unter die Vereinsfreiheit diskutiert.[542] Bejaht wurde ein solches Vorgehen u. a. mit einer teleologischen Auslegung des Art. 56 BV im Hinblick auf den Zweck der Norm, die freie Betätigung der "politischen Vereine und Versammlungen" sicherzustellen[543]. Daneben wurde historisch mit den hinter dem Verfassungswerk stehenden geistigen Strömungen argumentiert.

Auch der Teil der Lehre, der eine Subsumtion der Versammlungsfreiheit unter die Vereinsfreiheit ablehnt, argumentiert historisch und weist darauf hin, daß dem historischen Verfassungsgeber "noch allzu deutlich die Gefahren eines regsamen Vereins- und Versammlungswesens" vor Augen gewesen seien. So sei zwar in einem Kompromiß die Vereinsfreiheit akzeptiert, die "polizeilich ... problematischere Versammlungsfreiheit" jedoch abgelehnt worden.[544] Vor allem aber wird darauf hingwiesen, daß sich die Begriffe "Verein" und "Versammlung" unter dem Gesichtspunkt der Festigkeit der Organisation bzw. der Organisationsstrukturen wesentlich unterscheiden.[545]

Andere Autoren wiederum scheinen von einer gewohnheitsrechtlichen Geltung des Freiheitsrechtes auszugehen. So etwa, wenn die Versammlungsfreiheit als "im Bund stillschweigend anerkannt" angesehen wird.[546]

Bereits sehr früh fanden sich in der eidgenössischen Literatur auch Stimmen, die von einem ungeschriebenen Freiheitsrecht der "Versammlungsfreiheit" ausgingen.[547] Dabei wird etwa die Bedeutung des Freiheitsrechtes als "für die Funktion

---

541 Zur Begründung dieser These s. etwa Bosshart, S. 27, für den die Nichtgewährleistung der Versammlungsfreiheit in einer Reihe von Kantonsverfassungen "nicht zu befriedigen vermochte"; Ruesch, S. 16.

542 Vg. die zahlreichen Nachweise bei Ruesch, S. 53, FN 6; zu dem Verhältnis der Versammlungsfreiheit zu anderen Freiheitsrechten vgl. Ruesch, S. 369 ff. ; für Hoerni, S. 73, ist die Frage der Subsumtion der Versammlungsfreiheit unter die Vereinsfreiheit "die staatsrechtliche Kernfrage des Versammlungsrechts".

543 Vgl. etwa Fleiner, S. 368.

544 Bosshart, S. 28, vgl. auch Hoerni, S. 35 ff., 86 ff.

545 Hoerni, S. 81 f.; Malinverni, S. 10: "une réunion est beaucoup moins organisé qu´une association".

546 Ruck, S. 61, vgl. auch Favre (droit constitutinnel), S. 313, 319 f., 339; Favre (évolution), S. 381 a; kritisch zu dem "unsinnigen Ergebnis bei gewohnheitsrechtlicher Grundlage" Ruesch, S. 57.

547 Vgl. etwa Huber (Garantie), S.155 a; offen, wenngleich skeptisch, Hoerni, S. 96; später dann Aubert (Bd. 2), Rdn. 2011.

der demokratischen Institutionen unentbehrlich" betont und die Versammlungsfreiheit als eine der "tragenden Säulen des demokratischen Rechtsstaates" bezeichnet.[548] So wird etwa darauf hingewiesen, daß (u. a.) ohne die Versammlungsfreiheit "keine freie politische Dikussion, die zum Wesen der Demokratie gehöre, möglich" sei.[549]

Von anderer Seite wiederum wird die Versamlungsfreiheit als Ausfluß einer "liberté générale" angesehen.[550]

Nur eine Minderheit in der schweizerischen Lehre geht davon aus, daß die Versammlungsfreiheit in der Bundesverfassung nicht geschützt ist.[551]

Vor der Anerkennung der Versammlungsfreiheit als ungeschriebenes Freiheitsrecht wurde sie - in verschiedener Form - von 13 Kantonen garantiert.[552]
Dabei werden teilweise - zum Teil wiederum im Zusammenhang mit der freien Meinungsäußerung u. a. - das "Vereins- und Versammlungsrecht"[553] oder "die Vereinsfreiheit und die Versammlungsfreiheit"[554] gewährleistet. Ein Kanton[555] schützte "oeffentliche Vereine und Versammlungen", ein weiterer[556] "les assemblées publiques".

Heute findet sich die Versammlungsfreiheit in fast allen Kantonsverfassungen.[557]

---

548 Huber (Probleme), S. 104; derselbe (Garantie), S. 156a.

549 Fleiner/Giacometti, S. 245. Als dogmatische Begründung wird angegeben, daß die Bundesverfassung "alle Freiheiten, die einmal praktisch werden könnten, garantiert", s. S. 379. Zu dieser Argumentation s. bereits oben, S. 47 ff.

550 Aubert (Bundesstaatsrecht II), Rdn. 2011, 1757, 311, wohl in Anlehnung an Huber (Probleme).

551 Vgl. etwa Schollenberger, S. 212 f.; Fleischmann, S. 30 ff. unter Bezug auf Giacometti (Auslegung) und insbesondere aus grundsätzlichen Erwägungen heraus (vgl. S. 32) : "Verfassungsrecht umgibt insbesondere Unverbrüchlichkeit: Bei der Auslegung von Verfassungsrechtssätzen sind extensive Interpretation und Analogie ... untaugliche Mittel, mit welchen kein neues materielles Recht geschaffen werden darf".

552 S. hierzu Bosshart, S. 54; Fleischmann, S. 35 ff.

553 Art. 18 KV Aargau; Art. 2 Abs. 1 KV Appenzell-Inner-Rhoden; Art. 16 KV Appenzell-Außer-Rhoden; Art. 12 KV Schaffhausen; Art. 13 KV Thurgau; Art. 3 Abs. 1 Art. 10 KV Wallis; KV Zürich; § 10 KV Zug; ähnlich Art. 8 KV Vaud : "Les assemblées".

554 Art. 1 Abs. 2 KV Nidwalden, Art. 13 d) KV Obwalden.

555 Art. 79 KV Bern.

556 Art. 11 KV Neuenburg.

557 Vgl. hierzu im einzelnen Ruesch, S. 61; Jaquat, S. 5; Müller (Grundrechte), S. 157.

B. Die Rechtsprechung des Bundesgerichts

Das eidgenössische Bundesgericht schien zunächst der Meinung zuzuneigen, daß die Versammlungsfreiheit aus der Vereinsfreiheit abzuleiten sei.[558] Insbesondere in den ersten Jahrzehnten der bundesgerichtlichen Rechtsprechung ergingen nämlich mehrere Entscheide, in denen das Bundesgericht von "Vereins- und Versammlungsfreiheit" bzw. von. "droit d'association et de réunion" spricht[559].

So findet sich etwa bereits in einem Entscheid aus dem Jahre 1886 die Passage :

"In dieser Beziehung kommt als Entscheidungsnorm ausschließlich Art. 3 KV in Betracht, welcher ... das Vereins- und Versammlungsrecht in weiterem Umfange garantiert als Art. 56 BV".[560]

Ein Jahr später heißt es dann :

"Le droit au libre exercise d'un culte, que revendiquement dès lors les recourants, ne saurait être confondue avec le droit d'association et de réunion garantie aux art. 56 de la constituition fédérale et 8 de la constitution vaudoise, mais ...".[561]

Noch eindeutiger ist eine im Jahre 1889 ergangene Entscheidung. Da hier keine kantonale Garantie der Versammlungsfreiheit zur Verfügung stand, ist die für obige Entscheidung noch nachvollziehbare Erklärung, die Äußerung "droit d'association et de réunion" beziehe sich nur auf die kantonale Regelung, nicht aber auf Art. 56 BV, nicht zulässig.[562] Das Bundesgericht führte hier aus :

"Die in Art. 56 BV niedergelegte Gewährleistung des Vereins- und Versammlungsrechtes nun entscheidet nicht darüber, inwiefern Versammlungen zu gottesdienstlichen Zwecken unbeschränkt statthaft sind...".[563]

Begründungen dieser Sichtweise finden sich allerdings nicht und man wird wohl davon ausgehen können, daß die besagte Begriffswahl zum einen insbesondere dem allgemeinen Sprachgebrauch "Vereins- und Versammlungsfreiheit" ent-

---

558 Eine Einteilung der Rechtsprechung des BG in vier Phasen nimmt Rhinow (Demonstrationsfreiheit), S. 34 ff., vor; ebenso Jaquat, S. 8 ff., für den die bundesgerichtliche Rechtsprechung zur Versammlungsfreiheit lange Zeit "obscure und hesitant" war.

559 Vgl. etwa BGE 7, 502, 515 : "Denn wenn auch allerdings manche schweizerische und ausländische Verfassungen (Vergl. z. Bsp. Bundesverfassung Art. 56 ...) das Vereins- und Versammlungsrecht nur den Staatsbürgern gewährleisten ..."; 12, 93, 107; 13, 6, 9; 15, 682, 690; nicht veröffentlichter Entscheid "Breguet und Konsorten vom 24.12.1917; zu dieser Rechtsprechung s. auch Hoerni, S. 75 ff.; Rhinow (Demonstrationsfreiheit), S. 34.

560 BGE 12, 93, 107.

561 BGE 12, 93, 107.

562 Hoerni, S. 77.

563 BGE 15, 682, 690.

sprach[564] bzw. das Bundesgericht, sooft es von "Vereins- und Versammlungsrecht" sprach, weniger an die öffentliche Versammlung als an die "vereinsabhängigen Versammlungen" dachte.[565]

Diesen Urteilen folgte dann eine Phase, in der das Gericht die Frage einer möglichen Ableitung der Versammlungsfreiheit aus der Vereinsfreiheit offen ließ.[566]

So stellte das Bundesgericht 1927 fest :

"Es kann dahingestellt bleiben, ob Art. 56 BV das Versammlungsrecht nur den Vereinsmitgliedern zu Vereinszwecken gewährleistet ... oder ob er sich auch auf die Einberufung und Abhaltung öffentlicher Versammlungen bezieht ... . Massgebend ist, daß die Versammlungsfreiheit, wie sie die Bundesverfassung im Auge hat, nicht von der Beobachtung der allgemeinen polizierechtlichen und strafrechtlichen Bestimmungen entbindet ...".[567]

Dabei wurde die oben angesprochene - einer Ableitung aus der Vereinsfreiheit günstige - Rechtsprechung entweder nicht gesehen oder bewußt außer acht gelassen. 1934 heißt es in einer Entscheidung des Bundesgerichts :

"Ob sie (die Versammlungsfreiheit, d. Verf.) aus Art. 56 BV für Versammlungen, die nicht blosse Vereinsanlässe, sondern öffentliche sind, ... , hergeleitet werden kann, ist bestritten und vom Bundesgericht bisher offengelassen worden ... . Die Frage braucht auch im vorliegenden Falle nicht entschieden zu werden. ... Denn auf alle Fälle kann der Schutz des Art. 56 BV für Versammlungen nicht weiter reichen als für Vereine, also Versammlungen, die in ihren Zwecken oder Mitteln rechtswidrig oder staatsgefährlich sind".[568]

Erste Anklänge auf die Aufnahme der Versammlungsfreiheit finden sich dann ab Mitte der 60er Jahre[569]. Das Bundesgericht äußerte sich in zwei Entscheiden aus den Jahren 1965 und 1966 zwar nicht expressis verbis zu der Frage einer Gewährleistung der Versammlungsfreiheit auf Bundesebene, scheint eine solche aber stillschweigend vorauszusetzen, da es keinen Bezug auf die kantonalen Versammlungsgarantien nahm.[570]

---

564 Horni, S. 78; Ruesch, S. 54; Jaquat, S. 9.

565 Fleischmann, S. 33.

566 Vgl. etwa BGE 53 I, 351, 354; 60 I, 197, 207; 61 I, 32, 35; Malinverni, S. 2, weist darauf hin, daß die Versammlungsfreiheit insbesondere in Krisenzeiten wie den 30er Jahren vermehrt angerufen wurde und damit Gegenstand bundesgerichtlicher Entscheide war; ebenso Jaquat, S. 1.

567 BGE 53 I, 351, 354 f.

568 BGE 60 I, 19, 207 f.

569 Rhinow sieht eine Garantie von "Meinungsäußerungen mittels Versammlungen" bereits in BGE 87 I, 114, wo die Meinungsäußerungsfreiheit als ungeschriebenes Freiheitsrecht anerkannt wird.

570 Vgl. BGE 91 I, 321 ff.; 92 I, 24 ff.; vgl. hierzu Rhinow (Demonstrationsfreiheit), S. 35; Müller (Grundrechte), S. 157; Jaquat, S. 9.

Im Jahre 1970 dann sorgte das Bundesgericht endlich für Klarheit, interessanterweise in einem Fall, in dem es eine Entscheidung problemlos durch den Bezug auf die das Versammlungsrecht garantierende kantonale Bestimmung hätte umgehen können. Nachdem die Richter auf die gebotene Zurückhaltung bei der Anerkennung von ungeschriebenen Freiheitsrechten und die bereits mehrfach erwähnten Voraussetzungen (Voraussetzung für die Ausübung anderer Freiheitsrechte oder Bestandteile der demokratischen und rechtsstaatlichen Ordnung des Bundes) derselben hingewiesen hatten, führten sie - unter Bejahung dieser Voraussetzungen für die Meinungsäußerungsfreiheit - aus:

"Und das gleiche gilt für die Versammlungsfreiheit, die den Bürgern die Möglichkeit gibt, politische Fragen auch außerhalb der unter dem Schutz der Vereinsfreiheit stehenden politischen Parteien gemeinsam zu erörtern und darüber Beschlüsse zu fassen."[571]

In der Literatur fand die Rechtsprechung des Bundesgerichts fast einhellige Zustimmung. So wird insbesondere die Bedeutung der Versammlungsfreiheit für das Funktionieren eines demokratischen Staatswesens immer wieder hervorgehoben.[572]
Im folgenden - und vor allem in jüngerer Zeit - galt das Interesse von Literatur und Rechtsprechung neben der Bestimmung des genauen Inhalts[573] des neu anerkannten Grundrechtes der Frage, inwieweit sich aus der Versammlungsfreiheit positive Leistungsansprüche ableiten lassen.[574]

11. Kapitel : Das Recht auf Existenzsicherung

1995 erkannte das Bundesgericht das - von der Schweizer Rechtslehre schon lange grundsätzlich bejahte[575] - Recht auf Existenzsicherung als ungeschriebenes vefassungsmäßiges Recht auf Bundesebene an. Hier handelt sich sich zwar nicht um ein Freiheitsrecht wie bei den fünf zuvor anerkannten ungeschriebenen Garantien, sondern um ein soziales Grundrecht. Nach Meinung des Bundesgerichts dient das Recht auf Existenzsicherung "der Sicherung elementarer menschlicher Bedürfnisse wie Nahrung, Kleidung und Obdach" und ist "*die* Bedingung menschlicher E-

---

571 BGE 96 I, 219, 224.
572 Jaquat, S. 10 f.; Malinverni, in : Kommentar BV, Versammlungsfreiheit, Rdn. 3.
573 Vgl. hierzu - auch mit Bezügen zur Lehre in Deutschland - insbesondere Ruesch, S. 80 ff.; Malinverni, in : Kommentar BV, Versammlungsfreiheit, Rdn. 4 ff.
574 Vgl. hierzu etwa Ruesch, S.127 ff.; BGE 100 Ia, S. 392, 401 ff.; BG in ZBl. 93 1992, 145, 164.
575 Vgl. etwa Müller, in : Kommentar BV, Einleitung zu den Grundrechten, Rdn. 94, der insbesondere auch die Justitiabilität eines solchen Rechtes bejaht.

xistenz und Entfaltung überhaupt". Die für die Freiheitsrechte entwickelten Kriterien verwendet das Bundesgericht aber auch hier. So führt es zunächst aus, daß die Sicherung der Existenz "unentbehrlicher Bestandteil eines rechtsstaatlichen und demokratischen Gemeinwesens" sei.[576] Intensiv wird mit dem Vorliegen eines allgemeinen Konsenses dann ein Kriterium, daß das Bundesgericht bereits 1974 in anderem Zusammenhang in die Prüfung miteinbezogen hatte - das aber an anderer Stelle näher betrachtet werden soll[577] - diskutiert.[578] Auch das weiter unten zu untersuchende Erfordernis der hinreichenden Justitiabilität eines verfassungsmäßigen Rechts auf Existenzsicherung prüft das Bundesgericht in diesem Urteil ausführlich.[579]
Diese Rechtsprechung fand Zustimmung in der Literatur, wenngleich auch festgestellt wurde, daß das neue verfassungsmäßige Recht "ebensogut" unter die persönliche Freiheit[580] hätte subsumiert werden können.[581]

12. Kapitel : Nicht anerkannte ungeschriebene Freiheitsrechte

Die Grenzen der "ungeschriebenen Freiheitsrechten" positiv gegenüberstehenden Rechtsprechung des Schweizer Bundesgerichts zeigen sich bei einer Reihe weiterer Rechte, deren Existenz und Verletzung von Klägern geltend gemacht, die vom Bundesgericht letztendlich aber abgelehnt wurden.

A. Die Demonstrationsfreiheit

Im Zusammenhang mit der bereits dargestellten Versammlungsfreiheit erhob sich immer wieder die Frage, ob hierunter auch die Freiheit, Demonstrationen zu veranstalten, subsumiert werden könne.[582] Das wesentliche Merkmal von Demonst-

---

576 BGE 121 I, 367, 370 f.

577 S. hierzu unten, S. 93 f.

578 Im vorliegenden Urteil, S. 371 f., führt das Bundesgericht aus, daß der allgemeine Konsens "nicht am geschriebenen verfassungsrecht der Kantone zu messen" sei, sondern sich auch "aus der tatsächlich geübten Praxis und der Verfassungsrechtslehre und aus anderen Quellen" ergeben könne. S. auch unten, S. 134 ff.

579 BGE 121 I, 367, 373.

580 S. hierzu bereits oben, S. 64.

581 Häfelin/Haller, Rdn. 1178a. Buser, S. 10 f., weist - wenngleich in anderem Zusammenhang - auf die "demokratisch-pragmatische" bzw. "praktisch-konkret" geprägte Argumentation des Bundesgerichts hin.

582 Zwischen Versammlung und Demonstration wird im Schweizer Recht strengstens unterschieden; in der deutschen Lehre und Rechtsprechung werden Demonstrationen nach ganz

rationen gegenüber Versammlungen wird in ihrer "spezifischen Appellfunktion" gesehen.[583] Darüber hinaus kommt ihnen i. d. R. "durch die Beanspruchung eines räumlich ausgedehnten Bereichs" ein gewisses mobiles Element zu.[584]

Ein Unterfallen von Demonstrationen unter den Versammlungsbegriff wird von einem Teil der Lehre bejaht, da "der Inhalt der von den Demonstrationsteilnehmern vertretenen Ansichten" von der Versammlungsfreiheit "vollumfänglich geschützt" werde.[585]
Daneben wurde allerdings auch die Forderung nach einem autonomen Recht der Demonstrationsfreiheit erhoben.[586]
Den Kantonsverfassungen ist ein Demonstrationsrecht weitgehend fremd.[587]

Das Bundesgericht ließ die Frage der Anerkennung eines ungeschriebenen Freiheitsrechtes der Demonstrationsfreiheit zunächst noch offen.[588] So führte es 1970 aus :

"Ob das ungeschriebene Verfassungsrecht des Bundes ein solches Demonstrationsrecht gewährleiste, braucht nicht entschieden zu werden. Dieses Demonstrationsrecht stünde jedenfalls, wie alle persönlichen Freiheitsrechte, unter dem allgemeinen Polizeivorbehalt und könnte nur in den durch die öffentliche Ordnung geforderten Scharanken ausgeübt werden".[589]

---

herrschender Auffassung dem Versammlungsbegriff unterstellt, vgl. etwa Schmidt-Bleibtreu, in : SB/K, Art. 8, Rdn. 3; Hesse, Rdn. 405.

583 Rhinow (Demonstrationsfreiheit), S. 33 f.: "Sie (die Demonstration, d. Verf.) will eine bestimmte Meinung äußern und eine Beeinflussung der Umwelt durch eindringliche Verbreitung politischer Meinungsinhalte bewirken"; ähnlich Häfelin/Haller, Rdn. 1288; Malinverni, in : Kommentar BV, Versammlungsfreiheit, Rdn. 18; s. auch Bosshart, S. 1.

584 Müller (Grundrechte), S. 161.

585 Malinverni, in : Kommentar BV, Versammlungsfreiheit, Rdn. 29; die Meinungsäußerungsfreiheit wird zwar teilweise als neben der Versammlungsfreiheit einschlägiges Freiheitsrecht diskutiert, im Ergebnis aber wohl meist erst an die zweite Stelle gesetzt; vgl. Malinverni, ebenda; Malinverni, S. 22 ff.; Bosshart, S. 47, für den jedoch "Demonstrationen ... typologisch betrachtet näher bei der Versammlungsfreiheit als bei der Meinungsäußerungsfreiheit" stehen; Ruesch, S. 110 f., 119 f.

586 Grisel (Jurisdiction), S. 218; ablehnend hierzu Malinverni, in : Kommentar BV, Versammlungsfreiheit, Rdn. 21 : "Da auch eine verselbständigte Demonstrationsfreiheit jedenfalls kein unbedingtes Recht auf Benützung des öffentlichen Grundes verleihen könnte, ist nicht ersichtlich, inwiefern sie den Demonstranten eine bessere Stellung verschaffen würde, als sie ihnen die oben erwähnten Freiheitsrechte gewähren"; s. auch Bosshart, S. 48 ff; für Rossinelli (libertés), S. 180 ff. ist die Frage der dogmatischen Verankerung der Demonstrationsfreiheit nur "de nature symbolique", solange das Freiheitsrecht überhaupt garantiert ist.

587 Vgl. andererseits etwa Art. 8 lit. g KV Jura.

588 Allerdings prüfte das Bundesgericht des öfteren Fälle, die eigentlich Demonstrationen betrafen, unter dem Gesichtspunkt der Versammlungsfreiheit, vgl. hierzu etwa die Nachweise bei Malinverni, in : Kommentar BV, Versammlungsfreiheit, Rdn. 27.

589 BGE 96 I, 219, 224.

Ähnlich in einem Urteil 3 Jahre später :

"Aussi longtemps, a-t-il (das Bundesgericht, d. Verf.) relevé, que la manifestation prend la forme d'une réunion et se déroule sur propriété privée, la protection découlant de la liberté d'expression et de la liberté de réunion apparaît pleinement suffissante; en revanche, le problème se pose de facon différente lorsqu'il s'agit de manifestations sur le domaine public... : dans ce cas, il y a usage accrue du domaine public, de sorte que les autorités ont la faculté d'exercer, en vue de sauvegarder l'intérêt public, un contrôle plus étendue que s'il s'agit d'une réunion sur propriété".[590]

Kurz darauf, im Jahre 1974, bezog es allerdings eine klare Position, als es feststellte :

"Ein selbständiges Grundrecht im oben umschriebenen Sinn als ein andern Interessen grundsätzlich vorgehender, nur aus polizeilichen Motiven beschränkbarer Anspruch auf die Benützung öffentlichen Grundes für politische Demonstrationen ist weder eine notwendige Voraussetzung für die Ausübung anderer Freiheitsrechte noch ein unentbehrlicher Bestandteil der demokratischen und rechtsstaatlichen Ordnung. Wohl entspricht die Möglichkeit demonstrativer Veranstaltungen auf öffentlichem Grund bis zu einem gewissen Grad einem legitimen Bedürfnis. Das gilt namentlich für jene Minderheiten, die ihre politische Meinung innerhalb der bestehenden demokratischen Einrichtungen nicht oder nicht genügend zur Geltung bringen können und die auch über keine anderen Mittel verfügen, um an eine breitere Öffentlichkeit zu appellieren".[591]

Nachdem das Gericht hier der Demonstrationsfreiheit die Unentbehrlichkeit für den demokratischen Willensbildungsprozeß abgesprochen hat, fährt es fort :

"Wenn das Bundesgericht in seiner bisherigen Rechtsprechung gewisse Befugnisse als durch ungeschriebenes Verfassungsrecht gewährleistet ansah, so handelte es sich, vom Sonderfall der Sprachenfreiheit abgesehen, um klassische Freiheitsrechte, die in der Lehre anerkannt waren und teilweise auch in den Kantonsverfassungen Ausdruck gefunden hatten ... . Demgegenüber würde die richterliche Anerkennung eines ungeschriebenen Demonstrationsrechtes einer solchen Grundlage entbehren".[592]

Dieses Abstellen auf die Anerkennung eines Freiheitsrechtes in der Lehre bzw. die Kodifikation einer solchen Gewährleistung in den Kantonsverfassungen war das erste Mal in der Rechtsprechung zu den ungeschriebenen Freiheitsrechten, daß das Bundesgericht das in unterschiedlicher Terminologie immer wiederkehrende Erfordernis eines "allgemeinen Konsenses" als Voraussetzung für die Bejahung eines ungeschriebenen Freiheitsrechtes formulierte.[593]

---

590 BGE 99 Ia, 689, 693.

591 BGE 100 Ia, 392, 400 f.; ebenso Bosshart, S. 53 ff., auf den sich das BG in dem Urteil berufen hatte; diese Begründung wurde kritisch aufgenommen, vgl. etwa Ruesch, S. 121 f.

592 BGE 100 Ia, 392, 401.

593 Rossinelli (libertés), S. 178 f. (mit Kritik an der Argumentationsweise im konkreten Fall); das Abstellen auf irgendeine Form der Anerkennung durch die Gemeinschaft ist allerdings

Im Fortgang seiner Begründung führt das Bundesgericht dann weiter aus :

"Der Begriff einer besonderen Demonstrationsfreiheit ist den kantonalen Verfassungen wie übrigens auch der Europäischen Menschenrechtskonvention ... fremd, und auch in der neueren schweizerischen Rechtslehre wird die Frage, wieweit Demonstrationen auf öffentlichem Grund verfassungsrechtlich geschützt seien, regelmäßig nur unter dem Gesichtspunkt der Meinungsäußerungs- und der Versammlungsfreiheit erörtert".

Im folgenden wird diese "herrschende Meinung" in der Lehre dann belegt und ein weiterer Gesichtspunkt, das Prinzip des "judicial self-restraint" eingeführt :

Dass ein selbständiges, nur an die Schranke der öffentlichen Ordnung gebundenens Demonstrationsrecht nicht zu den unentbehrlichen und selbstverständlichen Grundlagen des demokratischen Redechtsstaates gehört, erhellt wohl schon daraus, daß die Arbeitsgruppe für die Vorbereitung einer Totalrevision der Bundesverfassung ... die Aufnahme eines solchen Rechtes in die Verfassung aus staatspolitischen Gründen abgelehnt hat ... . Zwar werden in dieser verfassungsgeberischen Frage auch ander Meinungen vertreten, doch würde das Bundesgericht mit der Anerkennung eines ungeschriebenen Demonstrationsrechtes die dem Verfassungsrichter gesetzten Grenzen überschreiten".

Dennoch stellt das Bundesgericht den Beschwerdeführer nicht schutzlos, indem es ausführt:

"Eine politische Demonstration ist regelmäßig auch eine Betätigung der Meinungsäußerung- und Versammlungsfreiheit".[594]

Die Rechtsprechung des Bundesgerichts wurde in späteren Entscheiden bestätigt.[595]

B. Das Recht auf freie Grabmalgestaltung

Bereits im Jahre 1970 - kurz vor der Anerkennung des bis heute letzten ungeschriebenen Freiheitsrechtes, der Versammlungsfreiheit - führte das Bundesgericht in einem Fall, der die Forderung nach der Aufstellung einer Rehplastik auf einem Familiengrab betraf, aus :

"Es geht nicht an, von jeder Befugnis und Freiheit, die an sich als Gegenstand eines verfassungsmäßigen Rechtes denkbar wäre, ohne weiteres anzunehmen, sie werde, sofern sie nicht ausdrücklich gewährleistet sei, durch ungeschriebenes Verfassungsrecht des Bundes garantiert

---

nichts grundsätzlich Neues in der Rechtsprechung des BG, vgl. hierzu Rhinow (Rechtsetzung), S. 117 f. m.w.N. ; das Kriterium eines - wie auch immer ausgestalteten - allgemeinen Konsenses spielt etwa auch in der Rechtsprechung des US Supreme Court eine Rolle, vgl. hierzu Scheuner (Verfassungsgerichtsbarkeit), S. 476.

594 BGE 100 Ia, 392, 401.

595 BGE 107 Ia , 292, 294; s. auch etwa BGE 103 Ia, 312, wo das Bundesgericht eine grundlegende Unterscheidung zwischen einer auf öffentlichem Grund abgehaltenen Versammlung und einer Demonstration verneint.

.... Ein "Recht auf freie Grabmalgestaltung kann niemals ein Grundrecht in diesem Sinne sein. Es ist für den Bestand des demokratischen Rechtsstaates keineswegs notwendig".[596]

Allerdings hätte hier die Prüfung unter Hinblick auf ein Betroffensein des Schutzbereichs des ungeschriebenen Freiheitsrechtes der persönlichen Freiheit näher gelegen.[597]

C. Das Recht auf eine demokratische Grundordnung

Vier Jahre später lehnte das Bundesgericht ein ungeschriebenes Freiheitsrecht auf eine demokratische Grundordnung[598] ab. Die Beschwerdeführer hatten ein solches Recht dadurch verletzt gesehen, daß ein Regierungsrat des Kantons Schaffhausen durch den Erlaß von Verwaltungsakten, "diametral entgegen dem in Abstimmungen klar geäußerten Volkswillen gehandelt habe".

Das Bundesgericht lehnte ein solches Recht ab. Es stellte fest :

"Der angefochtene Beschluß verletzt auch kein ungeschriebenes Verfassungsrecht, das die demokratische Grundordnung zum Gegenstand hat. Ein ungeschriebenes Verfassungsrecht des Bundes im behaupteten Sinne anzunehmen, verbietet sich schon im Hinblick auf Art. 6 BV[599], der von Bundesrechts wegen die Wahl einer rein repräsentativen Verfassung zubilligt, nach der das Volk seinen Willen nur bei der Wahl seiner Repräsentanten rechtlich zum Ausdruck bringen kann. Der wirkliche Volkswille fällt bei einer repräsentativen Verfassung somit Beschlüssen seiner Vertreter gegenüber rechtlich überhaupt nicht in Betracht. Dass die Bundesverfassung darüber hinaus für jene Kantone, die sich nicht mit einer Repräsentativverfassung begnügten (praktisch sind das alle Kantone), noch einen Grundsatz aufstellen wollte, wonach sie in jedem Falle den Volkswillen zu achten hätten, ist ausgeschlossen".[600]

Im Anschluß lehnte das Gericht ein entsprechendes Recht auf kantonaler Ebene ab. Von den in seinem Urteil zur Demonstrationsfreiheit[601] im gleichen Jahr ent-

---

596 BGE 96 I, 104, 107.

597 Der Fall besitzt einen Parallelfall aus der deutschen Verfassungsgerichtsbarkeit, wo der BayVGH die Grabmalgestaltung dem Schutzbereich des Art. 101 BayLV, der mit Art. 2 Abs. 1 GG vergleichbar ist, unterstellte; vgl. hierzu BayVBl. 1981, 207, 208.

598 Rossinelli (libertés), S. 204, spricht - im Gegensatz zu den Beschwerdeführern und dem Bundesgericht - nicht von einem "Recht auf eine demokratische Grundordnung, sondern von einem "droit au respect de la volonté populaire".

599 Art. 6 BV bestimmt u. a.: *Die Kantone sind verpflichtet, für ihre Verfassungen die Gewährleistung des Bundes nachzusuchen. Der Bund übernimmt diese Gewährleistung insofern:*
a. ...
b. sie die Ausübung der politischen Rechte nach republikanischen (repräsentativen oder demokratischen) Formen sichern.

600 BGE 100 Ia, 263, 270.

601 Vgl. hierzu oben, S. 93.

wickelten Kriterien - Anerkennung in der Lehre bzw. positive Regelung in den Kantonsverfassungen - ist hier noch nicht die Rede.

D. Das Recht auf Bildung

Den in der Rechtsprechung zur Demonstrationsfreiheit aufgestellten Argumenten für die Anerkennung eines ungeschriebenen Freiheitsrechtes - "klassische Freiheitsrechte, die in der Lehre anerkannt waren und teilweise auch in den Kantonsverfassungen Ausdruck gefunden hatten"[602] - fügte das Bundesgericht 1977 im Zusammenhang mit der Frage, ob ein Recht auf Bildung anzuerkennen sei, weitere hinzu.

In stärkerem Maße erst seit Beginn der 70er Jahre wird in der Schweiz von Teilen der Literatur[603] ein generelles Recht auf Bildung gefordert.[604] So stelle das Recht auf Bildung und "eine hinreichende und den individuellen Fähigkeiten adäquate Bildung" die Voraussetzung für eine sinnvolle Wahrnehmung politischer und ökonomischer Grundrechte dar.[605]
Das Bundesgericht hatte zunächst die Ableitung eines solchen Rechts aus dem Grundrecht der persönlichen Freiheit unter Hinweis auf den dann zu weiten Anwendungsbereich desselben abgelehnt, die Frage eines selbständigen ungeschriebenen Freiheitsrechtes auf Bildung jedoch nicht entschieden.[606]

1977 dann nahm das Bundesgericht allerdings Stellung und lehnte ein solches Recht ab. Zunächst stellte es fest :

"Hingegen ist es klar, dass die Möglichkeit, sich eine Hochschulausbildung anzueignen, eine Grundvoraussetzung für die Verwirklichung von verfassungsmäßig gewährleisteten Rechten und für eine freie und harmonische Entwicklung der Persönlichkeit bildet ...".[607]

Dann jedoch berief es sich nicht - wie man es hätte erwarten können - auf das Fehlen der in den vergangenen Urteilen zu den ungeschriebenen Freiheitsrechten üblicherweise geforderten Vorausetzungen[608], sondern führte aus :

---

602 Vgl. BGE 100 Ia, 392, 401, vgl. hierzu bereits oben, S. 93 f.

603 Vgl. etwa Saladin (Bildung), insbesondere S. 137 ff.; Müller (Rechtsprechung 1971), 209 ff.; aus neuerer Zeit Zenger, ZSR 1983 I, S. 1 ff.

604 Art. 27 Abs. 2 BV garantiert nur den entgeltlichen, unter staatlicher Leitung stehenden Primärunterricht. Der die Handels- und Gewerbefreiheit garantierende Art. 31 BV begründet - keinen Anspruch auf staatliche Leistungen, s. hierzu etwa BGE 102 Ia, 387, 396; 103 Ia, 369, 378.

605 Saladin (Bildung), S. 138.

606 BGE 100 Ia,189, 194.

607 BGE 103 Ia, 369, 388 f.

"In der Volksabstimmung vom 4. März 1973 ist die konstitutionelle Verankerung eines solchen Rechtes trotz knappem Volksmehr von den Ständen abgelehnt worden... .Es kann schon deswegen keine Rede davon sein, ein solches Grundrecht in den Katalog der ungeschriebenen Verfassungsrechte auf dem (Um)weg der höchstrichterlichen Rechtsprechung aufzunehmen".[609]

Zwar untersuchte das Bundesgericht hier nicht expressis verbis das Vorliegen des Kriteriums "allgemeiner Konsens". Sein Hinweis auf die negative Entscheidung der Ständekammer deutet allerdings auf das Fehlen eines allgemeinen Konsenses hin.[610]
Das Bundesgericht beließ es jedoch nicht bei oben zitierter Argumentation, sondern führte weiter aus :

"Darüber hinaus stünden der Konkretisierung eines solchen Grundrechts durch den Richter, ohne Tätigwerden des Bundes- und des kantonalen Gesetzgebers, kaum überwindbare Schwierigkeiten entgegen".[611]

Angesprochen wird hier also die Problematik der Justitiabilität einer Norm. Die Frage, um welche Schwierigkeiten es sich hierbei handelt, wird nicht beantwortet, sondern es wird im Folgesatz auf J. P. Müller verwiesen.[612]

Insbesondere letzteres Argument erntete in der Schweizer Doktrin Kritik, die Begründung des Bundesgerichts betreffend die (fehlende) Justitiabilität als "conception ... bien trop rigide et théorique" bezeichnet.[613] So wurde darauf hingewiesen, daß ein Recht auf Bildung zwar der Ausgestaltung des Gesetzgebers bedürfe, es andererseits aber auch - wie etwa hinsichtlich der Verpflichtung zur Gewährung von Stipendien - Elemente enthalte, die direkt justitiabel seien.[614]

---

608 Zur zweiten vom Bundesgericht aufgestellten Voraussetzung, der Unentbehrlichkeit für die demokratische und rechtsstaatliche Ordnung s. - diese bejahend - Rossinelli (libertés), S. 184 f.

609 BGE 103 Ia, 369, 377 f.

610 Rossinelli (libertés), S. 185 : "... un cas d'application de la troisième condition ..., soit le critère du consensus général". Der Begründung ist allerdings noch mehr zu entnehmen : die strikte Achtung des Willens des Volkes als Souverän und damit die Respektierung der Gewaltenteilung als grundlegendes rechtsstaatliches Prinzip und die Wesentlichkeit des demokratisch geäußerten Willens der Wahlberechtigten. Insbesondere letzteres zeigt auch die Bedeutung des Demokratieprinzips in der Eidgenossenschaft auf; zur Bedeutung des Demokratieprinzips s. bereits oben, S. 6

611 BGE 103 Ia, 369, 378.

612 S. zur Problematik der Justitiabilität im einzelnen Müller, (Soziale Grundrechte), S. 20 ff.

613 Rossinelli (libertés), S. 186; s. auch Müller (Soziale Grundrechte), S. 17: "Die Verfassung ist ... kein Ort rhetorischer Beschwichtigung, besonders wo es um existentielle Lebenschancen des Einzelnen geht."; Rossinelli, aaO., S. 187 ff.

614 Vgl. hierzu ausführlich Rossinelli (libertés), S. 186 ff.

Die Argumentation des Bundesgerichts wurde bereits kurze Zeit später bestätigt.[615]

E. Das Recht auf ein Bankgeheimnis

Ein Jahr nach dem ein ungeschriebenes Freiheitsrecht auf Bildung ablehnenden Urteil beschied das Bundesgericht auch die Frage, ob ein das Bankgeheimnis betreffendes Grundrecht anzuerkennen sei, negativ, ohne allerdings eine Begründung für diese Sichtweise zu geben. Es führte hier aus:

"... indessen kommt dem Bankgeheimnis nicht der Rang eines geschriebenen oder ungeschriebenen verfassungsmäßigen Rechtes zu, so daß es bei Kollision mit anderen Rechten stets den Vorrang beanspruchen könnte".[616]

F. Das Recht der Informationsfreiheit

Bereits oben[617] wurde ausgeführt, daß das Recht, sich aus "allgemein zugänglichen Quellen" zu informieren, als Teil des ungeschriebenen Grundrechtes der Meinungsäußerungsfreiheit (sowie der Pressefreiheit) garantiert wird, weitere Rechte hieraus aber nicht abgeleitet werden können.[618]
Diese enge Sicht des Schweizer Bundesgerichts stand in Widerspruch zur ganz überwiegenden Meinung in der Schweizer Doktrin, die eine Ausweitung der Ansprüche des Bürgers auf behördliche Informationen forderte, wobei immer wieder auf die Bedeutung von Informationnen als Vorausetzung einer effektiven Teilnahme des Schweizer Bürgers am demokratischen Leben - insbesondere auch in Bezug auf die direktdemokratischen Elemente im politischen und verfassungsrechtlichen Leben der Eidgenossenschaft - hingewiesen wurde.[619] Überdies sei der freie Informationsfluß - so ein weiteres Argument - in einem demokratischen

---

615 BGE 103 Ia, 394, 398 f.

616 BGE 104 Ia, S. 49, 53. Hier dürften jedoch insbesondere die beiden vom Bundesgericht aufgestellten Anforderungen "Voraussetzung für die Ausübung anderer Freiheitsrechte" und Unentbehrlichkeit für die demokratische Ordnung zweifelhaft sein.

617 S. dazu oben, S. 76.

618 Diese Rechtsprechung wurde mehrfach bestätigt; vgl. etwa aus neuerer Zeit BGE 113 Ia, 309, 317.

619 Vgl. etwa Müller, in : Kommentar BV, Informationsfreiheit, insbesondere Rdn. 38 ff. ; Müller (Grundrechte), S. 152 ff.; Müller (Rechtsprechung 1978), S. 236, 251f.; Saladin (Grundrechte), S. XXVIII; Rossinelli (libertés), S. 189 ff.; Trachsel, S. 203 ff.; Barrelet, S. 70 ff. geht insbesondere auf die im Zusammenhang mit der Pressefreiheit stehenden Aspekte ein; ablehnend etwa Aubert (Supplément), Rdn. 2008 bis; Hanggartner (Bd. 2), S. 116.

Staatswesen "eine der Grundbedingungen seiner Problemlösungskapazität und Innovationsfähigkeit".[620]
Allerdings wurde nur teilweise[621] die Forderung nach der Anerkennung eines *eigenständigen* ungeschriebenen Grundrechtes gezogen.

Auf Kantonsebene findet sich teilweise eine Pflicht der Behörden, die Öffentlichkeit über ihre Tätigkeit zu informieren.[622]

Das Bundesgericht hatte sich bereits im Jahre 1978 zu der Frage eines Anspruches des Bürgers auf Information durch die staatlichen Behörden als ungeschriebenes Grundrecht geäußert : So hatte es, nachdem es die Gewährleistung einer umfassenden Informationsfreiheit i. S. eines Anspruchs gegenüber den Behörden auf Information über deren Tätigkeit mit der Feststellung, "Grundrechte ... vermitteln keine positiven Leistungen des Staates"[623], abgelehnt hatte, ausgeführt :

" Es kann sich demnach einzig noch die Frage stellen, ob der positive Anspruch des Bürgers auf Information durch die staatlichen Behörden als ungeschriebenes Grundrecht anzuerkennen sei. Um die dem Verfassungsrichter gesetzten Schranken nicht zu überschreiten, hat das Bundesgericht stes auch geprüft, ob die in Frage stehende Gewährleistung bereits einer weitverbreiteten Verfassungswirklichkeit in den Kantonen entspreche und von einem allgemeinen Konsens getragen sei. ... Es kann wohl nicht bestritten werden, daß eine sinnvolle Ausübung der Volksrechte im demokratischen Staat eine gut informierte öffentliche Meinung voraussetzt, und dass der Rechtsstaat seine Legitimation auch aus der steten Rechtfertigung seiner Tätigkeit vor dem Bürger schöpft. Der Anspruch auf Information durch Behörden wird indes, im Gegensatz zur Meinungsäußerungsfreiheit, zur persönlichen Freiheit und zur lange Zeit als ungeschriebenes Verfassungsrecht des Bundes anerkannten Eigentumsgarantie durch die kantonalen Verfassungen nicht gewährleistet. ... Die wenigsten Kantone kennen überhaupt eine rechtliche Regelung der Information durch die Behörden. Es verhält sich hier nicht wesentlich anders als bei der Demonstrationsfreiheit ... . Bei dieser Sachlage muß die Einführung des in Frage stehenden Grundrechts in dem für Verfassungsänderungen vorgesehenen Verfahren erfolgen".[624]

Als Minimalschutz hatte das Bundesgericht für die Fälle, in denen die Behörden über ihre Tätigkeit informieren und Auskünfte erteilen, auf ihre Bindung an das Rechtsgleichheits- und Willkürgebot hingewiesen.[625]

---

620 Müller, in : Kommentar BV, Informationsfreiheit, Rdn. 39.

621 So etwa Häner, S.183 f., unter Hinweis auf die dann mögliche eigenständige Entwicklung und die spezifischen - vor allem aus "Geheimhaltungsinteressen" resultierenden Schranken.

622 S. die Nachweise bei Müller, in : Kommentar BV, Informationsfreiheit, Rdn. 53, Müller (Grundrechte), S. 154.

623 BGE 104 Ia, 88, 95; s. hierzu bereits oben, S. 76 f.; kritisch zu diesem Argument Müller (Rechtsprechung 1978), S. 246.

624 BGE 104 Ia, 88, 96.

625 BGE 104 Ia, 88, 97.

Das Urteil war in der eidgenössischen Doktrin überwiegend und zum Teil heftiger Kritik ausgesetzt[626]. So wird die Begründung etwa als "dürftig" und das "Ergebnis in seiner Absolutheit (als) unhaltbar" eingestuft[627]. Dabei wurde insbesondere das Abstellen auf die kantonale Verfassungswirklichkeit in der schweizerischen Lehre kritisiert und es wurde darauf hingewiesen, daß die Erreichung und Durchsetzung rechtsstaatlicher und demokratischer Prinzipien von dem Bund vorgenommen werden müßten und daß Gefährdungslagen hinsichtlich individueller Rechtspositionen heutzutage vor allem auf der Ebene des Gesamtstaates und nicht auf der Ebene der Kantone auftreten würden. Auch seien - im Gegensatz zum Gewohnheitsrecht etwa[628] - "Grundrechte nicht immer nur Ausdruck bestehender und verbreiteter Rechtsüberzeugungen ..., sondern aus rechtsethischen Imperativen und geschichtlicher Besinnung gewonnene Grundforderungen für die Sicherung des Menschen in seinen Grundbedürfnissen - auch wenn sie nur bei Minderheiten sichtbar werden".[629] Weiterhin wurde konstatiert, daß die Informationsfreiheit sehr wohl die Voraussetzung für die Ausübung anderer Freiheitsrechte - insbesondere der Presse- und Meinungsfreiheit - sei.[630]

1981 setzte sich das Bundesgericht zwar mit einigen von der Lehre vorgebrachten Kritikpunkten auseinander, blieb aber letztendlich doch bei seiner Meinung, daß "ein genereller Anspruch des Bürgers und der Presse im besonderen, über beliebige Vorgänge im Bereich der Staatsverwaltung informiert zu werden, nicht besteht"[631].
Allerdings geht das Gericht in dem Entscheid nicht auf die "klassischen" Voraussetzungen ein, sondern es stellt fest :

"Die Anerkennung eines ungeschriebenen verfassungsmäßigen Anspruchs auf Information über alle nicht aus besonderen Gründen als geheim erklärten Gegenstände der Verwaltungstätigkeit würde überdies voraussetzen, dass sich dieser Anspruch ohne erhebliche Schwierigkeiten verwirklichen lasse".[632]

---

626 Ausführlich hierzu Rossinelli (libertés), S. 190 ff.

627 So Müller (Rechtsprechung 1978, S. 251; s. etwa auch Trachsel, S. 205.

628 Zum Gewohnheitsrecht s. unten, S. 134 ff.

629 Müller (Rechtsprechung 1978), S. 237; ablehnend auch Saladin (Grundrechte); Eichenberger (Kantonsverfassung), S. 155 ff., 158, Anm. 5.

630 Rossinelli (libertés), S. 197 ff., der allerdings Verständnis für die Argumentation des Bundesgerichts, die Informationsfreiheit entspreche nicht der Verfassungswirklichkeit in den Kantonen (und damit fehle der allgemeine Konsens), äußert.

631 BGE 107 Ia, 304, 308.

632 BGE 107 Ia, 304, 309; zuvor hatte das BG seine in BGE 104 Ia, 88, 95 vertretene These, "Grundrechte ... vermitteln keinen Anspruch auf positive Leistungen des Staates", relativiert.

Mit vorgenannter Passage spricht das Bundesgericht einmal mehr die Frage der Justitiabilität an, die es bei einem Grundrecht der Informationsfreiheit zumindest für bestreitbar hält.[633]
Dennoch scheint der entscheidende - aber nicht ausgesprochene Gesichtspunkt für die Ablehnung eines eigenständigen Grundrechts der fehlende allgemeine Konsens gewesen zu sein.[634]

Unklar ist die Formulierung des Bundesgerichts in einem neueren Entscheid, wo von "den Grundrechten der Informations-, Meinungsäußerungs- und Pressefreiheit" die Rede ist, könnte dies doch als implizite Anerkennung einer autonomen Informationsfreiheit gedeutet werden.[635]

G. Das Recht auf Streik

In der Literatur wird (u. a.) noch ein ein ungeschriebenes Freiheitsrecht auf Streik diskutiert.[636]
Das Bundesgericht hat sich hierzu - soweit ersichtlich - noch nicht geäußert.

---

633 Grundsätzlich zustimmend Rossinelli (libertés), S. 201 f.; Grisel (droits constitutionnels non écrits), S. 71; a.A. Häner-Eggenberger, S. 175 ff.; s. hierzu auch Trachsel, S. 207 ff.

634 Häner-Eggenberger, S. 178 f. unter Bezug auf die Ausführungen des BG zu Art. 4 BV, vgl. BGE 107 Ia, 304, 309.

635 BGE 118 IV, 153, 162, ähnlich S. 163, wo von der "Informations- und Wissenschaftsfreiheit" die Rede ist.

636 Rossinelli (libertés), S. 224 ff.

4. Teil : Die Rechtsprechung des Bundesverfassungsgerichts/Die „allgemeine Handlungsfreiheit"

In seinem Bestreben, den grundrechtlichen Schutz des einzelnen möglichst umfassend zu gewährleisten, ging das Bundesverfassungsgericht methodisch völlig andere Wege. Entscheidend hierfür war die bereits dargestellte unterschiedliche Ausgangslage, die auch zu Unterschieden in der verfassungsrechtlichen Rechtsprechung führen mußte. Vor dem Hintergrund einer offenen Verfasssung konnte das Bundesverfassungsgericht "ungeschriebene" Freiheitsrechte auf dem Wege der Auslegung gewinnen.

13. Kapitel : Die Interpretation des Art. 2 Abs. 1 GG als "allgemeine Handlungsfreiheit"

Dogmatischer Dreh- und Angelpunkt sollte hierbei Art. 2 Abs. 1 GG in seiner Auslegung als "allgemeine Handlungsfreiheit" und seiner Funktion als Auffanggrundrecht werden. An dem Recht auf freie Entfaltung der Persönlichkeit "und seiner Auslegung offenbaren sich am deutlichsten Grundrechtsverständnis und Grundrechtspolitik" in der Rechtsprechung des Bundesverfassungsgerichts[637], es ist "eine Grundentscheidung, die Prägekraft für das Verständnis der gesamten Rechtsordnung entfaltet".[638] Somit verwundert es nicht, daß Art. 2 Abs. 1 GG als die wohl "am meisten beanspruchte und am stärksten überforderte Grundrechtsbestimmung des Grundgesetzes" bezeichnet wird.[639] Sie beinflußte die gesamte Grundrechtsdogmatik.

---

637 Scholz, S. 85.

638 Erichsen, in : HbStR, § 152, Rdn. 9.

639 Klein, in : v. M/K, Anm. II, 2. Die Bedeutung der Norm zeigt sich nicht zuletzt auch an den ihr zugedachten Attributen wie "Haupfreiheitsrecht" (Klein, in : v. M/K, Art. 2, Anm. II 5 c; Dürig, in : M/D/H/S, Art. 2 Abs. 1, Rdn.6), "Quellrecht" (BGHZ 24, 72, 78), "Blankettgrundrecht" (Isensee, in : VVDStRL 32 1974, S. 49, 80), "Generalgrundrecht" (Scholz, S. 87) oder "Muttergrundrecht" (Nipperdey/Bettermann), S. 757; kritisch zu dieser Terminologie Scholz, S. 114, da Spezialfreiheitsrechte und Art. 2 Abs. 1 GG selbständig nebeneinander stünden und nicht die ersteren aus dem letzteren abgeleitet würden; Erichsen, in: HbStR, § 152, Rdn. 27.

A. Ausgangsposition und "Elfes-Urteil"

Als das Bundesverfassungsgericht seine ersten Urteile zu Art. 2 Abs. 1 GG fällte - das Grundgesetz war gerade zwei Jahre alt - betrat es Neuland. Der Artikel hatte keine vergleichbare Vorschrift in der WRV[640], geschweige denn in der Reichsverfassung von 1871 [641], an die man sich anlehnen oder an der man sich zumindest orientieren konnte [642].

Die Stellungnahmen der Lehre in der Nachkriegszeit waren eher spärlich, wenngleich man aber auch nicht "vor einem Nichts an monographischer Vorbereitung"[643] stand.

Insbesondere Hans Peters vertrat dabei eine enge Sicht, indem er die Beschränkung des Begriffes "allgemeine Persönlichkeit“ auf den "Kernbereich des Persönlichen" forderte. Ausgangspunkt seiner Sicht ist - basierend auf einer Gesamtinterpretation des im Gegensatz zur Weimarer Reichsverfassung nicht wertneutralen Grundgesetzes - die These, "daß kein unbeschränkter Individualismus die Persönlichkeit kennzeichnet, sondern daß der durch Gemeinschaftideale gebundene, heteronome, nämlich vor Gott, verantwortliche Mensch dem Persönlichkeitsbild des Grundgesetzes entspricht".[644] Das Grundgesetz habe sich nämlich nicht für einen "unbeschränkten Individualismus" entschieden, sondern für eine - zwischen Individualismus[645] und Kollektivismus angesiedelte - mittlere Linie des Personalismus[646]. Freie Persönlichkeitsentafltung im Sinne dieser Interpretation müsse damit scharf von "dem Recht auf Freiheit von staatlichen Bindungen" getrennt werden, um letztendlich - im Hinblick auch auf den Anwendungsbereich der Verfassungsbeschwerde - eine Entwertung der Grundrechte zu verhindern.[647]

---

640 Zu den Grundrechten in der WRV s. oben, S. 24 f.

641 Die Reichsverfassung von 1871 enthielt, wie bereits oben, S. 23, ausgeführt, keine Grundrechte.

642 S. aber auch Klippel, S. 289, demzufolge - mit Bezug auf naturrechtliche Theorien in Deutschland - "das allgemeine Persönlichkeitsrecht..insofern als Quellrecht der Freiheitsrechte in Deutschland bezeichnet werden (kann), als es ... eine zentrale Rolle bei der Begründung eines gegen Eingriffe des Staates prinzipiell resistenten Freiheitsraumes des Individuums und bei der Ableitung eines Rechtekataloges spielt".

643 Wehrhahn, S. 251.

644 Peters (Verfassungsziel), S. 671.

645 S. hierzu auch Dürig, S. 261, wonach "Träger aller Freiheitsrechte niemals das bindungslos gedachte Individuum, sondern immer die verantwortliche Persönlichkeit ist".

646 Peters (Verfassungsziel), S. 671; nach Scholz, S. 83, vertritt das Bundesverfassungsgericht zwar keinen "materialen Personalismus" i. S. Peters', "hat ... aber auf ein materiales Grundverständnis von Person (Persönlichkeit) keinesfalls ganz verzichtet".

647 Peters (Verfassungsziel), S. 674, 678.

Schwierigkeiten und Unstimmigkeiten bei der Konkretisierung dieses Grundrechtsartikels werden hierbei auch dadurch bedingt, daß der Freiheitsbereich des Art. 2 Abs. 1 GG im Gegensatz zu den anderen Freiheitsrechten nicht ohne weiteres bestimmten Lebensbereichen zugeordnet werden kann.[648] Hinzu kommt die "Unvollkommenheit" in der Formulierung der Norm.[649]

So mußte - und konnte - das noch junge Bundesverfassungsgericht neue Wege beschreiten. Einer der zentralen Punkte seiner Rechtsprechung sollte in den folgenden Jahren und Jahrzehnten die Frage sein, inwieweit das Grundrecht der "freien Entfaltung der Persönlichkeit" als "allgemeine Handlungsfreiheit" aufgefaßt werden könne.
Dieser Hauptstreitpunkt deutete sich schon in einer Entscheidung aus dem Jahre 1954 an, als das Gericht allerdings nicht klar Stellung bezog und die Frage offen ließ.[650]

Bereits ein Jahr später zeichnete sich jedoch bereits eine Tendenz in Richtung der später verfolgten Rechtsprechung ab. Das Bundesverfassungsgericht stellte hier fest:

"In der freiheitlichen Demokratie ist die Würde des Menschen der oberste Wert. ... Der Mensch ist danach eine mit der Fähigkeit zu eigenverantwortlicher Lebensgestaltung begabte Persönlichkeit'. ... Um seiner Würde willen muß ihm eine möglichst weitgehende Entfaltung seiner Persönlichkeit gesichert werden".[651]

1958, in einer seiner "folgenreichsten Entscheidungen""[652], dem sogenannten "Elfes-Urteil"[653], hatte das Bundesverfassungsgericht dann darüber zu entscheiden, inwieweit Art. 2 Abs. 1 GG die Freiheit der (vorübergehenden) Ausreise aus der Bundesrepublik Deutschland erfaßt. In seiner Begründung führte es - sehr ausführlich[654] - aus :

"Das Grundgesetz kann mit der "freien Entfaltung der Persönlichkeit" nicht nur die Entfaltung innerhalb jenes Kernbereichs der Persönlichkeit gemeint haben, der das Wesen des Menschen

---

648 Schmidt, S. 44; s. auch Grabitz, S. 115 ff.

649 Schwabe (Verfassungshandwerk), S. 362.

650 BVerfG 4, 7, 15 : "Erblickt man ... in diesem Grundrecht (Art. 2 Abs. 1, d. Verf.) eine umfassende Gewährleistung der Handlungsfreiheit, so besteht diese von vornherein nur, soweit sie nicht die Rechte anderer verletzt und nicht gegen die verfassungsmäßige Ordnung oder das Sittengesetz verstößt"; in zwei weiteren - vorangehenden - Entscheidungen (BVerfGE 2, 237, 265 f.; 2, 292, 295) schien das Bundesverfassungsgericht noch eine restriktive Sichtweise zu bevorzugen, vgl. hierzu Scholz, S. 86.

651 BVerfGE 5, 81, 204.

652 Pieroth, S. 33.

653 BVerfGE 6, 32 ff.

654 Die Begründungen des Bundesverfassungsgerichts sind grundsätzlich wesentlich ausführlicher als diejenigen des schweizerischen Bundesgerichts.

als geistig-sittliche Person ausmacht; denn es wäre nicht verständlich, wie die Entfaltung innerhalb dieses Kernbereichs gegen das Sittengesetz, die Rechte anderer oder sogar gegen die verfassungsmäßige Ordnung einer freiheitlichen Demokratie sollte verstoßen können. Gerade diese, dem Individuum als Mitglied der Gemeinschaft auferlegten Beschränkungen zeigen vielmehr, daß das Grundgesetz in Art. 2 Abs. 1 GG die Handlungsfreiheit im umfassenden Sinne meint. Es waren nicht rechtliche Erwägungen, sondern sprachliche Gründe, die den Gesetzgeber bewogen haben, die ursprüngliche Fassung "Jeder kann tun und lassen was er will" durch die jetzige Fassung zu ersetzen".[655]

Unter dem Begriff der "verfassungsmäßigen Ordnung" kann nach Meinung des Bundesverfassungsgerichts - dies folge aus der weiten Auslegung des Schutzbereiches - "nur die allgemeine Rechtsordnung verstanden werden, die die materiellen und formellen Normen der Verfassung zu beachten hat, also eine verfassungsmäßige Rechtsordnung sein muß"[656] Dem möglichen Einwand, mit dieser weiten Schrankenziehung werde Art. 2 Abs.1 unter einen allgemeinen Gesetzesvorbehalt gestellt und laufe leer, begegnet das Gericht nach einem Hinweis auf die Wertgebundenheit des Grundgesetzes, indem es ausführt :

"Vor allem dürfen die Gesetze daher die Würde des Menschen nicht verletzen, die im Grundgesetz der oberste Wert ist, aber auch die geistige, politische und wirtschaftliche Freiheit des Menschen nicht so einschränken, daß sie in ihrem Wesensgehalt angetastet würde (Art. 19 Abs. 2, Art. 1 Abs. 3, Art. 2 Abs. 1 GG). Hieraus ergibt sich, daß dem einzelnen Bürger eine Sphäre privater Lebensgestaltung verfassungskräftig vorbehalten ist, also ein letzter unantastbarer Bereich menschlicher Freiheit besteht, der der Einwirkung der gesamten öffentlichen Gewalt entzogen ist".[657]

Diese Auslegung von Art. 2 Abs. 1 GG ist jedoch nicht nur materiell-rechtlich von Bedeutung, sondern hat - aufgrund der weiten Interpretation der Schranke der "verfassungsmäßigen Ordnung" als "allgemeine Rechtsordnung"[658] auch prozessuale Auswirkungen, und zwar dergestalt, daß "jedermann im Wege der Verfassungsbeschwerde geltend machen (kann), ein seine Handlungsfreiheit beschränkendes Gesetz gehöre nicht zur verfassungsmäßigen Ordnung, weil es (formell oder inhaltlich) gegen einzelne Verfassungsbestimmungen oder allgemeine Ver-

---

[655] BVerfGE 6, 32, 36 f. "Zu der Theorie, daß Art. 2 Abs. 1 GG nur einen Kernbereich der Persönlichkeit habe schützen wollen", hat nach Meinung des Bundesverfassungsgerichts "der Umstand beigetragen, daß im zweiten Halbsatz als Schranke, die dem Bürger für die Entfaltung seiner Persönlichkeit gezogen ist, auch die verfassungsmäßige Ordnung genannt wird", denn "dadurch sah man sich zu dem Rückschluß gezwungen, es sollte dann auch nur ein Kernbereich der Persönlichkeit, nicht aber die Handlungsfreiheit des Menschen verfassungsrechtlich geschützt werden".

[656] BVerfGE 6, 32, 38.

[657] BVerfGE 6, 32, 41.

[658] S. hierzu BVerfGE 6, 32, 37 ff.

fassungsgrundsätze verstoße".[659] Somit können etwa Kompetenzverstöße des Gesetzgebers damit angegriffen werden, die erlassenen Gesetze seien verfassungswidrig oder nichtig und gehörten damit nicht zur verfassungsmäßigen Ordnung.

Auch zu dem Verhältnis zwischen Art. 2 Abs. 1 GG und den übrigen Freiheitsrechten nimmt das Bundesverfassungsgericht Stellung :

"Neben der allgemeinen Handlungsfreiheit, die Art. 2 Abs. 1 GG gewährleistet, hat das Grundgesetz die Freiheit menschlicher Betätigung für bestimmte Lebensbereiche, die nach den geschichtlichen Erfahrungen dem Zugriff der öffentlichen Gewalt besonders ausgesetzt sind, durch besondere Grundrechtsbestimmungen geschützt".[660]

Die Freiheitsgarantie des Art. 2 Abs. 1 GG ist demnach also nur dann einschlägig, wenn ein konkreter Sachverhalt nicht bereits von einem anderen (spezielleren) Freiheitsrecht thematisch erfaßt wird und nicht bereits dann, wenn ein Grundrecht vom geregelten Schutzbereich her zwar "paßt", in der konkreten Anwendung aber verneint wurde.[661] Dieses Verständnis beinhaltet auch "Teilspezialitäten" und "Teilüberlagerungen".[662]

In den Jahrzehnten danach - bis heute - wurde diese Rechtsprechung bestätigt und präzisiert.[663] Dabei wurde vom Bundesverfassungsgericht auch immer wieder der Bezug zu Menschenwürde und verfassungsrechtlichem Wertesystem des Grundgesetzes hervorgehoben.[664]

Überragende Bedeutung wird hinsichtlich der Einschränkbarkeit des Art. 2 Abs. 1 GG dem Grundsatz der Verhältnismäßigkeit beigemessen, da dieser "den allgemeinen verfassungsrechtlichen Maßstab, nach dem die Handlungsfreiheit eingeschränkt werden darf", bildet.[665]

---

659 BVerfGE 6, 41.

660 BVerfGE 6, 32, 37; st. Rspr.; vgl. etwa auch BVerfGE 4, 52, 57; 30, 292, 336; 68, 193, 223 f. m.w.N.; eine umfangreiche Zusammenstellung der Judikatur findet sich bei Scholz, insbes. S.113 FN 178; letzterer weist auch auf Ungenauigkeiten und Inkonseqeuenzen in der Rechtsprechung hin, s. hierzu insbes. S. 115 f.; ähnlich Merten, S. 348.

661 Zustimmend die h. L., vgl. etwa Erichsen, in : HbStR, Rdn. 26 ff.; Scholz, S 112 ff.; Merten, S. 347 ff.

662 Scholz, S.115 ff. mit umfangreichen Rechtsprechungsnachweisen; Merten, S. 347.

663 Eine umfassende Übersicht über die Rechtsprechung findet sich bei Scholz, insbesondere S. 86 ff.; aus neuerer Zeit vgl. etwa BVerfGE 80, 137, 152 ff.

664 S. hierzu etwa Scholz, insbes. S. 71.

665 BVerfGE 90, 145, 172; s. hierzu insbesondere die spätere Rechtsprechung des Bundesverfassungsgerichts, etwa BVerfGE 55, 159, 165; 59, 275, 279; 70, 1, 26; 80, 137, 153.

B. Die Aufnahme des Urteils in der Lehre

In der Lehre fand das "Elfes-Urteil" überwiegend Zustimmung. So wurde etwa die Auslegung des in Art. 2 Abs. 1 GG verankerten Begriffes "freie Entfaltung der Persönlichkeit" als "allgemeine Handlungsfreiheit"[666] von der Mehrheit in der deutschen Doktrin positiv aufgenommen.

Anderes gilt jedoch für die dogmatische Begründung.[667] Hier erregte vor allem die Tatsache Anstoß, daß von den Schranken auf den Schutzbereich geschlossen wurde und nicht umgekehrt, was "rein formalistisch" und "logisch nicht haltbar" sei.[668]
Im Ergebnis führe die weite Ausdehnung der Schranken des Art. 2 Abs. 1 GG und ihre Ausformung als allgemeiner Gesetzesvorbehalt zudem - so ein Hauptargument - letztlich zur Substanzlosigkeit und damit dem Leerlaufen des Grundrechtes.[669] Art. 2 Abs. 1 werde damit "vom eigenständigen Auffanggrundrecht zum inhaltsleeren Reflex derjenigen Freiheit, die schon durch die "außerhalb des Art. 2 Abs. 1 konstituierte Rechtsordnung" begründet gewesen sei".[670]

Kritik erfuhr auch die prozessuale Komponente in der verfassungsgerichtlichen Argumentation. Es widerspreche dem Sinn der Verfassungsbeschwerde, wenn nun auch Gesetze und allgemein jeder Verfassungsverstoß, der Belastungen des

---

666 Ein Ersetzen des Begriffes der "Handlungsfreiheit" durch den der "Verhaltensfreiheit" diskutiert Roemer, S. 559 ff.

667 Eine "falsche Ausdeutung des Urteils und thematisch verwandter Entscheidungen" und daraus resultierende "Fehlschlüsse nicht geringen Ausmaßes" glaubt jedoch Schwabe ("Elfes-Urteil"), auszumachen.

668 Scholz, S. 87; s. auch Schmidt, S. 50 : "Die (aktive) Freiheit zum Handeln in einem bestimmten Lebensbereich kann nicht eine "spezielle Konkretisierung" der (passiven) allgemeinen Freiheit von Eingriffen sein".

669 Vgl. etwa Ehmke, S. 82 ff.; Rupp (Sammlungsgesetz), S. 2037; Schmidt, S. 48 ff.; Schulz-Schaeffer, S. 28; a.A. Scholz, S. 81 ff., der zwischen der Rechtsprechung des Bundesverfassungsgerichts und den kritischen Stimmen in der Literatur zu vermitteln sucht; für Degenhart, S. 164, wäre eine Beschränkung der Schranken des Art. 2 Abs. 1 GG auf die elementaren Verfassungsgrundsätze "grundrechtssystematisch verfehlt, da dann die benannten Freiheitsrechte sehr viel stärker beschränkt werden könnten, als das Auffanggrundrecht des Art. 2 Abs. 1 GG"; für Grabitz, S. 127 ff., entspricht die Auslegung des Bundesverfassungsgerichts "unter den Bedingungen moderner Staatlichkeit der inneren Logik des einmal gewählten Ausgangspunktes".

670 Rupp (Sammlungsgesetz), S. 2037; diesen Einwand versucht das BVerfG allerdings zu berücksichtigen, vgl BVerGE 6, 32, 40 f.; s. hierzu etwa auch BVerfGE 80, 367, 373 ff. m.w.N.; kritisch zu diesem "Rettungsversuch" des BVerfG Hesse (Verfassungsrecht), Rdn. 427.

Einzelnen mit sich bringt, unter dem Mantel der allgemeinen Handlungsfreiheit via Verfassungsbeschwerde angegriffen werden könne.[671]

Es gab allerdings auch Stimmen, die bereits eine Ausdehnung des Schutzbereiches des Art. 2 Abs. 1 GG auf das vom Bundesverfassungsgericht festgelegte Maß ablehnten. Insbesondere Hans Peters griff hier seine wenige Jahre vorher bereits dargelegten Standpunkte wieder auf.[672] Vehemente Kritik erfuhr jetzt aber inbesondere auch die Interpretation der "verfassungsmäßigen Ordnung", die zum einen für das gesamte Grundgesetz einheitlich ausgelegt und zum anderen scharf von den Begriffen "Rechtsordnung" und "freiheitlich-demokratische Grundordnung" unterschieden werden müsse.[673]

Aber auch vermittelnde Meinungen finden sich : So wird unter "freier Entfaltung der Persönlichkeit etwa die "Gewährleistung der engeren persönlichen, freilich nicht auf rein geistige und sittliche Entfaltung beschränkten, Lebenssphäre" verstanden[674] oder man weist Art. 2 Abs. 1 GG "zwar einen weiten, aber keinen grenzenlosen Schutzbereich" zu und beschränkt den von ihm gewährten Schutz auf die Fälle, die "eine gesteigerte, dem Schutzgut der übrigen Grundrechte vergleichbare Relevanz besitzen"[675] oder die zumindest für die Persönlichkeitsentfaltung von einer "gewissen Relevanz"[676] sind. Bei der Bestimmung des dem Art. 2

---

671 Vgl. etwa Ehmke, S. 84 f.; Lerche, S. 359; Schmidt, für den "der überkommene Grundsatz der Gesetzmäßigkeit der Verwaltung ... von dem neuen Grundsatz der Verfassungsmäßigkeit der gesamten Staatstätigkeit überlagert" wird; in neuerer Zeit Duttge, S. 3355; einschränkend Scholz, S. 101 , der betont, daß das Bundesverfassungsgericht "die Eingriffsfreiheit keineswegs einfach an die Stelle der allgemeinen Handlungsfreiheit setzt"; einschränkend auch Erichsen, in: HbStR, Rdn. 17 ff.; 43 ff.; für Schwabe, S. 624, ist die Frage der "Rüge einer jeden Verfassungswidrigkeit" keine solche, die sich nur im Zusammenhang mit Art. 2 Abs. 1 GG stellt; für Degenhart (Handlungsfreiheit), S. 163, "kann der tatbestandliche Geltungsbereich eines Grundrechts nicht nach verfassungsprozessualen Gesichtspunkten eingegrenzt werden". Das BVerfG selbst versucht, eine gewisse Beschränkung des Anwendungsbereichs der Verfassungsbeschwerde dadurch zu erreichen, daß es betont, keine "Superrevisionsinstanz" und nur für die Prüfung von "spezifischem Verfassungsrecht" zuständig zu sein; vgl. etwa BVerfGE 18, 92 f.; 21, 209, 216; 32, 98, 105; 36, 264, 271; 42, 20, 27; 51, 77, 89 ff.; 53, 207, 211; kritisch hierzu Erichsen, in : HbStR, Rdn. 46.

672 Vgl. hierzu bereits oben, S. 104.

673 Peters (Persönlichkeit), S. 49 f.

674 Hesse (Verfassungsrecht), Rdn. 428; für Hesse führt die Interpretation des Art. 2 Abs. 1 durch das BVerfG letztendlich zur Annahme eines (abzulehnenden) lückenlosen Wert- und Anspruchsystems; zu den verfassungsprozessualen Konsequenzen der Argumentation Hesses, s. Schwabe ("Elfes-Urteil"), S. 626; zur Gesamtargumentation Hesses vgl. auch Grabitz, S. 122.

675 Grimm, in : BVerfGE 80, 137, 165.

676 Duttge, S. 3355. Kritisch zu den Ansätzen, die eine "gesteigerte oder "gewisse Relevanz fordern, Schnapp, in : NJW 1998, 960.

Abs. 1 GG innewohnenden Schutzbereichs soll zum einen also der "Wortsinn ... wieder stärker berücksichtigt" werden. Andererseits sei, um Freiheitsverluste zu vermeiden, "ein großzügiger Maßstab" anzulegen. Durch ein schrittweises Vorgehen könne der Schutzbereich dann "schrittweise und kasuistisch" herausgearbeitet werden.[677]

14. Kapitel : Die aus Art. 2 Abs. 1 GG folgenden "ungeschriebenen" Freiheitsrechte

A. Allgemeines

Das Bundesverfassungsgericht schuf mit seiner Interpretation der "freien Entfaltung der Persönlichkeit" des Art. 2 Abs. 1 GG ein Auffanggrundrecht, das - unter dem Vorbehalt der Spezialität eines anderen Grundrechtes und abgesehen von "Tätigkeiten, denen unter keinen im Rahmen unserer Verfassungsordnung rechtlich denkbaren Gesichtspunkten eine grundrechtlich geschützte Vorrangstellung gegenüber Rechten anderer oder Gemeinschaftsbelangen zukommt" - das gesamte menschliche Handeln schützt.[678] Dabei hat das Gericht Art. 2 Abs. 1 GG mit dem Schutz eines "letzten unantastbaren Bereiches menschlicher Freiheit" auf der einen und einer "Handlungsfreiheit im umfassenden Sinn"[679] "eine doppelte Bedeutung" gegeben.[680]

Die volle Tragweite dieser Definitionen des Schutzbereiches des Art. 2 Abs. 1 GG kann dabei jedoch nicht in einer abstrakten Formel, sondern nur durch einen Blick auf einige ausgewählte Beispiele aus der Judikatur des Bundesverfassungsgerichts aufgezeigt werden. Denn auch wenn der Schutzbereich des Art. 2 Abs. 1 GG "im Ansatz ohne thematische Begrenzung gewährleistet"[681] und deshalb zunächst "weitgehend konturenlos"[682] ist, so ist eine nähere Konkretisierung desselben - in Anlehnung an die geschriebenen Freiheitsrechte nach Lebensbereichen

---

677 Duttge, S. 3355; kritisch hierzu Lindner, in : NJW 1998, 1208, für den eine derartige Bestimmung der Schutzbereichsgrenze "nicht nur zu praktisch schwierigen, sondern zu gleichheitswidrigen Abgrenzungsüberlegungen führen müßte".

678 Mattner, S. 623; Starck, in : v. M/K/S, Art. 2 Abs. 1, Rdn. 10; nicht von Art. 2 Abs.1 GG erfaßt werden zudem - von den zuletzt genannten Fällen abgesehen - die Konstellationen, wo ein bestimmtes Tätigwerden ausdrücklich von Verfassungs wegen untersagt ist, vgl. hierzu Merten, S. 348.

679 S. dazu oben, S. 105 f.

680 Müller (Persönlichkeitsschutz), S. 144.

681 Degenhart, S. 165.

682 Derselbe, S. 162.

systematisiert - dennoch möglich und auch von Rechtsprechung und Literatur vorgenommen worden.[683] Somit kann hier von "ungeschriebenen" Freiheitsrechten gesprochen werden.

Wie in der Schweiz handelt es sich dabei um "verselbständigte konsistente Rechtspositionen".[684] Das Bundesverfassungsgericht konkretisierte eine Reihe von Freiheitsbereichen und erhöhte durch diese "dogmatische Verfeinerung ... die Aussagekraft des Grundrechtes und seine Schlagkraft".[685] Im folgenden sollen einige Lebensbereiche, die eine derartige tatbestandliche Umschreibung und Verselbständigung erfuhren, näher untersucht werden.[686]

B. Das allgemeine Persönlichkeitsrecht

Das Bundesverfassungsgericht hatte bereits in seinen Entscheidungen, in denen es die Menschenwürde als dominierenden Faktor bei der Bestimmung des Menschenbildes des Grundgesetzes sowie damit verbunden - des Schutzbereiches des Art. 2 Abs. 1 GG erklärt hatte und durch seine "besonders strenge Garantie der Privatsphäre" des Einzelnen den Grundstein eines sich eigenständig entwickelnden ungeschriebenen Persönlichkeitsrechtes gelegt.[687]
Dogmatischer Hintergrund und Funktion des ungeschriebenen Freiheitsrechtes wurden dabei von dem Bundesverfassungsgericht folgendermaßen definiert:

"Kommt hiernach eine Verletzung von Einzelgrundrechten nicht in Betracht, so bleibt als Prüfungsmaßstab nur das durch Art. 2 Abs. 1 i.V.m. Art. 1 Abs. 1 GG verfassungsrechtlich gewährleistete allgemeine Persönlichkeitsrecht. Dieses ergänzt als "unbenanntes Freiheitsrecht" die speziellen ("benannten") Freiheitsrechte, die, ... ebenfalls konstituierende Elemente der Persönlichkeit schützen. Seine Aufgabe ist es, im Sinne des obersten Konstitutionsprinzips der Würde des Menschen" (Art. 1 Abs. 1 GG) die engere persönliche Lebenssphäre und die Erhaltung ihrer Grundbedingungen zu gewährleisten, die sich durch die traditionellen konkreten Freiheitsgarantien nicht abschließend erfassen lassen; diese Notwendigkeit besteht namentlich auch im Hinblick auf moderne Entwicklungen und die mit ihnen verbundenen neuen Gefährdungen für den Schutz der menschlichen Persönlichkeit".[688]

---

683 Erichsen, § 152, Rdn. 24.

684 Scholz, S. 289.

685 Erichsen, in : HbStR, Rdn. 24.

686 Vgl. hierzu im einzelnen Erichsen, in : HbStR, Rdn. 24, 56 ff. mit umfangreichen Nachweisen auf die Rechtsprechung des Bundesverfassungsgerichts; s. auch Dreier, in : Dreier, Art. 2 Rdn. 24 ff.; v. Mangoldt/Klein, Rdn. 81 ff.; Scholz, S. 127 ff.

687 Dabei wurden das Bundesverfassungsgericht stark durch die Rechtsprechung des BGH zu dem (zivilrechtlichen) allgemeinen Persönlichkeitsrecht geprägt, vgl. hierzu im einzelnen Degenhart (Persönlichkeitsrecht), S. 362; zu den Unterschieden zwischen verfassungsrechtlichem und zivilrechtlichem Persönlichkeitsrecht vgl. etwa Jarras, S. 857 f.

688 BVerfG 54, 148, 153.

Auch hinsichtlich des Verhältnisses des allgemeinen Persönlichkeitsrechts zur "allgemeinen Handlungsfreiheit" äußert sich das Bundesverfassungsgericht :

"Wie der Zusammenhang mit Art. 1 Abs. 1 GG[689] zeigt, enthält das allgemeine Persönlichkeitsrecht des Art. 2 Abs. 1 GG ein Element der "freien Entfaltung der Persönlichkeit", das sich als Recht auf Respektierung des geschützten Bereichs von dem "aktiven" Element dieser Entfaltung der allgemeinen Handlungsfreiheit ... abhebt. Demgemäß müssen auch die tatbestandlichen Voraussetzungen des allgemeinen Persönlichkeitsrechts enger gezogen werden als diejenigen der allgemeinen Handlungsfreiheit: Es erstreckt sich nur auf Eingriffe, die geeignet sind, die engere Persönlichkeitssphäre zu beeinträchtigen".[690]

Im Einzelnen lassen sich - grob - folgende Fallgruppen unter das Grundrecht fassen :[691]

- Darstellung der Person in der Öffentlichkeit
- Sexualsphäre und Ehe
- Recht auf Resozialisierung

Den von dem allgemeinen Persönlichkeitsrecht erfassten Schutzbereich gliederte das Bundesverfassungsgericht[692], insbesondere im Zusammenhang mit der Frage der Beschränkbarkeit des Grundrechtes, in mehrere Sphären, die nicht einschränkbare Intimsphäre[693] sowie die abgestuft einschränkbare Privat- und Sozialsphäre.[694] Dabei werden allerdings die Grenzen auch nicht immer klar und können wohl auch nicht klar gezogen werden.[695]

In der Literatur fand die Rechtsprechung des Bundesverfassungsgerichts überwiegend Zustimmung. Dabei wird insbesondere auch auf die eigenständige Stel-

---

689 Dieser Bezug zur Menschenwürde ist dahingehend zu verstehen, daß "primäre Grundlage des "allgemeinen Persönlichkeitsrechts" Art. 2 Abs. 1 GG ist, der jedoch durch Art. 1 Abs. 1 GG "beeinflußt und verstärkt wird", vgl. hierzu Jarras, S. 857; ähnlich Starck, in : v. M./K/S, Art. 2 Abs. 1, Rdn. 11: "objektiv-rechtliche Interpretationsrichtlinie ... kein Zwillingsgrundrecht".

690 BVerfG ebenda.

691 Die Einteilung ist an Jarass, S. 859 f., angelehnt; weitere Einteilungen finden sich etwa bei Degenhart (Persönlichkeitsrecht), S. 363 ff. und Forsthoff, S. 36; auch die einzelnen Ausprägungen des allgemeinen Persönlichkeitsrechtes werden teilweise wiederum als spezielle ungeschriebene Freiheitsrechte verstanden, vgl. etwa Murswiek, in : Sachs Art. 2, Rdn. 65.

692 Zur tendenziellen Abkehr von dieser Rechtsprechung des BVerfG s. Geis, S. 113 ff.

693 Die Intimsphäre wird häufig mit dem Schutzbereich des Art. 1 Abs. 1 GG bzw. dem "unantastbaren Bereich privater Lebensgestaltung", vgl. etwa BVerfGE 6, 32, 41, gleichgesetzt; s. hierzu Klein, in : v. M/K/S, Art. 2 Abs. 1, Rdn. 64.

694 Vgl. etwa BVerfGE 10, 354, 371; 27, 1, 6; 27, 344, 351 f.; 34, 238, 245 ff.; 38, 312, 320; 80, 367, 373; 48, 227, 234.

695 Degenhart (Persönlichkeitsrecht), S. 364; kritisch etwa Kunig in : v. M/K, Art. 2, Rdn. 41.

lung dieses von der Rechtsprechung entwickelten Freiheitsrechtes hingewiesen[696]. Diese Qualifizierung als Spezialgrundrecht führe einerseits "zu einem tendenziell stärkeren Schutz", andererseits könnten sich eigene "dogmatische Standards" herausbilden.[697]

C. Das Recht auf informationelle Selbstbestimmung

Eine tatbestandliche Verselbständigung und Konkretisierung erfuhr auch das "Recht auf informationelle Selbstbestimmung".[698] Anknüpfungspunkt war hier zwar das allgemeine Persönlichkeitsrecht[699], das Bundesverfassungsgericht beschränkte den Schutz jedoch nicht auf Übergriffe in die engere Persönlichkeitssphäre.[700] Motivation des ungeschriebenen Freiheitsrechtes ist letztendlich das Erfordernis einer Antwort auf aktuelle, durch die Möglichkeiten des Datenschutzes gestiegene Gefährdungslagen.[701] Thematisch schützt das Recht auf informationelle Selbstbestimmung "die Befugnis des einzelnen, grundsätzlich selbst zu entscheiden, wann und innerhalb welcher Grenzen persönliche Lebenssachverhalte offenbart werden."[702]

Es ist in dieser Funktion auch nicht etwa - wie der Wortlaut[703] ("Recht auf ...") nahelegen könnte, im Sinne eines Leistungsanspruches, sondern - durch die

---

696 Auch das allgemeine Persönlichkeitsrecht wird teilweise als eigenständiges Auffanggrundrecht angesehen, vgl. etwa Murswiek, in : Sachs, Art. 2, Rdn. 66.

697 Vgl. etwa Murswiek, in Sachs, Art. 2, Rdn. 64

698 In der Anfangszeit der diesbezüglichen Rechtsprechung wurde des öfteren sogar der Terminus "ungeschriebenes Grundrecht" gebraucht. Vgl. hierzu - allerdings kritisch - Krause, S. 268, für den (allerdings) "das Erfinden von Verfassungssätzen durch das oberste Gericht ... Anlaß zum höchsten Alarm (wäre), ... um die Verfassungskultur unserer freiheitlichen, demokratischen, sozialen und rechtsstaatlichen Republik vor dem BVerfG zu schützen"; s. auch Simitis, S. 399: "nicht die Geburtsstunde eines neuen Grundrechts". Nach dem hier vertretenen Verständnis geht es jedoch nicht um die Frage eines neuen Grundrechts, sondern eher um die Frage der Anknüpfung.

699 Für Bleckmann, § 21, Rdn. 21 liefern die grundgesetzlichen "Freiheiten selbst kaum faßbare Anhaltspunkte für den vom BVerfG erstrebten umfassenden Datenschutz".

700 Vgl. hierzu Badura, Staatsrecht, C 36.

701 V. Mangoldt/Klein, Art. 2 Abs. 1, Rdn. 80; sehr kritisch zu dieser Rechtsprechung des BVerfG äußert sich Schickedanz, S. 708 f., für den "sich der Staat mit Angelegenheiten der Privatsphäre befassen muß" und für den "die Anerkennung des informationellen Selbstbestimmungsrechts ... die Öffnung eines bedenklichen Weges" ist, wenn man etwa an Fragen der Wahrheitsermittlung und Sachaufklärung von Amts wegen, der Amtshilfe oder der Strafverfolgung denkt.

702 BVerfGE 65, 1, 42; 80, 367, 373.

703 Kritisch zur Wortwahl "informationelle Selbstbestimmung" äußert sich Krause, S. 271.

Schaffung von "Verarbeitungsbarrieren" für Informationen - als Abwehrrecht zu verstehen.[704]

In der Literatur wurde die "Grundtendenz" des Urteils überwiegend begrüßt.[705] Allerdings wird auch darauf hingewiesen, daß die von dem Bundesverfassungsgericht gewählte Rechtsgrundlage des Freiheitsrechtes - Art. 1 i. V. m. Art. 2 Abs. 1 GG - "eine ganze Reihe von Problemen" aufwirft.[706]

D. Weitere "ungeschriebene" Freiheiten

Eine besondere Präzisierung erfuhren etwa noch folgende aus Art. 2 Abs. 1 GG abgeleitete "ungeschriebene" Freiheiten.

- Ausreisefreiheit
- Wettbewerbsfreiheit
- Freiheit der wirtschaftlichen Betätigung[707] (insbesondere in den Ausprägungen Unternehmensfreiheit, Vertragsfreiheit[708])
- negative Vereinigungsfreiheit hinsichtlich öffentlich-rechtlicher Zwangsverbände[709]
- Sammlungsfreiheit[710]
- Gesetze über die Hundesteuer[711]
- Körordnungen[712]
- Einkaufen außerhalb der gesetzlichen Ladenöffnungszeiten[713]
- Verbot von Mitfahrzentralen[714]
- Benutzungsverbot der eigenen Schreibmaschine bei Untersuchungsgefangenen[715]
- Schwimmen ohne Badekappe im Schwimmbad[716]

---

704 Simitis, S. 399.

705 Vgl. etwa v. Münch., in v. M/K, Art. 2, Rdn. 22c.

706 Vgl. hierzu ausführlich Bleckmann, § 21, Rdn. 89 ff.

707 Badura, Staatsrecht, C 82, stellt die Allgemeine Wirtschaftsfreiheit (sowie die Unternehmens- und Vertragsfreiheit gleichberechtigt neben anderen, ausdrücklich kodifizierten, Freiheitsrechten dar.

708 In der WRV, Art. 152 Abs. 1, war die Vertragsfreiheit noch als eigenständiges Grundrecht vorhanden.

709 Vgl. hierzu etwa Dreier, in : Art. 2 Rdn. 24.

710 Vgl. hierzu etwa Rupp, aaO.

711 BVerfGE 7, 89, 92.

712 BVerfGE10, 55, 59.

713 BVerfGE 13, 231, 233.

714 BVerfGE 17, 306, 313 ff.

715 BVerfGE 35, 5 ff.

716 VGH Baden-Würtemberg, ESVGH 25 (1976), 203.

- Einschränkungen hinsichtlich der Anwesenheit Jugendlicher in öffentlichen Tanzveranstaltungen[717]
- Taubenfüttern im Park[718]
- Falknerjagdschein[719]
- Motoradfahren ohne Schutzhelm[720]
- Musizieren in eigener Wohnung[721]
- Hundehaltung in der Mietwohnung[722]
- Reiten im Walde[723]

15. Kapitel : Anspruch auf Aufopferungsentschädigung

Insbesondere von einem Teil der Literatur wird der Anspruch auf Aufopferungsentschädigung als aus Art. 2 Abs. 1 GG hergeleitetes "ungeschriebenes" Freiheitsrecht qualifiziert. So soll bei immateriellen[724] Schadenslagen, die nicht von Art. 2 Abs. 2 GG erfaßt werden, ein Ausgleichsanspruch bestehen, der seine dogmatische Grundlage in Art. 2 Abs. 1 GG besitzt.[725]
Diese Sichtweise wird allerdings insbesondere vom Bundesgerichtshof abgelehnt, der den allgemeinen Aufopferungsanspruch auf §§ 74, 75 EinlALR zurückführt bzw. von einem gewohnheitsrechtlich fortgebildeten Rechtsinstitut des Aufopferungsanspruchs ausgeht.[726]

---

717 BVerfGE 52, 277, 282.
718 BVerfGE 54, 143, 144.
719 BVerfGE 59, 275, 278.
720 BVerfGE 59, 275, 278.
721 OLG Hamm NJW 1981, 465.
722 BVerfG WuM 1981, 77.
723 BVerfGE 80, 137, 157; s. hierzu bereits oben, S. 109 f., ausführlich die in einem dissenting vote geäußerte Auffassung des Verfassungsrichters Grimm.
724 Bei materiellen Schäden greift Art. 14 GG ein.
725 Dürig, in : M/D/H/S, Art. 2 I, Rdn. 27.
726 Vgl. etwa BGHZ 20, 68 ff. Allerdings läßt der BGH Art. 2 Abs. 1 GG nicht gänzlich unberücksichtigt, wenn er ausführt: "Zwar wird ...die Schutzwürdigkeit des Lebens und der Gesundheit und ebenso der Freiheit heute von der Rechtsordnung besonders betont, indem das Grundgesetz in Art. 2 neben dem recht auf freie Entfaltung der Persönlichkeit das Recht des einzelnen auf auf Leben und körperliche Unversehrtheit und die Unverletzlichkeit der Freiheit der Person als verfassungsmäßig geschützte Grundrechte ausdrücklich garantiert. diese rechtliche Wertung dieser Lebensgüter allein aber vermag nach Auffassung des Senats noch nicht eine Ausweitung des Aufopferungsanspruchs in der erörterten Richtung (= Ausgleich für immaterielle Schäden, d. Verf.) abzugeben".

5. Teil : "Ungeschriebene" Freiheiten außerhalb von Art. 2. Abs. 1 GG

Neben den (ausschließlich oder vorwiegend) aus Art. 2 Abs. 1 GG abgeleiteten "ungeschriebenen" Freiheiten erkannte das BVerfG noch eine Reihe weiterer "ungeschriebener" Freiheitsrechte an, von denen auf einige der prägnantesten im folgenden eingegangen werden soll.

16. Kapitel : "Ungeschriebene" Freiheiten im Zusammenhang mit Art. 14 GG

A. Allgemeines

Als einer der zentralen Anknüpfungspunkte für die Anerkennung "ungeschriebener" Freiheitsrechte kann - neben Art 2 Abs. 1 GG - Art. 14 GG angesehen werden.[727] Gerade der Begriff "Eigentum" hat im Laufe der Zeit besonders starke Wandlungen gesehen. Die "Offenheit des Eigentumsbegriffs"[728] ermöglichte es dabei dem Bundesverfassungsgericht, in Anknüpfung an die ausdrücklich normierte verfassungsrechtliche Gewährleistung, sich unter formaler Anknüpfung immer weiter vom Wortlaut der Norm zu entfernen, damit aber "ungeschriebene" Freiheitsrechte zu entwickeln und so nicht zuletzt "an der personalen und menschenrechtlichen Sicht der Eigentumsgarantie unter gewandelten wirtschaftlichen Verhältnissen festzuhalten".[729] Diese gewandelten wirtschaftlichen Verhältnisse bestanden insbesondere in einer Verlagerung der Bedeutung von Grund- und Sacheigentum zu Arbeitseinkommen und der "Teilhabe an den Leistungen des Sozialstaates".[730]

---

727 Das Bundesverfassungsgericht weist immer wieder auf den Bezug zwischen der Eigentumsfreiheit und der persönlichen Freiheit hin, vgl. etwa BVerfGE 24, 367, 389 : "Das Eigentum ist ein elementares Grundrecht, das in einem inneren Zusammenhang mit der Garantie der persönlichen Freiheit steht. Ihm kommt im Gesamtgefüge der Grundrechte die Aufgabe zu, dem Täger des Grundrehts einen Freiheitsraum im vermögensrechtlichen Bereich sicherzustellen und ihm damit eine eigenverantwortliche Gestaltung des Lebens zu ermöglichen"; ähnlich BVerGE 31, 229, 239; 50, 290, 339; 53, 257, 290; anders in der Formulierung etwa BVerfGE 14, 288, 293 : "Die Gewährleistung des Eigentums ergänzt die Handlungs- und Gestaltungsfreiheit".

728 Bryde, in : v. M./K., Art. 14, Rdn. 12.

729 Bryde, in : v.M/K., Art. 14, Rdn. 27. Diese gewandelten Verhältnisse bestehen insbesondere in der immmer größer und existentieller werdenden Bedeutung obligatorischer Rechte im Gegensatz zu Grundeigentum, vgl. Bryde, aaO. Rdn. 22.

730 Wieland, in: Dreier, Art. 14 Rdn. 26, 31.

Art. 14 Abs. 1 GG gewährleistet - so die einhellige Meinung in der Literatur und Rechtsprechung - zum einen das objektiv-rechtliche Institut des Privateigentums, zum anderen aber auch die Eigentumsfreiheit i. S. e. subjektiven Rechts des einzelnen Eigentümers.[731] Vom Blickpunkt dieser Unterscheidung zwischen Institutsgarantie und subjektiv-öffentlich-rechtlichem Abwehrrecht deckt sich die Eigentumsgewährleistung des Grundgesetzes also mit der Garantie des Eigentums in Art. 153 WRV.[732] Weniger klar ist jedoch der Begriff des Eigentums selbst.

Für den Eigentumsbegriff der Weimarer Reichesverfassung bestand für die damals wohl H. L. zunächst eine Identität mit dem des bürgerlichen Rechts.[733] Eine andere Sichtweise vertrat aber - "in Verkennung oder Verzeichnung der seinerzeitigen h. L."[734] - bereits 1923 Martin Wolff.[735] Zunächst unterschied Wolff zwischen der Rechtsstellungsgarantie, d. h. der Gewährung gegen den Staat gerichteter subjektiver Eigentumsrechte einerseits und dem Eigentum als Rechtsinstitut andererseits.[736] Seiner Meinung nach war man jedoch "mit Recht darüber einig, daß nicht nur das Eigentum im Sinne des heutigen bürgerlichen Rechts, sondern jedes private Vermögensrecht" von Art. 153 Abs. 1 S. 1 WRV[737] gewährleistet sein sollte.[738] Allerdings bezog er diese Erweiterung nur auf das konkrete private Recht, nicht aber auf die "Garantie des Eigentums als Rechtsinstitut", die sich nur auf das "Eigentum im technischen Sinne" beschränke.[739]

---

731 Vgl. hierzu etwa BVerfGE 24, 367, 389 : "Art. 14 Abs. 1 Satz 1 GG gewährleistet das Privateigentum sowohl als Rechtsinstitut wie auch in seiner konkreten Gestalt in der Hand des einzelnen Eigentümers. Das Eigentum ist ein elementares Grundrecht, das in einem inneren Zusammenhang mit der Garantie der persönlichen Freiheit steht. Ihm kommt im Gesamtgefüge der Grundrechte die Aufgabe zu, dem Träger des Grundrechts einen Freiheitsraum im vermögensrechtlichen Bereich sicherzustellen und ihm damit eine eigenverantwortliche Gestaltung des Lebens zu ermöglichen. Die Garantie des Eigentums als Rechtseinrichtung dient der Sicherung dieses Grundrechts. Das Grundrecht des einzelnen setzt das Rechtsinstitut "Eigentum" voraus; es wäre nicht gewährleistet, wenn der Gesetzgeber an die Stelle des Privateigentums etwas setzen könnte, was den Namen "Eigentum" nicht mehr verdient".

732 Statt vieler Papier in : M/D/H/S, Art. 14, Rdn. 1. Art. 153 Abs. 1 WRV lautet : "*Das Eigentum wird von der Verfassung gewährleistet. Sein Inhalt und seine Schranken ergeben sich aus den Gesetzen*".

733 Vgl. hierzu etwa v. M/K, Art. 14, Rdn. 11; Wieland, in : Dreier, Art. 14 Rdn. 3 f.

734 V. Münch in v. M/K., Art. 14, Rdn. 11.

735 Wolff, S. 3.

736 Wolff, S. 3. S. hierzu Rittstieg, S. 258.

737 Art. 153 Abs. 1 S. 1 WRV lautete : *Das Eigentum wird von der Verfassung gewährleistet.*

738 Wolff, S. 3.

739 Wolff, S. 6; ablehnend zu dieser Einschränkung der Erweiterung des Eigentumsbegriffs auf das konkrete subjektive Recht Papier, in : M/D/H/S, Art. 14, Rdn. 11.

Das Reichsgericht hatte sich dieser weiten Auslegung des Eigentumsbegriffs angeschlossen.[740]

Bei der Entstehung von Art. 14 GG orientierte sich der parlamentarische Rat zum einen an Art. 153 WRV, nahm aber auch die zwischen dem Erlaß der Weimarer Reichsverfassung und der Verfassung des Grundgesetzes gesammelten Erfahrungen mit auf.[741]
Dennoch deuten einige vom Bundesverfassungsgericht gebrauchte Formeln aus Entscheidungen der frühen Jahre auf eine Identität des verfassungsrechtlichen Eigentumsbegriffs mit dem des bürgerlichen Rechts hin, wenn etwa davon die Rede ist, "... das Grundgesetz wollte hier das Rechtsinstitut des Eigentums, so wie es das bürgerliche Recht und die gesellschaftlichen Anschauungen geformt haben, schützen".[742] Allerdings wird auch darauf hingewiesen, daß durch den Verweis auf die "gesellschaftlichen Anschauungen" eine Erweiterung des Eigentumsbegriffs ermöglicht wird.[743]

Andererseits ist das Bundesverfassungsgericht auch schon immer von einem eigenständigen verfassungsrechtlichen Begriff des Eigentums ausgegangen, der "aus der Verfassung selbst gewonnen werden" muß.[744] So wurde denn auch konsequenterweise die Ausdehnung des Eigentumsbegriffs auf private Vermögensrechte im Rahmen des Art. 14 GG vom Bundesverfassungsgericht übernommen.[745] Dabei führte das Bundesverfassungsgericht im Hinblick auf die Wandelbarkeit des Eigentumsbegriffs aus, daß eine "Verfassungsbestimmung einen Bedeutungswandel erfahren (könne), wenn in ihrem Bereich neue, nicht vorausgesehene Tatbestände auftauchen oder bekannte Tatbestände durch ihre Einordnung in den Gesamtablauf einer Entwicklung in neuer Beziehung oder Bedeutung erscheinen".[746]

---

740 RGZ 129, 246, 250; vgl. hierzu BVerfG 2, 380, 399.

741 Zur Entstehung der Norm vgl. ausführlich etwa Wieland, in: Dreier, Art. 14, Rdn. 13 .

742 Vgl. etwa BVerfGE 1, 264, 278 ; s. auch BVerfGE 2, 380, 402; 11, 64, 70; 14, 263, 278.

743 Leisner, in : HbStR, § 149, Rdn. 149.

744 Vgl. etwa BVerfGE 58, 300, 335.

745 Vgl. hierzu etwa BVerfGE 2, 380, 399 f. : "Vor 1933 waren Rechtsprechung und Wissenschaft mit geringen Ausnahmen darüber einig, daß der dem Art. 14 GG entsprechende Art. 153 der Reichsverfassung vom 11. August 1919 sich nur auf private Vermögensrechte bezog ... . Diese herrschende Meinung war dem Grundgesetzgeber bekannt. Ihm war ferner bekannt, daß bis zuletzt sogar die Ausdehnung des Eigentumsbegriffs auf sämtliche private Vermögensrechte von namhaften Vertretern der Rechtswissenschaft bekämpft worden ist ...".

746 BVerfGE 2, 380, 401; s. etwa auch BVerfGE 20, 351, 355 f.: "... muß Klarheit darüber bestehen, wie weit sich der verfassungsrechtlich geschützte Bereich des Eigentums erstreckt. Da es keinen "absoluten" Begriff des Eigentums gibt, ist es Sache des Gesetzge-

In den folgenden Jahren entwickelte das Bundesverfassungsgericht auf diese Weise den Schutzbereich der Eigentumsgarantie kontinuierlich in Richtung des Schutzes auch der privaten Vermögensrechte weiter. Erfaßt wurden so etwa alle dinglichen Rechte, die gesellschaftsrechtlichen Mitgliedsrechte, die Immaterialgüterrechte hinsichtlich ihrer vermögensrechtlichen Komponenten sowie die obligatorischen Rechte.[747]

Die Eigentumsgarantie erfaßt darüber hinaus aber auch Rechtspositionen, die durch das öffentliche Recht gewährt werden.[748]

B. Das Recht zum Besitz

Bereits oben wurde auf die den Eigentumsschutz stark ausbauende Rechtsprechung im Bereich der privaten Vermögensrechte hingewiesen. Ein "ungeschriebenes" Freiheitsrecht schuf das Bundesverfassungsgericht dabei durch die Anerkennung des Besitzrechtes des Mieters als Bestandteil der Eigentumsgarantie des Art. 14 Abs. 1 S. 1 GG.[749]

In der verfassungsrechtlichen Literatur hatte sich bereits "seit Jahrzehnten" eine Tendenz zur Verselbständigung des Besitzrechtes des Mieters an der gemieteten Wohnung gegenüber dem Eigentum des Vermieters abgezeichnet und es war teilweise von einem "Eigentumsrecht des Mieters" die Rede.[750] Dabei wurde als-

---

bers, Inhalt und Schranken des Eigentums zu bestimmen ..."; s. auch BVerfGE 31, 229, 240.

747 Zu Einzelheiten vgl. etwa Papier, in : M/D/H/S, Art. 14 insbes. Rdn. 193 ff.; Dreier, in: Dreier, Art. 14 insbes. Rdn. 38 ff.; Wendt, in : Sachs : Art. 14, Rdn. 22 ff.

748 Vgl. hierzu etwa grundlegend BVerfGE 32, 129, 143 : "Diese Rechtsprechung bedarf einer Überprüfung; sie geht von der strikten Trennung der Bereiche des privaten und öffentlichen Rechts aus, die durch die Rechtsentwicklung überholt ist, und berücksichtigt nicht die Veränderung der wirtschaftlichen und sozialen Verhältnisse, besonders das ständige Vordringen der staatlichen Daseinsvorsorge in vielen Lebensbereichen. Wenn der Eigentumsschutz ein Stück Freiheitsschutz enthält, insofern er dem Bürger die wirtschaftlichen Voraussetzungen einer eigenverantwortlichen Lebensgestaltung sichert, so muß er sich auch auf die öffentlich-rechtlichen Berechtigungen erstrecken, auf die der Bürger in seiner wirtschaftlichen Existenz zunehmend angewiesen ist. Die im vorliegenden Fall durch die Rechtsänderung entzogenen Ansprüche unterscheiden sich in ihrer wirtschaftlichen Bedeutung nicht von bürgerlich-rechtlichen Geldforderungen ..." . Zu Einzelfragen s. etwa Papier, in : M/D/H/S, Art. 14, Rdn. 124 ff.; Wieland, in Dreier : Art. 14, Rdn. 53 ff. mit umfangreichen Hinweisen auf die Rechtsprechung des BVerfG.

749 S. auch (wohl ironisch) Depenheuer, S. 2563, für den die die Ausweitung der Eigentumsgarantie auf das Besitzrecht des Mieters den "letzten schmückenden Schlußstein einer längerfristigen Entwicklung" darstellt; zur Kritik Depenheuers an der Rechtsprechung des Bundesverfassungsgerichts s. unten, S. 122 f.

750 Derleder/Winter, S. 664.

zentraler Argumentationspunkt die schuldrechtlich eher schwache Stellung des Mieters gegenüber dem Eigentümer angeführt.[751] Wegen der "hohen sozialen Bedeutung der Wohnung müsse deshalb eine "Emanzipation des Mietrechts vom Sacheigentum" erfolgen.[752] Von anderer Seite wurde argumentiert, daß das "Korrelat der staatlichen Enteignung, die nach dem ganzen Vermögen der Bürger greift, die Erstreckung des verfassungsrechtlichen Schutzes auf das ganze Vermögen" und damit auch auf die Mietrechte sei.[753] Als inkonsequent wurde es zudem angesehen, daß "zwar das Recht des Eigentümers auf autonome Lebensplanung unter Nutzung seines Eigentums" Art. 14 GG unterstellt wird, der "Lebensplanung des Mieters" jedoch grundrechtlicher Schutz nicht zugebilligt wird.[754] Die Entwicklung eines "sozialen Eigentumsbegriffs" unterliege bereits deshalb keinen Bedenken, weil "der Eigentumsbegriff hier nicht seine erste Struktur- und Funktionsänderung" durchlaufe.[755]

Allerdings gab es auch eine Reihe von kritischen Stimmen. So wurde eingewandt, daß eine Qualifizierung von Eigentum als vermögenswertes, durch Privatnützigkeit, rechtfertigende Leistung und Verfügungsbefugnis gekennzeichnetes Recht die Subsumtion der Mieterrechte zum Besitz deshalb ausschließe, weil der Mieter nicht über die Mietsache verfügen könne. Im übrigen gäbe es dann zwei Eigentümer an der gemieteten Sache, obwohl unsere Rechtsordnung gespaltenes Eigentum nicht kenne.[756] Auch habe der Mieter keine "originäre Beziehung zum fremdgeschaffenen Eigentumsgegenstand", sondern eine "derivative". Es sei deshalb zweifelhaft, aus der Tatsache, daß der Mieter eine Sache nur nutzt, eine grundrechtlich geschützte Position herzuleiten.[757]

Das Bundesverfassungsgericht hatte das Mieterbesitzrecht zunächst als Rechtsreflex aus der sozialen Gebundenheit des Eigentümers gedeutet.[758]
In zwei Entscheidungen wiederum hatte es zweimal ausdrücklich offen gelassen, inwieweit das Besitzrecht des Mieters den Schutz des Art. 14 Abs. 1 S. 1 GG genieße. So führte es 1964 aus :

---

751 Rittstieg, S. 328 f.

752 Derleder, in : AK vor §§ 535 ff., Rdn. 56.

753 Klein, in: v. Mangoldt-Klein, GG I, 2. Aufl. 1966, S. 424. Allerdings betrifft die Enteignung die Rechtsstellungsgarantie und nicht die Institutsgarantie.

754 Frohn, S. 639. Allerdings wird hier nicht ganz klar, ob dieser grundrechtliche Schutz des Mieters aus Art. 14 GG oder aus dem "allgemeinen Persönlichkeitsrecht des Mieters in Verbindung mit einem aus Art. 2 Abs. 2 GG ableitbaren Grundrecht auf angemessenen Wohnraum" resultiert, s. hierzu Frohn, aaO., S. 640.

755 Derleder/Winter, S. 663.

756 Roellecke (Mieterschutz), S. 1653.

757 Henschel, S. 939.

758 S. die Nachweise bei Depenheuer, S. 2561 FN 3.

"Der Mieterschutz ist keine selbständige Rechtsposition, die als solche durch Art. 14 GG geschützt sein könnte, sondern eine Verstärkung der vertraglichen Rechte des Mieters. Ob diese - besonders unter dem Gesichtspunkt des Besitzschutzes - als Eigentum im Sinne des Art. 14 GG angesehen werden können, kann dahingestellt bleiben".[759]

Eine Änderung dieser Rechtsprechung hin zu einem (ungeschriebenen) "Eigentumsgrundrecht des Mieters an der Mietwohnung"[760] nahm das Bundesverfassungsgericht dann allerdings 1993 vor. Das Bundesverfassungsgericht führt hierzu aus :

"Wesentliches Merkmal des Eigentums im Sinne von Art. 14 GG ist, daß ein vermögenswertes Recht dem Berechtigten ebenso ausschließlich wie Sacheigentum zur privaten Nutzung und zur eigenen Verfügung zugeordnet ist. Die Eigentumsgarantie soll dem Grundrechtsträger einen Freiraum im vermögensrechtlichen Bereich erhalten und dem Einzelnen damit die Entfaltung und eigenverantwortliche Gestaltung seines Lebens ermöglichen: Unter den Schutz der Eigentumsgarantie im Bereich des Privatrechts fallen deshalb grundsätzlich alle vermögenswerten Rechte, die ihrem Inhaber von der Rechtsordnung in der Weise zugeordnet sind, daß er die damit verbundenen Befugnisse nach eigenverantwortlicher Entscheidung zu seinem privaten Nutzen ausüben darf. ... Das Besitzrecht des Mieters erfüllt ... Funktionen, wie sie typischerweise dem Sacheigentum zukommen. Dieser Bedeutung der Wohnung hat der Gesetzgeber mit der Ausgestaltung des Besitzrechts Rechnung getragen. Es stellt eine privatrechtliche Rechtsposition dar, die dem Mieter wie Sacheigentum zugeordnet ist".[761]

In der Literatur war die Resonanz auf die neue Rechtsprechung geteilt.

So wurde die Ausdehnung des Schutzes durch Art. 14 GG auf das Besitzrecht des Mieters unter Hinweis auf seine Bedeutung zur Befriedigung elementarer Lebensbedürfnisse von einem Teil der Doktrin begrüßt. Dem Unterstellen unter die Eigentumsgarantie stünde insbesondere auch nicht entgegen, daß der Mieter über die geschützte Rechtsposition nicht uneingeschränkt verfügen oder diese beliebig übertragen kann, da die uneingeschränkte Verfügungsbefugnis keine Voraussetzung des Eigentumsschutzes sei.[762]

Andererseits findet sich aber auch heftige Kritik an dem "grundrechtsdogmatischen Höhenflug" der "Verfassungsingenieure aus Karlsruhe".[763] Dabei wird grundsätzlich moniert, daß das Bundesverfassungsgericht einfach als Verfassungsgesetzgeber einspringe und "das Eigentumsgrundrecht des Mieters" verkünde.[764] Eingeräumt wird überdies zwar, daß die Herleitung eines Grundrechtes aus

---

759 BVerfGE 18, 121, 131; s. auch BVerfGE 83, 82, 88.

760 Rüthers, S. 2587.

761 BVerfGE 89, 1, 6.

762 Wieland, in: Dreier, Art. 14 Rdn. 27, 39.

763 Depenheuer, S. 2561.

764 Depenheuer, S. 2564.

Mietbesitz zwar "logisch möglich" und der entsprechende Beschluß des Bundesverfassungsgerichts "dogmatisch-konstruktiv folgerichtig" sein mag, seine psychologische Wirkung für den privaten Wohnungsbau aber nicht zu unterschätzen sei.[765]
Aus inhaltlicher Sicht wird zudem auf der einen Seite die "funktionale Betrachtungsweise", aus der elementaren Bedeutung des (schuldrechtlichen) Besitzrechtes des Mieters, die grundrechtliche Eigentumsgewährleistung herzuleiten, in Frage gestellt.[766] Zweifel angemeldet werden auch - unter Betonung der schuldrechtlichen Natur des Mietverhältnisses - an der Ausage, das Besitzrecht des Mieters sei diesem "wie Sacheigentum zugeordnet".[767]
Zudem spalte die Sichtweise des Bundesverfassungsgerichts das Eigentum materiell in ein "Nutzungseigentum" des Mieters, dem die Verfügungsbefugnis fehlt, und ein "Verfügungseigentum" des Vermieters, dem das Nutzungsrecht genommen ist, auf.[768]
Darüber hinaus verliere das Privatrecht durch die Hochzonung von Mieterechten auf die Verfassungsebene "ein weiteres Stück Eigenständigkeit".[769]

17. Kapitel : Prozessuale Grundrechte

Auch im Bereich der prozessualen Grundrechte hat das Bundesverfassungsgericht mehrere "ungeschriebene" Freiheitsrechte anerkannt.

A. Das Recht auf einen fairen Prozeß

Das Grundgesetz enthält zwar mit den Art. 19 Abs. 4, 101 Abs. 1 S. 2, 103 Abs. 1, 104 - den sog. Prozeß- oder Justizgrundrechten - eine Reihe von verfassungsrechtlichen Garantien, die dazu beitragen, ein faires gerichtliches Verfahren zu sichern.[770] Ein generalklauselartig gefaßtes bzw. allgemeines Prozessgrundrecht

---

765 Rüthers, S. 2588 f.
766 Depenheuer, S. 2562 f. unter Hinweis auf "eine Parallelität zur Rechtsprechung hinsichtlich der Eigentumsfähigkeit sozialrechtlicher Positionen".
767 Depenheuer, S. 2563.
768 Depenheuer, S. 2563, aufgrund der Annahme, daß dem Mieter keine Verfügungsmacht, sondern nur Nutzungsrechte über den Mietgegenstand zustehen.
769 Depenheuer, S. 2564.
770 Zur grundrechtsdogmatischen Zuordnung und Bedeutung dieser Garantien s. etwa Stern, S. 363 ff.

auf ein faires Verfahren[771] kennt die deutsche[772] Verfassungsordnung jedoch nicht.[773]

In der Literatur stand die Problematik lange Zeit nicht im Zentrum des Interesses.[774]

Das Bundesverfassungsgericht erkannte den Anspruch auf eine faires Verfahren als "ungeschriebenes" Freiheitsrecht erst relativ spät an.
Hintergrund der bundesverfassungsgerichtlichen Entscheidungen waren dabei meist Handlungen im Strafverfahren.[775] Dies soll aber nicht darüber hinwegtäuschen, daß es sich hier um ein "für alle Verfahren, ... die speziellen verfassungsrechtlichen Prozeßgarantien überwölbendes allgemeines ungeschriebenes Prozeßgrundrecht" handelt.[776]

Erste Anhaltspunkte für die Anerkennung eines Rechtes des Angeklagten auf ein faires Strafverfahren lassen sich dabei bereits einigen früheren Urteilen des Bundesverfassungsgerichts entnehmen.[777] Die erste Entscheidung, in der ausdrücklich von einem Recht - nicht Grundrecht - auf ein "faires Strafverfahren" die Rede war, findet sich im Jahre 1969, als das Bundesverfassungsgericht ausführt :

---

771 Die Terminologie variert hier : So werden z. Bsp. die Begriffe Grundsatz eines fairen Verfahrens, Faineß-Gebot, Fairneßklausel bzw. -maxime (Karwacki); fair-trial-Grundsatz u. a. verwandt, ohne i. d. R. etwas unterschiedliches zu meinen, vgl. hierzu etwa Stern (Prozessgrundrechte), S. 373.

772 Im Gegensatz etwa zur amerikanischen Verfassung, vgl. hierzu ausführlich Dörr, S. 5 ff. Zum amerikanischen und englischen Recht s. etwa Vollkommer, S. 195, S. 209 ff.

773 Vollkommer, S. 206 ff., weist allerdings auf Art. 6 Abs. 1 MRK hin, der auf unterverfassungsrechtlicher Ebene auch im deutschen Recht gilt. Teilweise wird zudem versucht, ein solches Grundrecht aus einzelnen (geschriebenen) Justizgrundrechten bzw. aus einer Gesamtschau derselben herzuleiten, vgl. hierzu ausführlich und mit umfangreichen Literaturhinweisen Dörr, S. 94 ff.; Einigkeit dürfte hingegen dahingehend bestehen, daß *Teilbereiche* des Grundrechtes bereits durch die oben angeführten Justizgrundrechte geschützt werden. Zur Abgrenzung gegenüber ausdrücklich normierten "Rechtsschutzgewährungsansprüchen" s. etwa Vollkommer, S. 197.

774 So scheint die erste umfangreiche Monographie, die die Rechtsprechung des Bundesverfassungsgerichts miteinbezieht, diejenige von Dörr, aaO., zu sein.

775 Degenhart, in : Sachs, Art. 103, weist auf die "deutlich geringere Bedeutung" für den Zivilprozeß hin; ähnlich Vollkommer, S. 196, der auf die spärliche Behandlung des Grundsatzes in diesem Bereich durch die Literatur hinweist. Das Bundesverfassungsgericht stellt ausdrücklich die grundsätzliche Geltung des Rechts auf ein faires Verfahren heraus, s. BVErfGE 78, 123, 126.

776 Neben seiner Rolle im prozessualen Bereich hat der Grundsatz auch Bedeutung für Verfahrensordnungen außerhalb des Prozeßrechts erlangt, s. hierzu Tettinger, S. 46 ff.

777 Vgl. hierzu im einzelnen Dörr, insbes. S. 106 f.

"Das Recht auf Verteidigung und das Recht auf ein faires Verfahren gehören zu den wesentlichen Grundsätzen eines rechtsstaatlichen Strafverfahrens".[778]

Die dogmatische Begründung durch den alleinigen Bezug auf das Rechtsstaatsprinzip war hier allerdings noch eher dürftig.

1974 erscheint der fair trial Grundsatz dann zum erstenmal in einem amtlichen Leitsatz des Bundesverfassungsgerichts. In die Begründung läßt es auch Art. 2 GG mit einfließen :[779]

"Der Zeuge darf ungeachtet seiner prozessualen Funktion als Beweismittel nicht zum bloßen Objekt eines Verfahrens gemacht werden. Zwar gehört er nicht zu den Parteien des Verfahrens. Seine passive Rolle im Verfahren läßt jedoch unberührt, daß der durch Art. 2 Abs. 1 in Verbindung mit Art. 1 Abs. 1 grundrechtlich geschützte Persönlichkeitsbereich des Zeugen ... den Einwirkungen des Verfahrensrechts und seiner Anwendung durch die Beteilgten entzogen ist. Das Recht auf ein faires Verfahren, das den Zeugen davor bewahrt, von anderen Verfahrensbeteiligten als bloßes Objekt eines rechtsstaatlich geordneten Verfahrens behandelt zu werden, gewährleistet dem Zeugen im Rahmen der besonderen Ausgestaltung des durch Art. 2 Abs. 1 verkörperten Rechts auf freie Entfaltung der Persönlichkeit ... nicht schlechthin ein allgemeines Recht auf Rechtsbeistand".[780]

1975 erscheint zum erstenmal die später immer wieder gebrauchte Formel von einem Anspruch auf ein faires Verfahren "aus Art. 2 Abs. 1 GG i. V. m. dem Rechtsstaatsprinzip" [781], im darauffolgenden Jahr spricht das Bundesverfassungsgericht zum ersten Mal von einem *Grundrecht* auf ein faires Verfahren.[782]
In einer Entscheidung aus dem Jahre 1981 ist in der höchstverfassungsrichterlichen Rechtsprechung im Zusammenhang mit dem fair trial Grundsatz zum ersten Mal von einem "allgemeinen Prozeßgrundrecht" die Rede. In seiner ausführlichen und instruktiven Entscheidung führt das Bundesverfassungsgericht grundsätzlich aus :

Über die Anforderungen hinaus, die sich aus den Verfahrensgrundrechten, insbesondere aus Art. 103 Abs. 1 GG ergeben, hat das Bundesverfassungsgericht aus dem Rechtsstaatsprinzip in Verbindung mit dem allgemeinen Freiheitsrecht (Art. 2 Abs. 1 GG) einen Anspruch des Angeklagten auf ein faires, rechtsstaatliches Strafverfahren abgeleitet. Es hat daran solche Beschränkungen Verfahrensbeteiligter gemessen, die von den speziellen Gewährleistungen nicht

---

[778] BVerfGE 26, 6, 71.

[779] BVerfGE 38, 105, 114; vgl. hierzu im einzelnen Dörr, S. 108 ff.

[780] BVerfGE 38, 105, 115.

[781] BVerfGE 39, 156, 163.

[782] BVerfGE 41, 246, 249: "Der angegriffene Beschluß des Bundesgerichtshofs verletzt die Beschwerdeführer nicht in ihren Grundrechten. Die Bestimmung des § 231 StPO, auf der er beruht, ist verfassungsgemäß: sie beeinträchtigt den Angeklagten weder in seinem Anspruch auf rechtliches Gehör (Art. 103 Abs. 1 GG) noch in seinem Recht auf ein faires Verfahren (Art. 2 Abs. 1 in Verbindung mit Art. 20 Abs. 3 GG)".

erfaßt werden ... . Die Wurzel dieses allgemeinen Prozeßgrundrechts findet sich in den in einem materiell verstandenen Rechtsstaatsprinzip verbürgten Grundrechten und Grundfreiheiten des Menschen, insbesondere in dem durch ein Strafverfahren bedrohten Recht auf Freiheit der Person (Art. 2 Abs. 2 Satz 2 GG), dessen freiheitssichernde Funktion auch im Verfahrensrecht Beachtung erfordert; ferner in Art. 1 Abs. 1 GG, der es verbietet, den Menschen zum bloßen Objekt eines staatlichen Verfahrens herabzuwürdigen, und von daher einen Mindestbestand an aktiven vaerfahrensrechtlichen Befugnissen des Angeklagten voraussetzt.[783]

In der Folgezeit hielt das Bundesverfassungsgericht[784] diese Linie bei und schuf immmer klarere Konturen des ungeschriebenen Freiheitsrechtes.[785]

In der Literatur hat der Ansatz des Bundesverfassungsgerichts, ein dogmatisch eigenständigen Grundrecht auf ein faires Verfahren anzuerkennen, überwiegend Zustimmung gefunden. So wird der Grundsatz etwa als "prägnante Zusammenfassung von Einzelimpulsen" begrüßt[786] und auf die"eigenständige Bedeutung des Fairneßgebots" hingewiesen.[787] Herausgehoben wird, daß die Wurzel der Fairneßklausel "letztlich allgemein in der durch die Grundrechte statuierten Wertordnung und besonders in der in den allgemeinen Freiheitsrechten zum Ausdruck kommenden Schutztendenz" liege.[788] Als "ungeschriebene deutsche *due-process-Klausel*" wird es neben entsprechende Verbürgungen in ausländischen Verfassungsordnungen gestellt.[789]

Von Teilen der Doktrin wird die dogmatische Eigenständigkeit der Garantie auf ein faires Verfahren wegen der Abstraktionshöhe dieses Grundsatzes aber auch bestritten. Es handele sich um ein "zwangsläufig inhaltsblasses Prinzip", dem ein konkreter Regelungsgehalt "allenfalls für einige wenige, elementare Fallkonstellationen entnommen werden könne, mit dem Grenzfälle aber nicht "stringent" lösbar seien.[790] Auch wird - angesichts "möglicher Kollisionen mit anderen verfassungskräftig geschützten Rechtsgütern" - auf die Grenzen der Wirkungskraft des Fairneßgrundsatzes hingewiesen.[791]

---

[783] BVerfGE 57, 250, 274 f.

[784] Diese Rechtsprechung wurde insbesondere jedoch vom 2. Senat getragen; der 1. Senat sieht als Ansatzpunkt die Einwirkung von Grundrechten auf das Verfahrensrecht, vgl. hierzu Dörr, S. 131 ff.

[785] Vgl. etwa BVerfGE, NJW 1997, 999, 1000.

[786] Hill, in : HbStR, § 156, Rdn. 38, der allerdings die Kritik der Gegenmeinung als "im Ansatz berechtigt" ansieht und festhält, daß soweit wie möglich die speziellen Gewährleistungen herangezogen werden sollten; ähnlich Schmidt-Assmann, S. 1033, 1035 f.

[787] Schmidt-Assmann in : M/D/H/S, Art. 103 Rdn. 9.

[788] Karwacki, S. 43.

[789] Vollkommer, S. 219, ähnlich Karwacki, S. 45: "Prozessuale Billigkeits-Maxime mit dem Inhalt des fair-trial".

[790] Heubel, S. 137 f.

[791] Tettinger, S. 64 ff.

Bedeutung besitzt das ungeschriebene Prozeßgrundrecht etwa - im Strafverfahrensrecht - für Mitwirkungsrechte des Beschuldigten oder Anforderungen an die Form der Beweisgewinnung, für den Bereich des Zivilprozesses z. Bsp. für Fragen der Beweislastverteilung.[792]

B. Art. 19 IV GG : Strafe nur bei Verschulden

Ebenfalls dem Bereich der Prozeßgrundrechte zuzuordnen ist das Schuldprinzip, wonach Strafe grundsätzlich Verschulden voraussetzt ("nulla poena sine culpa"). Dieser verfassungsrechtliche Grundsatz ist zwar nicht ausdrücklich in einer Bestimmung des Grundgesetzes[793] verankert, seine Geltung ist allerdings "unabhängig von (seiner) gesetzlichen Normierung in Literatur und Rechtsprechung unbestritten".[794] Sie wurzelt "letztlich in rechtsstaatlich verstandener Menschenwürde" und ist "Element des Persönlichkeitsrechts".[795]

Auch die dogmatische Begründung des Bundesverfassungsgerichts basiert im wesentlichen auf Art. 1 Abs. 1, Art. 2 Abs. 1 GG und dem Rechtsstaatsprinzip, allerdings teilweise in wechselnder Kombination: So etwa, wenn es heißt :

"Dem Grundsatz, daß jede Strafe ... Schuld voraussetze, kommt verfassungsrechtlicher Rang zu. Er ist im Rechtsstaatsprinzip begründet. ... Die strafrechtliche oder strafrechtsähnliche Ahndung einer Tat ohne Schuld des Täters ist demnach rechtsstaatswidrig und verletzt den Betroffenen in seinem Grundrecht aus Art. 2 Abs. 1 GG".[796]

"Danach setzt jede Strafe Schuld voraus. Dieser Grundsatz hat Verfassungsrang; er ist an der Idee der Gerechtigkeit orientiert und findet seine Grundlage im Rechtsstaatsprinzip und in Art. 1 Abs. 1 GG ...".[797]

"Dieser Grundsatz der Schuldangemessenheit des Strafens hat seinerseits Verfassungsrang. Er folgt aus Art. 1 Abs. 1 und Art. 2 Abs. 1 GG (Würde und Eigenverantwortlichkeit des Menschen)".[798]

---

[792] Vgl. hierzu statt vieler Degenhart, in Sachs, Art. 103, Rdn. 44 ff. mit umfangreichen Hinweisen auf die Rechtsprechung.

[793] Anders allerdings in einigen Länderverfassungen, vgl. hierzu etwa Marxen, S. 372; Vogler, S. 436.

[794] Vogler, S. 436.

[795] Stürner, S. 3; ähnlich Marxen, S. 372: " ... sie (die Unschuldsvermutung, d. Verf.) ist daher als Bestandteil der verfassungsrechtlichen Prinzipien der Unantastbarkeit der Menschenwürde (Art. 1 Abs. 1 GG) und der Rechtsstaatlichkeit (Art. 28 Abs. 1 Satz 1 GG) zu betrachten; Vogler, S. 437; s. auch Dürig, in : M/D/H/S, Art. 1 Rdn. 32.

[796] BVerfGE 20, 323, 331; ähnlich etwa BVerfGE NJW 1992, 2011.

[797] BVerfGE 50, 125, 133; s. auch BverfGE 50, 205, 214; aus neuerer Zeit BVerfG 80, 244, 255.

[798] BVerfGE 86, 288, 313; ähnlich etwa BVerfGE 45, 187, 259.

Teilweise nimmt das Bundesverfassungsgericht auch nur auf das Rechtsstaatsprinzip Bezug.[799]

In einem Urteil scheint das Bundesverfassungsgericht zunächst auf Art. 103 Abs. 2 GG als (direkten) Anknüpfungspunkt abzustellen, kommt dann aber letztlich doch auf Art. 1 Abs. 1 und Art. 2 Abs. 1 zurück. Es heißt hier :

> Art. 103 Abs, 2 GG geht von dem rechtstaatlichen Grundsatz aus, daß keine Strafe ohne Schuld verwirkt wird. ... dieser Grundsatz wurzelt in der vom Grundgesetz vorausgesetzten und in Art. 1 Abs. 1 und Art. 2 Abs. 1 GG verfassungskräftig geschützten Würde und der Eigenverantwortlichkeit des Menschen ... . [800]

---

[799] So etwa BVerfGE 74, 358, 370 f.

[800] BVerfGE 25, 269, 285.

6. Teil : Gesamtanalyse

18. Kapitel : Die methodische Einordnung des Vorgehens des Bundesgerichts

Das Schweizer Bundesgericht stellte den in der Bundesverfassung von 1874 ausdrücklich aufgeführten Freiheitsrechten innerhalb eines Zeitraumes von etwas mehr als einem Jahrzehnt fünf ungeschriebene Freiheitsrechte zur Seite : 1959 die - mittlerweile ausdrücklich verankerte - Eigentumsfreiheit, 1963 die Meinungsäußerungsfreiheit und die persönliche Freiheit, 1965 die Sprachenfreiheit und 1970 als bis heute letztes Freiheitsrecht die Versammlungsfreiheit. Darüber hinaus anerkannte es 1995 das Recht auf das Existenzminimum als soziales ungeschriebenes Grundrecht.

Dieser für die Anerkennung ungeschriebener Freiheitsrechte sehr günstigen Phase insbesondere in den 60er Jahren folgte eine - bis heute andauernde - Zeit, in der das Bundesgericht gemäß seiner eigenen Maxime, bei der Anerkennung neuer Freiheitsrechte Zurückhaltung zu üben[801], neuen verfassungsrechtlichen Individualgarantieren durchweg ablehnend gegenüber stand. Abgelehnt wurden so : 1970 das Recht auf freie Grabmalgestaltung, 1972 die Demonstrationsfreiheit, 1974 das Recht auf eine demokratische Grundordnung, 1977 ein (generelles) Recht auf Bildung, 1978 ein Grundrecht auf ein Bankgeheimnis sowie der Anspruch des Bürgers auf Informationen durch die Behörden.

Bei seiner Rechtsprechung nahm das Bundesgericht nie eine Vorreiterrolle ein, sondern reagierte - mit mehr oder minder großer Verzögerung - auf in der Lehre vertretene Positionen. Abgesehen von der Sprachenfreiheit findet die Rechtsprechung des Bundesgerichts - zumindest im Grundsatz - überwiegend Zustimmung in der Rechtslehre.

Im Laufe seiner Rechtsprechung zu den ungeschriebenen Freiheitsrechten entwickelte das Bundesgericht dabei verschiedene Kriterien, anhand derer es die Frage, ob eine Freiheit als ungeschriebenes Freiheitsrecht anzuerkennen sei, beurteilte. Die neuen ungeschriebenen Freiheitsrechte mußten notwendige Voraussetzung für die Ausübung andererer Freiheitsrechte sein, sie mußten für die rechtsstaatliche Ordnung des Bundes unentbehrlich sein und es mußte ein allgemeiner Konsens hinsichtlich der Anerkennung herrschen.

---

[801] Vgl. etwa BGE 96 I, 219, 223 f.

Eine methodische Einordnung des eigenen Tuns findet sich in der Rechtsprechung des Bundesgerichts jedoch an keiner Stelle. Im folgenden wird deshalb die Vorgehensweise des Bundesgerichts unter methodischen Gesichtspunkten zu beleuchten sein.

A. Die Lösungsansätze in der Literatur

In der eidgenössischen Literatur wird zwar häufig eine methodische Einordnung der Rechtsprechung des Bundesgerichts vorgenommen, das hier gewonnene Bild ist allerdings von Uneinheitlichkeit gekennzeichnet.

So werden hier teilweise die zu Art. 1 Abs. 2 ZGB[802] entwickelten Grundsätze angewandt und es wird auf die Unterscheidung "echte" - "unechte Lücke" abgestellt.[803] Diese Einteilung durch die Schweizer Doktrin und Judikatur in zwei Kategorien von Lücken hat erhebliche praktische Konsequenzen. So gebietet nach Schweizer h. L. das Rechtsverweigerungsverbot dem Richter, "echte" Lücken zu schließen, während ihm das im öffentlichen Recht geltende Gesetzmäßigkeitsprinzip die Ausfüllung "unechter" Lücken untersagt[804]. Anders ausgedrückt wäre die Rechtsprechung des Bundesgerichts zu den ungeschriebenen Freiheitsrechten nur legitimiert, wenn es sich um "echte" Lücken i. S. der obigen Definition handelte. Die Einordnung einer Lücke als echt oder unecht wird allerdings im we-

---

[802] Art. 1 Abs. 2 ZGB lautet : *"Kann dem Gesetze keine Vorschrift entnomen werden, so soll der Richter nach Gewohnheitsrecht und, wo ein solches fehlt, nach der Regel entscheiden, die er als Gestzgeber aufstellen würde"*. Art. 2 Abs. 1 ZGB ist zwar als einfachgesetzliche Vorschrift und zudem im schweizerischen Zivilgesetzbuch normiert. Als "règle générale exprimé (Grisel (traité), S. 127), die "streng genommen ein Satz des Verfassungsrechts" (Meier-Hayoz (geschriebenes und ungeschriebenes Recht), S. 2) ist, wirkt sie allerdings in das öffentliche Recht und das Verfassungsrecht hinein, wobei natürlich die Besonderheiten des öffentlichen Rechts berücksichtigt werden müssen (Meier-Hayoz (Art. 1), Rdn. 48; ähnlich Zürcher-Lorez, S. 55, für die Art. 1 ZGB "fruchtbare Anhaltspunkte" bietet.

[803] Gewöhnlich wird in der Schweizer Lehre und Rechtsprechung zwischen zwei Arten von Lücken, "echten" und "unechten" unterschieden, eine Unterscheidung, die auf Ernst Zitelmann zurückgeht. Danach liegt eine "echte" Lücke dann vor, wenn "das Gesetz eine Antwort überhaupt schuldig bleibt, eine Entscheidung gar nicht ermöglicht, während eine Entscheidung doch getroffen werden muß" Dem stellt Zitelmann die "unechte" Lücke gegenüber, die nur "in dem Sinne (besteht), daß man die nach dem Gesetz zu treffende Entscheidung sachlich beanstandet". Verkürzt kann hier gesagt werden, daß die Einteilung in die beiden vorgenannten Lückenarten dem Gegensatzpaar von logischem und rechtspolitischem Mangel hinsichtlich einer gesetzlichen Regelung entspricht. Zum Lückenbegriff s. etwa auch Biaggini, S. 74 ff., (aus privatrechtlicher Sicht) Kramer, S.137 ff.

[804] Vgl. etwa Hoerni, S. 92 f.; Meier-Hayoz (Art.1), Rdn. 311 ff.; (kritisch) Biaggini, S. 105 ff., der zudem darauf hinweist, daß "die heutige Praxis" nicht nur "echte" Lücken ausfüllt.

sentlichen auch von der Vorfrage bestimmt, ob man einem punktuellen oder universellen Grundrechtsverständnis folgt.

Bei der Anwendung dieser Grundsätze hinsichtlich der dogmatischen Einordnung der ungeschriebenen Freiheitsrechte zeigt sich folgendes - uneinheitliches - Bild :

So geht Aubert, für den die Bundesverfassung grundsätzlich keine "unnechten" Lücken enthält, bei den durch die Rechtsprechung anerkannten ungeschriebenen Freiheitsrechten zwangsläufig von dem Vorliegen "echter" Lücken aus.[805]

Für einen anderen Teil der schweizerischen Lehre handelt es sich bei den ungeschriebenen Freiheitsrechten grundsätzlich um unechte Lücken, "weil weder die Bundesverfassung als Ganzes noch die in ihr enthaltenen Freiheitsrechte ein in sich geschlossenes Sytem bilden.[806]
Konsequenz dieser Sichtweise müßte allerdings sein, daß es keine "legitimen" ungeschriebenen Freiheitsrechte gibt. Allerdings wird dieser Schluß i. d. R. nicht getroffen.

Rossinelli wiederum geht zwar hinsichtlich der persönlichen Freiheit sowie der Sprachenfreiheit von dem Vorliegen unechter Lücken aus, qualifiziert das Vorgehen des Bundesgerichts aber dennoch nicht als "einfache" Lückenfüllung.[807] Hinsichtlich der Rechtsprechung zur Eigentums-, Meinungsäußerungs- und Versammlungsfreiheit hält er den Begriff der unechten Lücke aber nicht für brauchbar.[808] Seiner Meinung nach sei in den hier zugrunde liegenden Fällen die Anerkennung ungeschriebener Freiheitsrechte überdies nicht erforderlich gewesen zur Vermeidung unerträglicher Ergebnisse.[809]

---

805 Aubert (Bd. 1), Rdn. 316, 321; für den Autor "scheint die Berichtigung (der Bundesverfassung) ... nur ihrem Verfasser zuzustehen".

806 Hoerni S. 92, äußert sich zwar in diesem Sinne ausdrücklich nur zur Versammlungsfreiheit, seine Ausführungen können aber auf die anderen Freiheitsrechte übertragen werden. Ähnlich Brühwiler, S. 96.

807 Rossinelli (libertés), S. 244.

808 Rossinelli (libertés), S. 243 : " ... pas adéquat". Ebensowenig liegen für ihn "echte" Lücken vor, vgl. S. 242 : " ... la démarche créatrice des juges constitutionnels dans ce domaine a une autre portée et d'autres finalités que celles qui résultent traditionnellement de l'art. 1er al. 2 CC".

809 So seien die Eigentumsfreiheit - in der Zeit, in der sie noch nicht in die Verfassung aufgenommen worden war - und die Versammlungsfreiheit auf kantonaler Verfassungsebene garantiert gewesen. Bei dem Entscheid, der die Meinungsäußerungsfreiheit in den Rang eines ungeschriebenen Freiheitsrechtes erhob hingegen sei dies wegen der Besonderheit des Falles entbehrlich gewesen. S. Rossinelli (libertés), S. 243.

Andere wiederum sprechen nur von "Normierungslücken"[810] oder der "Lückenhaftigkeit" des Grundrechtskataloges und daß das Bundesgericht diese Lücken durch die Anerkennung ungeschriebener Freiheitsrechte geschlossen habe.[811]

Teilweise wiederum wird auch die Anwendung des "klassischen" Lückenbegriffs überhaupt verneint, da die Grundrechte nur bewußt punktuell im Schweizer Staatsgrundgesetz verankert seien.[812] Das Lückenargument führt hier also methodisch nicht weiter.

Für Hans Huber wiederum besitzt der Freiheitsrechtekatalog keine echten Lücken, "weil diese kein geschlossenes System von Normen bilden, sondern eine Aufzählung von Programmsätzen, die an sich nicht anwendungsbereit sind". Unechte Lücken wiederum schieden deshalb aus, da die Freiheitsrechte als Postulate nicht sachlich unrichtig sein könnten.[813]

Auch das Vorliegen eines "qualifizierten Schweigens"[814] im Hinblick auf einzelne Freiheitsrechte wird vertreten.[815]

Eine weitere Meinung schließlich scheint das Vorgehen des Bundesgerichts als systematische Auslegung einzuordnen.[816]

Für die Stimmen in der Literatur, die die Anwendung der Lückentheorie im herkömmlichen Sinn teilweise oder ganz verneinen oder die auch "nur" von unechten Lücken ausgehen, stellt sich konsequenterweise die Frage der Legitimation der Bundesrichter zur Anerkennung ungeschriebener Freiheitsrechte. Auch dabei werden verschiedene Ansätze vertreten.[817]

---

810 Eichenberger, in : Kommentar BV, verfassungsrechtliche Einleitung, Rdn. 47.

811 Haefliger (Hierarchie), S. 476, 479, stellt zunächst fest, daß das BG "seit 1959 für sich die Kompetenz der Verfassungsfortbildung in Anspruch" nimmt, verwendet aber den Terminus "überstaatliche Normen"; Häfelin/Haller, Rdn. 125, deren Äußerung in Rdn. 68 allerdings eine Qualifizierung der Rechtsprechung des Bundesgerichts zu den ungeschriebenen Freiheitsrechten als *Auslegung* nahelegt.

812 Zürcher-Lorez, S. 43 ff.; Du Pasquier, S. 39.

813 Huber (Garantie), S. 153a f.

814 Bei einem "qualifizierten Schweigen" äußert sich das Gesetz nicht positiv zu einer Frage, weil der Gesetzgeber eine Frage abschließend regeln wollte, die Normierung eines bestimmten Tatbestandes also mit Bedacht unterblieben ist oder - anders ausgedrückt - in negativem Sinne entschieden werden sollte, vgl. hierzu etwa Deschenaux, S. 90; Gygi, S. 80; Larenz, S. 371.

815 Vgl. etwa Kurer im Hinblick auf die Eigentumsgarantie.

816 Hangartner (Bd. 2), S. 16. Hier besteht allerdings ein gewisser Widerspruch zu seiner Definition von "ungeschrieben", vgl. hierzu oben, S. 10.

817 Eine Übersicht über die Hauptströmungen in der Doktrin gibt Rossinelli (libertés) S. 259 ff.

So wird teilweise die rechtsschöperische Kompetenz des Bundesgerichts etwa auf eine "implizite Kompetenz" des Bundesgerichts, die in ihrem Prinzip "einstimmig anerkannt und gebilligt" sei, gestützt.[818] Zugleich wird der wertend-politische Charakter der Tätigkeit des Bundesgerichts hervorgehoben.[819]
Als "Richtschnur" für den Verfassungsrichter werden dabei das Rechtsstaats- und das Demokratieprinzip sowie der - nicht in der Bundesverfassung verankerte - Grundsatz der Menschenwürde angesehen.[820]

Für Hans Huber ist die Rechtsprechung des Bundesgerichts, durch die Postulate in Rechtssätze verwandelt würden, eine "schöpferische Tätigkeit "sui generis", die sich der Verfassungsgesetzgebung noch mehr nähert als die Verfassungsauslegung".[821]

Ein weiterer Ansatz geht davon aus, daß man sich bei der Anerkennung ungeschriebener Grundrechte an dem "Gedanken", daß es neben der geschriebenen Rechtsordnung auch überstaatliche Normen gibt, "orientieren" müsse.[822]

Von anderer Seite wiederum wird nur festgestellt, daß es sich um Richterrecht handele.[823]

Das Schweizer Bundesgericht selbst hat - wie bereits ausgeführt - die methodische Einordnung seiner Rechtsprechung zu den ungeschriebenen Freiheitsrechten nie angesprochen, seine Judikatur weist jedoch darauf hin, daß es von dem Modell "echte" - "unechte" Lücke Abstand nimmt.[824] Zum einen benutzt es in keinem seiner Entscheide zu den ungeschriebenen Freiheitsrchten die Terminologie "echte" - "unechte" Lücke. Entscheidend ist ist jedoch, daß die von dem Bundesgericht aufgestellten Kriterien für die Anerkennung ungeschriebener Freiheitsrechte keinerlei Bezug zu den für die Lückenproblematik vom Bundesgericht selbst aufgestellten Grundsätzen bieten.

---

818 Rossinelli (libertés), S. 261.
819 Ebenda.
820 Vgl. etwa Zürcher-Lorez, S. 77 ff.
821 Huber, Garantie, S. 144a.
822 Haefliger (Hierarchie), S. 479
823 Eichenberger, in : Kommentar BV, Verfassungsrechtliche Einleitung, Rdn. 13.
824 Rossinelli (libertés), S. 65, 244. A. A. aber wohl Bosshart, S. 57, für den das Bundesgericht "implicite" davon ausgeht, "dass der Freiheitsrechtskatalog der Bundesverfassung zwei verschiedene Arten von Lücken enthält ...".

B. Analyse

I. Gewohnheitsrecht

1) Die grundsätzliche Anerkennung von Gewohnheitsrecht/die Voraussetzungen von Gewohnheitsrecht

Auch wenn das Bundesgericht sich nie ausdrücklich dazu geäußert hat, wie seine Rechtsprechung zu den ungeschriebenen Freiheitsrechten dogmatisch einzuordnen ist, erschließt sich die Einordnung der Rechtsprechung jedoch bei einer genaueren Betrachtung der vom Bundesgericht geforderten Kriterien.
Zur Beantwortung der Frage, ob ein ungeschriebenes Freiheitsrecht als solches anzuerkennen sei, entwickelte das Bundesgericht - wie bereits ausgeführt - eine Reihe von Kriterien. In einer immer wiederkehrenden Formel stellte es zunächst zwei - kumulativ anwendbare[825] - Voraussetzungen auf, denen ein neues Grundrecht entsprechen mußte: Entweder mußte es eine Voraussetzung für die Ausübung anderer Freiheitsrechte oder - alternativ - unentbehrlicher Bestandteil der demokratischen und rechtsstaatlichen Ordnung des Bundes sein. Diesen Anforderungen wurden - von der Sprachenfreiheit abgesehen, die aber als schweizerisches Spezifikum gelten muß - nur Freiheitsrechte gerecht, die als "klassisch" bezeichnet werden können.

Diesen Anforderungen an ein ungeschriebenes Freiheitsrecht fügte das Bundesgericht mit der Justitiabilität[826] ein weiteres Kriterium hinzu. Allerdings handelt es sich hier eher um eine selbstverständliche Einschränkung, die die gesamte verfassungsrichterliche Tätigkeit betrifft, als um eine wirkliche Einschränkung.[827]

Die Schlüsselstellung kommt somit dem Kriterium des "allgemeinen Konsenses" zu.[828] Dieses Merkmal wurde allerdings nicht bei den ein ungeschriebenes Freiheitsrecht anerkennenden Entscheiden, sondern immer dann in der bundesgerichtlichen Argumentation angeführt, wenn die Schaffung einer neuen Freiheitsgarantie abgelehnt wurde.[829]

---

825 Grisel (liberté personelle), S. 566.
826 Zur Justitiabilität s. bereits oben, S. 8.
827 Ähnlich Rossinelli (libertés), S. 176.
828 Rossinelli (libertés), S. 212.
829 Allerdings bezog sich das Bundesgericht auch in seinen Entscheiden, in denen es ungeschriebene Freiheitsrechte anerkannte, häufig auf herrschende Lehrmeinungen als Teil eines allgemeinen Konsenses, vgl. hierzu Rossinelli (libertés), S. 212.

Dabei beschränkte sich das Bundesgericht zudem nicht nur auf die Verneinung der in Jahren zuvor für die Anerkennung aufgestellten Kriterien, sondern es stellte zusätzliche Anforderungen auf und schuf quasi neue Barrieren.

Dabei fällt auf, daß das Bundesgericht nicht immer den Begriff "allgemeiner Konsens" verwendet, sondern die Begrifflichkeit variiert.
So spricht das Bundesgericht im ersten diesbezüglichen Entscheid von "klassische(n) Freiheitsrechten, die in der Lehre anerkannt waren und teilweise auch in den Kantonsverfassungen Ausdruck gefunden hatten"[830], ein andermal ist von "der weitverbreiteten Verfassungswirklichkeit in den Kantonen" und von einem "allgemeinen Konsens" die Rede.[831]
In einem weiteren Entscheid stellt das Bundesgericht zwar nicht auf die Verfassungslage in den Kantonen oder die Akzeptanz in der Lehre ab, sondern auf die formale Ablehnung eines Rechtes auf Bildung durch die Ständekammer.[832] Hierin kann allerdings ein Indiz für das Fehlen eines allgemeinen Konsenses gesehen werden.[833]

Genauere Ausführungen, wie hoch der Anerkennungsgrad in den kantonalen Verfassungsbestimmungen oder der eidgenössischen Doktrin sein muß, finden sich in der bundesgerichtlichen Rechtsprechung allerdings nicht.[834] Überwiegend anerkannt dürfte allerdings sein, daß der "allgemeine Konsens" nicht mit der "herrschenden Lehre" gleichgesetzt werden kann.[835]

Entscheidender als die genaue Grenzziehung des Begriffes ist jedoch die methodische Richtung, die das Bundesgericht mit der Verwendung des Terminus vorgibt. Auch wenn das Gericht diese Aussage nicht trifft, so deutet das Merkmal des "allgemeinen Konsenses auf die Annahme von Gewohnheitsrecht hin. Um diese Vermutung zu verifizieren, muß zunächst ein Blick auf die Situation hinsichtlich der Existenz von Gewohnheitsrecht in der Schweiz im allgemeinen und auf der eidgenössischen Verfassungsebene im Besonderen geworfen werden.[836]

---

[830] BGE 100 Ia, 392, 401; s. dazu ausführlich oben, S. 93.

[831] BGE 104 Ia, 88, 95; s. dazu ausführlich oben, S. 99.

[832] BGE 103 Ia, 369, 377 f.; s. dazu ausführlich oben, S. 96 f.

[833] So auch Rossinelli (libertés), S. 175.

[834] Rossinelli (libertés), S. 212, spricht denn auch von einer "notion ... vague".

[835] Rossinelli (libertés), S. 212, 215 ff, der zudem darauf hinweist, daß sich das BG auch bereits bei den ungeschriebenen Freiheitsrechten, die es anerkannte, regelmäßig auf die herrschende Meinung bezog; anders, für eine Gleichsetzung des "allgemeinen Konsenses mit der "herrschenden Meinung" wohl jedoch Grisel (liberté personelle), S. 566.

[836] Die Frage des Bestehens und der Reichweite von Gewohnheitsrecht besteht nicht nur in der Schweiz, sondern seine "Existenz, Voraussetzungen und Anerkennung (sind) ein Problem jeder Rechtsordnung", Ossenbühl, S. 151.

Gewohnheitsrecht soll dabei - entgegen einer teilweise anzutreffenden Verwendung als Synonym für das gesamte ungeschriebene Recht[837] - als eigene Kategorie des ungeschriebenen Rechts verstanden werden.[838]

In der eidgenössischen Doktrin entspricht die Anerkennung - nicht derogierender[839] - gewohnheitsrechtlicher Normen im öffentlichen Recht[840] der ganz herrschenden Meinung.[841]

Auch für das Verfassungsrecht ist die Existenz von Gewohnheitsrecht weitgehend anerkannt.[842] Dabei wird jedoch darauf hingewiesen, daß hier die Gewohnheitsrechtsbildung "schwerer abgrenzbar als anderswo" sei und daß sich das ungeschriebene Verfassungsrecht nicht in den Regeln des Gewohnheitsrechts erschöpfe[843]. Zulässig ist es überdies nur dann, wenn eine (echte) Lücke im geschriebenen Recht vorliegt.[844]

Teilweise wird das Gewohnheitsrecht dem Richterrecht zugeordnet, da dem Richter die Feststellung seiner Voraussetzungen obliege.[845]

---

837 Zu dieser Problematik s. Höhn, S. 43; s. auch die umfangreichen Nachweise bei Tomuschat, S. 45 FN 3. Eine solche Gleichsetzung nimmt auch etwa das Bundesgericht in BGE 39 I, 35, vor. Ebenso das Bundesverwaltungsgericht in BVerwGE 9, 306, 309 f. S. hierzu Ule, in : JZ 1960, S. 611.

838 Dies ist h. M. sowohl in der Schweiz als auch in Deutschland. Vgl. etwa Höhn, S. 43 ff.; Häfelin/Haller, Rdn. 11 f.; Ossenbühl, in: HbStR, § 61, Rdn. 42 ff.; Krüger, S. 613; Eine "Konfusion der Begriffe" (Tomuschat, S. 45) würde verkennen, daß dann das Gewohnheitsrecht zu einem Sammelbegriff für Rechtsnormen unterschiedlichster Entstehungsweise fallen würde, zumal die Gewohnheit auch nicht der Entstehungsgrund für alle Erscheinungsformen ungeschriebenen Rechts ist, Liver, S. 23. Im übrigen ist Gewohnheitsrecht "grundsätzlich wie geschriebenes Recht zu behandeln" und damit etwa auch auslegungsfähig, s. hierzu Müller (Methodik), S. 200; Larenz, S. 356 ff.

839 Zur Problematik und zum Meinungsstand hinsichtlich derogierenden Gewohnheitsrechtes s. etwa Béguelin, S. 29 ff.

840 Ebenso selbstverständlich im Privatrecht.

841 Vgl. etwa Hanggartner (Bd. 1), S. 195; Häfelin/Haller, Rdn. 11 f.

842 Vgl. etwa Huber (Probleme), S. 98 ff; Hanggartner (Bd. 1), S. 195; Aubert (Bd. 1), Rdn. 1535; offengelassen von Häfelin/Haller, Rdn. 12; Für Schick, S. 516, "scheinen die tatsächlichen Voraussetzungen für die Bildung von Gewohnheitsrecht in der Schweiz mit ihrer langen und ununterbrochenen verfassungsrechtlichen Entwicklung erheblich besser". Zur Situation im deutschen (Verfassungs)recht s. die umfassende Schrift von Tomuschat; s. auch Ossenbühl, in : HbStR, § 61, Rdn. 61 ff..

843 Huber (Probleme), S. 98.

844 Häfelin/Haller, Rdn. 11; Grisel (Droit coutumier), S. 93, 94 f.; Höhn, S. 32 ff., 46, für den diese Voraussetzung "äußerer Geltungsgrund des Gewohnheitsrechts, d. h. die Grundlage seiner Einordnung in die staatliche Rechtsordnung", ist; zur Problematik des Geltungsgrundes s. auch Schick, S. 517 f.

845 Zu dieser Problematik s. Ossenbühl, in : HbStR, § 61, Rdn. 45.

Anderer Auffassung hinsichtlich der Frage der Existenz von Gewohnheitsrecht auf Verfassungsebene in der Schweiz[846] ist allerdings Giacometti, für den verfassungsrechtliches Gewohnheitsrecht "im Rechtsstaate mit geschriebener Verfassung zu verneinen ist, wenn es die Verfassung nicht ausdrücklich zulasse. Begründet wird dies vor allem mit dem Verfassungsgesetzgebungsmonopol der verfassungsändernden Gewalt. Darüber hinaus beeinträchtige Gewohnheitsrecht - hier handelt es sich um eine spezifisch schweizerische Argumentation - in einer Referendumsdemokratie zum einen die politischen Rechte und besitze hier, da es von der allgemeinen Rechts- und Volksüberzeugung getragen werden müsse, keine Daseinsberechtigung.[847]

Auch das Bundesgericht bejaht grundsätzlich die Existenz von nicht derogierendem Gewohnheitsrecht, macht allerdings eher restriktiv von dieser Rechtsquelle Gebrauch.[848]

So stellt das Bundesgericht zwar zunächst fest, daß es sich bei dem Gewohnheitsrecht um eine Rechtsquelle wie das Gesetz selbst handelt[849] und daß "das Gewohnheitsrecht grundsätzlich auch auf dem Gebiet des öffentlichen Rechts als Rechtsquelle anzuerkennen" sei[850], weist aber auch auf die "strengen Voraussetzungen, die auf dem Gebiete des öffentlichen Rechts für die Entstehung von Gewohnheitsrecht gelten", hin[851] und stellt in Bezug auf das Verfassungsrecht fest :

---

846 Für die deutsche Verfassungsordnung wird es insbesondere von Tomuschat abgelehnt, "eine besondere Lehre vom Gewohnheitsrecht zu entwickeln, wenn doch nur dem Richterspruch rechtschöpferische Kraft zukommt" bzw. "die rechtschöpferische Kraft der Praxis" wird verworfen, s. Tomuschat, S. 144, 151; Hinweise auf weitere ablehnende Stimmen in der Literatur finden sich etwa bei Tomuschat, S. 92 FN 45 f.

847 Giacometti (Allgemeine Lehren), S. 170 f.

848 Nach Schick, S. 515, besteht wohl in der Schweiz eine größere Bereitschaft zur Anerkennung von Gewohnheitsrecht auf verfassungsrechtlicher Ebene als in Deutschland; Béguelin, S. 101, glaubt, zwischen 1956 und 1966 eine verstärkte Tendenz des BG zur Anerkennung von Gewohnheitsrecht feststellen zu können. Auch das Bundesverfassungsgericht äußert sich meist zurückhaltend. Ausführungen zu verfassungsrechtlichem Gewohnheitsrecht erfolgen meist nur am Rande und waren nie tragend für die Urteile. Im Ergebnis wurde es zudem i. d. R. abgelehnt, vgl. hierzu etwa BVerfGE 9, 109, 117 sowie Tomuschat, S. 11, 29 ff., mit umfangreichen Hinweisen auf die Rechtsprechung. S. auch Stern, Bd. 1, S. 111.

849 BGE 50 I, 6, 10: "... il diritto consuetudinario ... ê sorgente di diritto come la legge stessa".

850 BGE 83 I, 242, 247; vgl. etwa auch BGE 35 I, 438, 446; Entscheid vom 23. Juni 1934 i. S. Mattenberger (vgl. hierzu Béguelin, S. 55 f.); 73 I, 342, 345; 74I, 41, 45; 172, 176.

851 BGE 89 I, 448, 457 f.; vgl. auch BGE 84 I, 89, 95; 83 I, 242, 247; 73 I, 342, 345 f.

"Im öffentlichen Recht und namentlich im Verfassungsrecht spielt jedoch das Gewohnheitsrecht nur eine sehr beschränkte Rolle; insbesondere vermag es die geschriebene Verfassung nicht abzuändern, sondern nur Lücken derselben auszufüllen".[852]

Dieses Verbot derogierenden Gewohnheitsrechtes hebt das Bundesgericht des öfteren hervor.[853] Gleiches gilt für seine lückenfüllende Funktion, wobei es sich - wie bereits ausgeführt - um eine *echte* Lücke handeln muß.[854]

Bei den Anforderungen, die an gewohnheitsrechtliche Normen geknüpft werden, haben sich zwei[855] Hauptmerkmale - eines objektiver und eines subjektiver Art - herausgebildet:[856]

Zum einen handelt es sich hierbei um die seit einiger Zeit dauernde, beständige und einheitliche Übung ("consuetudo").[857]
Für die Dauer, die für die Übung als erforderlich erachtet wird, lassen sich keine starren Regeln aufstellen, hierfür sind vielmehr insbesondere auch die Intensität der Rechtsüberzeugung und die betroffenen schutzwürdigen Interessen mitentscheidend.[858] Erforderlich ist also in jedem Fall eine Einzelfallbetrachtung. Im

---

852 BGE 74 I, 172, 176; ähnlich in der Formulierung Entscheid vom 23. Dezember 1959 i. S. Hofer (s. Béguelin, S. 94); 89 I, 253, 270 .

853 Vgl. etwa BGE 50, 249; 74 I, 172, 176; 89 I, 253, 270; 91 I, 260, 266: "nicht contra constitutionem"; 94 I, 305, 308 ff.; 96 V, 49, 51; 98 Ia, 596, 600;104 Ia, 305, 313; 105 Ia, 2, 5; 105 Ia, 80, 84; unklar allerdings etwa BGE 96 I, 228 und einige ältere Entscheidungen vgl. hierzu Imboden/Rhinow, S. 45. Das Verbot derogierenden Gewohnheitsrechts gilt so absolut allerdings nicht auf allen Ebenen der Normenhierarchie, vgl. hierzu Rhinow/Krähenmann, S. 19, mit Hinweisen auf die Rechtsprechung. Zudem gilt das Verbot derogierenden Gewohnheitsrechts auf dem Gebiete des öffentlichen Rechts nicht, "soweit bloss organisatorisches Recht in Frage steht", vgl. Entscheid vom 7. Dezember 1949 i. S. Affolter & Kons., Entscheid vom 17. Juni 1953 i. S. Billeter (s. Béguelin, S. 77, 81); vgl. hierzu auch Béguelin, S. 133, für den die grundsätzliche Ablehnung derogierenden Gewohnheitsrechts "eine Nachwirkung des Positivismus des 19. Jahrhunderts zu sein scheint".

854 S. etwa die Bsp. in der vorhergehenden FN. Zur Qualifikation der Lücke s. etwa BGE 84 I, 89; s. auch Rhinow/Krähenmann, S. 19, mit weiteren Hinweisen auf die Rechtsprechung.

855 Zu weiteren in der Literatur diskutierten - jedoch abzulehnenden - Merkmalen vgl. etwa Höhn, S. 54 f.

856 Auch hier besteht wiederum kein grundsätzlicher Unterschied zwischen öffentlichem Recht und Privatrecht, vgl. hierzu etwa Béguelin, S. 132; Höhn, S. 43 ff.; Liver, S. 23 ff.; Ossenbühl (Verwaltungsrecht), S. 151 ff.; Schick, S. 517; Gröpper, S. 945 ff.; Peters, S. 80.

857 Häfelin/Haller, Rdn. 11; Höhn, S. 44 f.

858 Béguelin, S. 82, S. 56 unter Hinweis auf einen unveröffentlichten Entscheid des BG ("Billeter" vom 17. Juni 1953) sowie den Entscheid i. S. Mattenberger vom 23. Juni 1934; Höhn, S. 44 f.

einzelnen wurden von dem Bundesgericht Zeiträume von 6 Jahren[859], 7 Jahren[860] als nicht ausreichend erachtet, eine Frist von 16 Jahren[861] wurden hingegen akzeptiert.

Hinzukommen muß zum anderen die Rechtsüberzeugung ("opinio necessitatis").[862] Hierin dürfte der "eigentliche oder zum mindesten jedoch der rechtsentscheidende rechtsbildende Faktor" liegen.[863]
Rechtsüberzeugung bedeutet dabei nach herrschender Schweizer Lehre die Überzeugung, eine Übung "habe als positives Recht, als Bestandteil der Rechtsordnung" zu gelten.[864]

Nicht einheitlich beantwortet in der Literatur wird hingegen die Frage, wer als Träger dieser Rechtmäßigkeitsüberzeugung gelten muß.[865] Während hier teilweise auf die Beteiligten[866] oder "alle, die (von einer Übung) betroffen werden können"[867] abgestellt wird, sieht eine weitere Meinung nicht die "Übung der Rechtsgenossen", sondern die "von den Juristen erkannten, in Vertretung des Volkes fortgebildete und betätigte Rechtsüberzeugung" als entscheidend an.[868] Von anderer Seite wird darauf hingewiesen, daß die in Aufsätzen u. a. Publikationen geäußerte Kritik durch die Doktrin ein Hindernis für die Bildung von Gewohnheitsrecht darstellt.[869]

---

859 BGE 84 I, 89, 95 ff.

860 BGE 74 I, 172, 176.

861 Unveröffentlichter Entscheid "Billeter", vgl. hierzu Béguelin, S. 82.

862 Vgl. etwa Imboden/Krähenmann, S. 20 f.; Häfelin/Haller, Rdn.11; BGE 50 I, 6, 10; 56 I, 37, 42; 73 I, 342, 346; 81 I, 26; 102 Ib, 26 , 300; 105 Ia, 2 6 f.; 105 Ia 80, 84; 106 Ib, 53, 56; BVerfGE 9, 109, 117; 15, 226, 232 ff.; 22, 114, 121. Die Terminologie ist allerdings nicht immer einheitlich. Teilweise wird von "opinio iuris vel necessitatis", nur von "opinio iuris" oder nur von "opinio necessitatis" gesprochen.

863 Liver, S. 24; die Formulierung übernimmt das BG etwa in BGE 83, 242, 248. Für Huber (Probleme), S. 98 f., spielt die opinio iuris vor allem bei "menschliche(n) Verhaltensweisen, die Gegenstand einer Norm des Verhaltensrechts sein könnten", eine Rolle, nicht aber bei organisatorischem Verfassungsrecht.

864 Höhn, S. 47, mit umfangreichen Nachweisen auf die Literatur.

865 S. hierzu die umfangreichen Darstellungen etwa bei Höhn, S. 49 ff. und Béguelin, S. 6 ff. S. hierzu auch etwa Art. 1 Abs. 3 ZGB, der den modo "legislatoris" entscheidenden Richter auf die "bewährte Lehre" verweist, womit aber nicht Lehrmeinungen gemeint sind, s. hierzu im einzelnen Kramer, S. 184 ff.

866 Aubert (Droit coutumier), 149 f.

867 Höhn, S. 51; Béguelin, S. 7 f., 105.

868 Liver, S. 25; ähnlich Béguelin, S. 19 f.

869 Grisel (Droit coutumier), S. 94 unter Verweis auf BGE 105 Ia, 7; Arch. 1980/81, S. 153; Höhn, S. 52; s. auch Béguelin, S. 19 f.

Der Begriff der opinio necessitatis war nur in wenigen bundesgerichtlichen Entscheidungen Gegenstand näherer Erörterungen. Zudem fielen die Definitionen nicht einheitlich aus.[870]
Auch das Bundesgericht gibt also auf die Frage nach dem Kreis der Träger der Rechtsüberzeugung keine eindeutige Antwort. So wird teilweise auf die Auffassung "bei den Beteiligten" abgestellt.[871] Nach einem anderen Entscheid des Bundesgerichts[872] soll die Rechtsüberzeugung dann vorliegen, "wenn eine Regel von den rechtlichen Anschauungen des Volkes getragen und in der Überzeugung ihrer Vernünftigkeit und Notwendigkeit in dauernd festgehaltener Rekurs- und Verwaltungspraxis ausgeübt wurde".[873] Nicht ausreichend ist andererseits, "dass einzelne, wenn auch viele einzelne, Personen über eine Rechtsfrage sich eine subjektive Meinung in bestimmtem Sinne gebildet und dieselbe theoretisch ausgesprochen haben".[874]

2) Die Anwendung auf die Rechtsprechung des Bundesgerichts

Zu klären bleibt nun, inwieweit das vorstehend Gesagte auf die Rechtsprechung zu den ungeschriebenen Freiheitsrechten angewendet werden kann.

a) consuetudo

Dabei kann die von dem Bundesgericht aufgestellte Voraussetzung, ein in Frage stehendes Freiheitsrecht müsse einer weitverbreiteten Verfassungswirklichkeit in den Kantonen entsprechen, der consuetudo zugeordnet werden.
Die Übung dauert auch seit einiger Zeit, zumindest seit Inkrafttreten der jeweiligen Kantonsverfassungen, an. Dieses Inkrafttreten einschließlich der kantonalen Freiheitsrechtsgarantien, auf die sich das Bundesgericht bezog, fand i. d. R. viele Jahrzehnte vor der bundesgerichtlichen Rechtsprechung zu den ungeschriebenen Freiheitsrechten statt. Auch kann bei verfassungsrechtlichen Normen von einer beständigen und einheitlichen Übung ausgegangen werden.

Problematisch könnte allerdings sein, daß die durch das Bundesgericht anerkannten ungeschriebenen Freiheitsrechte Geltung für das gesamte Staatsgebiet der

---

[870] Béguelin, S. 104.

[871] S. etwa den Entscheid vom 27. September 1935 (s. Béguelin, S. 58 ff.).

[872] Zu den vom Bundesverfassungsgericht aufgestellten Voraussetzungen für Gewohnheitsrecht vgl. etwa BVerfGE 34, 293, 303f.; DVBL. 1982, 1135, 1143.

[873] BGE 56 I, 37, 42; ähnlich etwa BGE 84 I, 89; vgl. auch BVerfGE 9, 109, 117, wo von "beteiligten Stellen" die Rede ist oder BVerfGE 15, 226, 232, wo das Gericht von einer "Aufnahme durch die Beteiligten und Billigung durch die Rechtslehre" spricht.

[874] BGE 9, 577.

Schweiz beanspruchen, während sie nur in einem mehr oder weniger großen Teil der Kantonsverfassungen anerkannt wurden. Hinsichtlich der Eigentumsgarantie bestehen hier keine Bedenken, da diese im Zeitpunkt der erstmaligen Anerkennung in allen Kantonsverfassungen mit Ausnahme der tessinischen verankert war. Für das Tessin wiederum ging man von einer Geltung aus.
Gleiches gilt für die persönliche Freiheit, wo sich nur in zwei Kantonsverfassungen keine entsprechende Garantie fand.
Die Meinungsäußerungsfreiheit hingegen wurde nur von 12, die Versammlungsfreiheit nur von 13 kantonalen Verfassungen gewährleistet. Daraus kann jedoch nicht der Schluß gezogen werden, die beiden Freiheitsrechte würden auch nur in den jeweiligen Kantonen gelten. Denn die Tatsache der Nichtaufnahme einer Gewährleistung in die jeweilige Verfassungsurkunde kann, wie bereits bei der Darstellung der bundesgerichtlichen Rechtsprechung zu den jeweiligen Garantien festgestellt wurde, verschiedene Ursachen haben.
So wurde für die Meinungsäußerungsfreiheit festgestellt, daß diesbezügliche Verletzungen durch Maßnahmen der Exekutive in der Praxis des politischen Lebens entweder kaum vorkamen bzw. man sich in solchen Fällen in der Regel auf die Versammlungsfreiheit berufen konnte.[875] Dies läßt jedoch den Schluß auf eine faktische Gewährleistung und damit eine Übung zu.
Ähnlich die Lage bei der Versammlungsfreiheit. Auch hier wurde bereits festgestellt, daß man keine Gefährdungslage empfand. Als Grund für letzteres konnte wiederum die Tatsache gesehen werden, daß in den Kantonen ohne ausdrückliche Regelung der Versammlungsfreiheit diese dennoch stillschweigend anerkannt war bzw. als selbsverständlich angesehen wurde.[876] Auch bei der Versammlungsfreiheit kann somit von einer hinreichenden consuetudo ausgegangen werden.
Das gleiche Bild zeigt sich bei der Sprachenfreiheit, die zwar den geringsten Verankerungsgrad in den kantonalen Verfassungen aufweist[877], für die aber ebenso gilt, daß die später durch das Bundesgericht entwickelten Grundsätze wohl als selbstverständlich betrachtet wurden.[878]

b) opinio necessitatis

Das Bestehen eines allgemeinen Konsenses wiederum kann aus mehrereren Aspekten heraus bejaht werden.

---

[875] S. hierzu bereits oben, S. 68.
[876] S. hierzu bereits oben, S. 85 f.
[877] Bei diesem Freiheitsrecht besteht zudem die Besonderheit, daß ihm besondere Relevanz nur in den mehrsprachigen Kantonen zukommt, es also nur für einen bestimmten Adressatenkreis von Interesse ist.
[878] S. hierzu bereits oben, S. 81.

So muß zum einen davon ausgegangen werden, daß Freiheitsrechte in kantonalen Verfassungen nur dann ausdrücklich verankert wurden, wenn sie von einem "allgemeinen Konsens bei Volk und Behörden getragen wurden".[879] Für die Kantone wiederum, in denen Freiheitsrechte nicht in die Verfassungen aufgenommen wurden, weil man sie als selbstverständlich ansah, liegt der allgemeine Konsens in dieser Annahme der Selbstverständlichkeit.
Oben wurde zudem dargelegt, daß als *ein* Faktor hinsichtlich der Anerkennung die Meinung der juristischen Wissenschaft und Lehre angesehen wird. Diese Akzeptanz war bei allen ungeschriebenen Freiheitsrechten gegeben.

II. Die Ausdehnung der Schutzbereiche durch extensive Auslegung/die Schaffung von Auffanggrundrechten

Mit der Einordnung der Rechtsprechung des Bundesgerichts als tendenziell gewohnheitsrechtlich kann das methodische Vorgehen des Bundesgerichts allerdings nicht abschließend beschrieben werden.
Hatte das Bundesgericht nämlich eine Freiheit erst einmal als ungeschriebenes Freiheitsrecht anerkannt, so legte es die neu gefundene Norm häufig extensiv aus. Nähere Ausführungen zur angewandten Auslegungsmethode finden sich in den Erwägungen des Bundesgerichts nicht. Allerdings stellen die Schweizer Lehre und Praxis in der Regel auf die allgemeinen Auslegungsgrundsätze - grammatikalische[880], systematische[881], historische[882] und teleologische[883] Auslegung - ab.

---

879 Zürcher-Lorenz, S. 65.

880 Wegen der Mehrsprachigkeit der Schweiz ist hier eine Gesamtschau aller drei sprachlichen Fassungen - das Rätoromanische wird nicht erfaßt - erforderlich, Keller, S. 23 f.; Hegnauer (Sprachenrecht), S. 191, 209. Im Endergebnis muß der Text vorgezogen werden, der dem wirklichen Sinn der Norm entspricht, wobei zuvor wiederum jeder Einzeltext grammatikalisch auszulegen ist. S. hierzu Häfelin/Haller, Rdn. 79, BGE 51 I, 161, 162; 58 II, 6, 7 f.; 60 II, 313, 315; 69 IV, 178, 179; 100 Ib, 75, 76 f.; 119 Ia, 241, 248; 120 Ib, 390, 394. Die dogmatische Grundlage dieses Gleichwertigkeitsprinzips wird entweder in Art. 116 BV (German, (Methode)), S. 54, einer gewohnheitsrechtlichen Anerkennung (Hegnauer (Sprachenrecht), S. 194 f.; Keller, S. 23) oder sogar im Naturrecht bzw. der Garantie der Sprachenfreiheit gesehen (Schäppi, S. 58).

881 Hier ist allerdings zu beachten, daß die Schweizerische Bundesverfassung Elemente verschiedener Epochen und unterschiedlicher inhaltlicher Prägung enthält, die oftmals eher unsystematisch geordnet als systematisch aneienandergereiht erscheinen; Aubert (Bd. 1), Rdn. 275.

882 Hier wird zwischen subjektiv-historischer und objektiv-historischer Auslegung unterschieden, vgl. hierzu Häfelin/Haller, Rdn. 86 ff. mit Beispielen aus der Rechtsprechung; Lüchinger, S. 86 ff.

883 Die Wichtigkeit der teleologische Auslegung wird immer wieder hervorgehoben. Vgl. etwa BGE 100 I, 187, 189 f. Insbesondere gilt sie als einer der "triftigen Gründe", um ein

Teilweise wird die zeitgemäße Auslegung als eigenständiger Auslegungstopos angesehen.[884] Entscheidender Punkt bei der Gewichtung der einzelnen Methoden sind dabei Praktikabilitätserwägungen.[885] Rechtsdogmatisch ist die zweite Komponente in der Rechtsprechung des Schweizer Bundesgerichts zu den ungeschriebenen Freiheitsrechten, die Schutzbereiche extensiv zu erweitern und so Auffanggrundrechte zu schaffen, also der Auslegung zuzuordnen.

Durch seine weite Auslegung anerkannter ungeschriebener Freiheitsrechte erweiterte das Bundesgericht den Anwendungsbereich derselben und hielt damit formell die Zahl der ungeschriebenen Freiheitsrechte gering.

Dies zeigt sich insbesondere bei der Rechtsprechung zur Meinungsäußerungs- und persönlichen Freiheit. Diesen individualrechtlichen Garantien kommt die Funktion von begrenzten Auffanggrundrechten zu, die ihnen das Bundesgericht durch eine weite Auslegung ihrer Schutzbereiche zuwies.

So konkretisierte das Bundesgericht mit der in der grundlegenden Entscheidung von 1963 gegebenen Definition des Meinungsbegriffes nicht nur den Begriff "Meinung", sondern stellte etwa auch die Kunstfreiheit unter grundrechtlichen Schutz. Das Bundesgericht schuf hier also nicht ein neues ungeschriebenes Freiheitsrecht, sondern es wählte mit der Subsumtion unter das neu geschaffene ungeschriebene Freiheitsrecht der Meinungsäußerungsfreiheit einen anderen Weg.
Das gleiche Muster ist festzustellen, als es die Informationsfreiheit im Sinne der Freiheit, sich aus allgemein zugänglichen Quellen zu unterrichten, dem Schutzbereich der Meinungsäußerungsfreiheit unterstellte.
Durch diese mehrfache Erweiterung des Schutzbereiches aber formte das Bundesgericht aus der Meinungsäußerungsfreiheit eine umfassende "Geistesfreiheit".[886] Das neue Freiheitsrecht nimmt dabei zwar - nach ausdrücklicher Ausage des Bundesgerichts und entgegen früheren Äußerungen[887], formal keine Sonderstellung im Kanon der Freiheitsrechte ein, faktisch liegen die Dinge hingegen anders. Die Meinungsäußerungsfreiheit in der durch die schweizerische Verfassungsrechtsprechung definierten Ausprägung nimmt die Funktion eines Auffangtatbestandes im ideell-geistigen Bereich wahr, ist letztendlich also ein Auffanggrundrecht "in kleiner Münze".

Übergehen des Wortlautes einer Norm zu rechtfertigen, s. hierzu Häfelin/Haller, Rdn. 103 ff.

[884] S. hierzu Häfelin/Haller, Rdn. 96.

[885] Häfelin/Haller, Rdn. 111 f.

[886] Saladin (Grundrechte), S. 79.

[887] S. dazu oben, S. 73 f.

Neben der Meinungsäußerungsfreiheit hat das Bundesgericht die persönliche Freiheit durch seine "aktive Konkretisierung"[888] zu einem zweiten Auffanggrundrecht ausgebaut, auch wenn Bezeichnungen wie "subsidiäres General-Freiheitsrecht" abgelehnt werden.[889] Diese Sicht wird auch in einigen Formulierungen des Bundesgerichts deutlich. So etwa wenn es feststellt :

"Nach der bundesgerichtlichen Rechtsprechung schützt das ungeschriebene Verfassungsrecht der persönlichen Freiheit als zentrales Freiheitsrecht und verfassungsrechtlicher Leitgrundsatz ...".[890]

In der inhaltlichen Bewertung der beiden denkbaren "Extrempositionen" der Bestimmung des in der Eidgenossenschaft und in Deutschland anerkannten - und im Grundgesetz sogar ausdrücklich normierten Freiheitsrechtes - einer persönlichen Freiheit zum einen im Sinne des Schutzes eines Persönlichkeitskerns, zum anderen als "allgemeine Handlungsfreiheit", werden dabei interessanterweise - trotz der unterschiedlichen Methode - im wesentlichen die gleichen Argumente benutzt. Unterschiedlich sind dann jedoch - in der Schweiz erst nach einem Richtungswechsel - die Ergebnisse, als sich das Bundesgericht gegen eine Freiheitsgarantie verstanden als allgemeine Handlungsfreiheit wendet und den Schutzbereich der ungeschriebenen Freiheit enger zieht als das Bundesverfassungsgericht in seiner Rechtsprechung zu Art. 2 Abs. 1 GG. Trotz dieser im Vergleich zum deutschen Verfassungsrecht restriktiveren Sicht weist das Bundesgericht der persönlichen Freiheit im Ergebnis auch einen umfangreichen Schutzbereich zu. Dieser erfaßt Sachverhalte aus den thematischen Bereichen der Menschenwürde, eines allgemeinen Persönlichkeitsrechts, der informationellen Selbstbestimmung oder auch des Briefgeheimnisses. Dennoch läßt erst der im Gegensatz zu einer allgemeinen Handlungsfreiheit engere Anwendungsbereich der persönlichen Freiheit Platz für weitere Auffanggrundrechte.
Allerdings wird bei der Bestimmung der *Schutzbereiche* der neu anerkannten Freiheitsrechte oft nicht deutlich, wieso das Bundesgericht teilweise eine weite Auslegung der Schaffung eines neuen ungeschriebenen Freiheitsrechtes vorzieht und umgekehrt. Anders ausgedrückt werden die Grenzen zwischen Auslegung und anderen methodischen Vorgehensweisen oft nicht deutlich, das Vorgehen des Bundesgerichts wird so häufig nicht nachvollziehbar. So hätten etwa die Menschenwürde oder die Kunstfreiheit - wie in der schweizerischen Literatur teilweise gefordert[891] - auch jeweils als eigenständiges (ungeschriebenes) Grundrecht

---

[888] Auer (Verfassungsgerichtsbarkeit), S. 170.
[889] Vgl. etwa nicht veröffentlichtes Urteil Fäßler vom 04.04.1979 (s. dazu oben, S. 61 f.) unter Berufung auf Saladin (Grundrechte), S. 98.
[890] BGE 115 Ia, 234, 246.
[891] S. hierzu oben, S. 77 f.

anerkannt werden können, ohne daß diesen der Makel der fehlenden methodischen Nachvollziehbarkeit angehaftet hätte. Auf der änderen Seite wäre etwa eine Subsumtion der Eigentumsfreiheit unter die Enteignungsnorm des Art. 23 Abs. 2 BV oder eine Ableitung der Versammlungsfreiheit aus der "Vereinsfreiheit" des Art. 56 BV durchaus nachvollziehbar gewesen.

III. Das Willkürverbot als Auffanggrundrecht

Als drittes Auffanggrundrecht in der Rechtsprechung des Bundesgerichts zu den ungeschriebenen Freiheitsrechten wird das Willkürverbot als umfassendste und allgemeinste Auffanggarantie herangebildet. Die Bedeutung des Willkürverbotes kann dabei in zweierlei Richtung herausgearbeitet werden.

1. Willkürverbot und anerkannte ungeschriebene Freiheitsrechte

Zum einen handelt es sich hierbei um die Fälle, in denen das Bundesgericht - meist in zeitlicher Nähe mit der erstmaligen Anerkennung eines ungeschriebenen Freiheitsrechtes - mit der Bejahung einer Verletzung dieses Grundsatzes näheren Ausführungen zu dem gerügten Freiheitsrecht oder sogar einer Entscheidung letztendlich aus dem Wege gehen konnte .

Entscheidungen dieser Art finden sich - wie vorne bereits aufgezeigt - bereits im letzten Jahrhundert, als das Bundesgericht die Verletzung (kantonaler) Eigentumsgarantien mit der Prüfung des Willkürverbotes verband.[892]

Ähnlich dann im unmittelbaren Vorfeld zur (neuen) Rechtsprechung zu den ungeschriebenen Freiheitsrechten, als das Bundesgericht den Schritt zum Verlassen seiner streng positivistischen Pfade noch nicht ganz zu wagen schien.[893]

So nahm es im ersten Entscheid, in dem die Eigentumsfreiheit anerkannt wurde, auch auf das oder besser gesagt *vor allem* auf das Willkürverbot Bezug.[894]

Das gleiche Argumentationsmuster erscheint dann in der zweiten die Eigentumsfreiheit als ungeschriebenes Freiheitsrecht anerkennenden Entscheidung.[895] Auch

---

892 Vgl. etwa BGE 17, 52, 59; 29 I, 390, 395; s. Rossinelli (libertés), S. 109.

893 BGE 82 I, 102, 106; s. Rossinelli, ebenda.

894 Nicht veröffentlichter Entscheid "Oberhänsli" vom 24. Juni 1959, E 2 : "Die Rüge der Verletzung der Eigentumsgarantie fällt damit mit dem Vorwurf der Missachtung des Art. 4 BV zusammen"; zur Eigentumsgarantie s. bereits oben, S. 31 ff.

895 Nicht veröffentlichter Entscheid "Heinrich" vom 21. Oktober 1959, E 2; s. hierzu auch oben, S. 38 f.

hier lag der Schwerpunkt der bundesgerichtlichen Überprüfung auf dem Willkürverbot und die Anerkennung der Eigentumsfreiheit war nur ein obiter dictum.

In einem Entscheid zum ungeschriebenen Grundrecht der Meinungsäußerungsfreiheit findet sich dann das gleiche Argumentationsmuster wieder. Das Bundesgericht prüft hier zwar ein eigenständiges Recht der Meinungsäußerungsfreiheit, kommt aber zu dem Ergebnis, daß "die Rüge der Verletzung der Vereinsfreiheit und der Meinungsäußerungsfreiheit ... daher mit dem Vorwurf der Missachtung des Art. 4 BV" zusammenfalle.[896]

Nicht in diese Linie paßt dabei allerdings die Entscheidung des Bundesgerichts, in der die Meinungsäußerungsfreiheit zum erstenmal anerkannt wurde: Hier war (neben Art. 31 BV) Art. 4 BV angerufen worden und nicht die Freiheit der Meinungsäußerung.[897] Besagter Entscheidung kommt jedoch Ausnahmecharakter zu.

In der Rechtsprechung zur persönlichen Freiheit setzt sich das Vorgehen des Bundesgerichts, sein Hauptaugenmerk auf das Willkürverbot anstatt die (alleine oder auch angerufene) persönliche Freiheit zu richten, fort.[898] Beispielhaft hierfür sind auch Äußerungen - aus den ersten Jahren der bundesgerichtlichen Judikatur - wonach "die persönliche Freiheit ... nur in dem Sinne gewährleistet (sei), daß die Bürger nicht willkürlichen, sondern nur im voraus gesetzlich bestimmten Freiheitsbeschränkungen unterworfen werden dürfen".[899]
So wurde etwa unter Hinweis auf das Willkürverbot in einem Kanton die Badefreiheit im Sinne der Aufhebung des Verbotes eines Gemeinschaftsbades gewährleistet.[900]

Ebenso finden sich im Bereich der Versammlungsfreiheit Urteile, in denen die Frage der Betroffenheit des Grundrechtes unter Bezug auf das Willkürverbot umgangen wird.[901]

---

896 BGE ZBl. Bd. 64 1963, S. 363, 365, in diesem Entscheid ging es allerdings um die Meinungsäußerungsfreiheit in der Verfassung des Kantons Luzern; zur Meinungsäußerungsfreiheit s. bereits oben, S. 67 ff.

897 BGE 87 I, 114 ff.

898 S. hierzu Spoendlin, S. 27 f. mit Hinweisen auf die Rechtsprechung; Huber (persönliche Freiheit), S. 113; Rossinelli (libertés), S.109.

899 BGE 5, 435; s. auch BGE 4, 380; s. hierzu auch Dressler, S. 382 f. .

900 Vgl. Rhinow (Freiheitsgarantie), S. 338, unter Hinweis auf einen unveröffentlichten Entscheid; vgl. auch BGE 45 I, 119, 133 : Ordnung des Bestattungswesens und Willkür.

901 Vgl. etwa BGE 53 I, 351, 354 f.; zu Versuchen im Schrifttum, "aus Art. 4 BV eine (minimale) Versammlungsfreiheit herzuleiten", s. Ruesch, S. 53.

2. Willkürverbot und nicht anerkannte ungeschriebene Freiheitsrechte

Zu einer zweiten Kategorie sind die Fälle zu zählen, in denen das Bundesgericht zwar die Anerkennung eines (angerufenen neuen) ungeschriebenen Freiheitsrechtes verweigerte bzw. das Betroffensein des Schutzbereiches eines Freiheitsrechtes im konkreten Fall verneinte, die Betroffenen jedoch damit "tröstete", daß sie deswegen nicht rechtlos gestellt würden, sondern sie auf jeden Fall einen Anspruch auf willkürfreie Behandlung hätten.

So wurde zwar ein ungeschriebenes Freiheitsrecht auf freie Grabmalgestaltung verneint, jedoch die Prüfung eines willkürlichen staatlichen Verhaltens vorgenommen.[902]
Gleichermaßen wurde einem von der Universität abgewiesenen Studienbewerber einerseits zwar die Berufung auf ein (eigenständiges) ungeschriebenen Freiheitsrechtes auf Bildung versagt sowie die Einschlägigkeit des ungeschriebenen Grundrechtes der persönlichen Freiheit verneint, stattdessen aber auf den Schutz (u.a.) durch das Willkürverbot verwiesen.[903]
Die Verneinung eines Eingriffs in den Schutzbereich des Freiheitsrechtes und ein Verweis auf den Schutz durch das Willkürverbot findet sich auch des öfteren in Urteilen, in denen die persönliche Freiheit angerufen worden war :[904]
Hinsichtlich einer Rüge, die die Verletzung des guten Rufes des Beschwerdeführers zum Gegenstand hatte, lehnte das Bundesgericht denselben als Schutzobjekt der persönlichen Freiheit ab, verwies jedoch auf Art. 4 BV.[905]
Ähnlich im Tenor ein Urteil, in dem über die Bestellung eines Offizialverteidigers zu befinden war[906] und ein Entscheid, in dem es um die Angabe von Gründen für die Anordnung und Verlängerung der Untersuchungshaft in der Anklageschrift ging.[907]
Eine wichtige Rolle spielt das Willkürverbot insbesondere auch in den Fällen, in denen ein eigenständiges Demonstrationsrecht abgelehnt wurde.[908]

---

902 BGE 96 I, 104, 108 f.; s. dazu auch oben, S. 94 f.

903 BGE 114 Ia, 216, 220 f.; zum Recht auf Bildung s. auch oben, S. 96 ff.

904 Vgl. etwa BGE 104 Ia, 40, 41; 108 Ia, 59, 60 f.: Schiffahrtsverbot auf dem Zürichsee.

905 BGE 100 Ia, 189, 194 f.; zur Änderung dieser Rechtsprechung s. BGE 102 Ia, 516 521; 107 Ia, 52, 56 f.; im deutschen Recht fällt der gute Ruf unter das "allgemeine Persönlichkeitsrecht des Art. 2 Abs. 1 i. V. m. Art. 1 Abs. 1 GG, s. dazu bereits oben, S. 111 ff.

906 BGE 100 Ia, 180, 186 ff.

907 BGE 114 Ia, 216, 220 f.

908 Vgl. hierzu Gygi (Grundrechtskonkurrenz), S. 72 f.

Sind sowohl der Schutzbereich eines speziellen Grundrechtes als auch das Willkürverbot betroffen, so prüft das Bundesgericht zunächst den Verstoß gegen letzteres.[909]

Betrachtet man *alle* für die Existenz ungeschriebener Freiheitsrechte aufgestellten Voraussetzungen und ihre Umsetzung, so wird - trotz der im Ergebnis meist bestehenden Zustimmung von Seiten der Literatur - oft das Auseinanderfallen von Theorie und Praxis in der Rechtsprechung des Bundesgerichts bemängelt.[910] Der vom Bundesgericht gerade in jüngerer Zeit (in anderem Zusammenhang) bejahte Ansatz eines unter der Prämisse eines praktikablen Ergebnisses stehenden Methodenpluralismuses gilt somit auch für die Rechtsprechung zu den ungeschriebenen Freiheitsrechten.[911]

19. Kapitel : Die Rechtsprechung des Bundesverfassungsgerichts

Einen anderen Ansatz als das schweizerische Bundesgericht wählte das deutsche Bundesverfassungsgericht.[912]
Im Gegensatz zum Bundesgericht ermöglichte es einen umfassenden Grundrechtsschutz ausschließlich durch die Verortung von Freiheiten bei positiv normierten Freiheitsrechten. Formal an diese anknüpfend, entwickelte es dabei tatbestandlich verselbständigte Strukturen und damit auch "ungeschriebene" Freiheitsrechte. Trotz dieser eigenständigen Strukturen und einer damit verbundenen gewissen Selbständigkeit nahm das Bundesverfassungsgericht also immer eine Bindung an Normen des Grundgesetzes vor. Sein dogmatischer Ansatz ist somit der Auslegung zuzuordnen.

Das Bundesverfassungsgericht selbst benennt und begründet sein methodisches Vorgehen nicht ausdrücklich.

---

909 Vgl. etwa BGE 106 Ia, 299, 303 ff.: "Das Bundesgericht beurteilt sodann frei, ob das kantonale Recht, wie es ohne Willkür angewandt werden konnte, das Grundrecht der Sprachenfreiheit verletzt"; BGE 104 Ia, 35, 37; kritisch zu dieser Vorgehensweise des BG Müller (Grundrechtstheorie), S. 166; ähnlich Thürer (Willkürverbot), S. 462, der darauf hinweist, daß "diese Reihenfolge der Untersuchung oft leichter zum richtigen Resultat" führt.

910 Auer (juridiction), S. 248; Rossinelli (libertés), S. 213 ff.

911 Häfelin/Haller, Rdn. 111 ff.; s. auch Kramer, S. 92 f.

912 Nach Meinung von Scheuner (Verfassungsgerichtsbarkeit), S. 476, ließe sich die Rechtsprechung des Bundesgerichts zu den ungeschriebenen Freiheitsrechten "angesichts der größeren Ausführlichkeit und Systematik des Grundgesetzes wohl nicht auf dessen Bereich übertragen".

Die zentrale Rolle in seiner Judikatur zu den "ungeschriebenen" Freiheitsrechten kommt Art. 2 Abs. 1 GG in seiner Funktion als zentrales Auffanggrundrecht zu. Diesem wurde - durch seine Definition als allgemeine Handlungsfreiheit - ein umfassender Anwendungsbereich zugewiesen. Das Bundesverfassungsgericht schuf mit seiner Rechtsprechung zu Art. 2 Abs. 1 GG ein Auffanggrundrecht für die Fälle, in denen ein spezielles Grundrecht nicht greift. Durch seine Auslegung des Art. 2 Abs.1 GG als "ergänzende Generalklausel"[913] wurde dem Grundrecht der freien Entfaltung der Persönlichkeit im Ergebnis *die* lückenfüllende Funktion im grundrechtlichen Gesamtgefüge zugewiesen.

Die Rechtsprechung zu Art. 2 Abs. 1 GG spiegelt zudem letztendlich nur grundsätzliche Tendenzen der verfassungsrechtlichen Rechtsprechung wider. Auch für das Bundesverfassungsgericht können - ähnlich der Judikatur des Schweizer Bundesgerichts - grundsätzlich Methodenpluralität und Methodenwechsel konstatiert werden.[914] Ebenso lassen sich bei der Grundrechtsauslegung nur "wenig handfeste generelle Aussagen" machen.[915] Wie bei der Rechtsprechung des Bundesgerichts ist auch diejenige des Bundesverfassungsgerichts von einem eher pragmatischen Vorgehen gekennzeichnet.[916]
So ist etwa bei der Erstreckung der Eigentumsgarantie auf die Besitzrechte zu fragen, ob es sich - der Wortlaut der Norm ist hier eindeutig überschritten - überhaupt um Auslegung und nicht etwa um eine lückenergänzende Verfassungsfortbildung handelt.

Während das Bundesgericht bei der Anerkennung (oder Verweigerung der Anerkennung) von ungeschriebenen Freiheitsrechten - kumulativ - auf mehrere Kriterien abstellt, verzichtet das Bundesverfassungsgericht auf ein derart schematisches Vorgehen,
Argumentativ bewegt sich das Bundesverfassungsgericht insbesondere in dem engen Bereich des Grundrechtskataloges und zieht vor allem Art. 1 Abs. 1 GG für seine Begründung heran, was insbesondere bei der Rechtsprechung zum "all-

913 Im Gegensatz zu "prinzipaler Generalklausel", vgl. hierzu Schaumann, S. 40 f. Durch die ergänzende Funktion des Grundrechts auf freie Entfaltung der Persönlichkeit hebt sich das Bundesverfassungsgericht von einer rein an einem lückenlosen "Wertsystem" orientierten Sicht ab. Das verkennt Rhinow (Grundrechtskatalog), S. 232, der die Lehre Giacomettis und "die Rechtsprechung des Bundesverfassungsgerichts zu den Art. 1-3 des Bonner Grundgesetzes" gleichsetzt.

914 Vgl. etwa Böckenförde (Verfassungsinterpretation), S. 2090.

915 Ossenbühl, S. 2106.

916 So etwa auch Scholz, S. 81 f., der von einem "Zug zur pragmatischen Grundrechtspolitik" spricht und gleichzeitig die Frage aufwirft, ob sich diese "... auf interpretationstheoretisch gründlichere Reflexionen zu stützen vermag"; Ossenbühl, S. 2107.

gemeinen Persönlichkeitsrecht" zum Ausdruck kommt. Daneben finden sich aber auch Bezüge zum rechtsstaatlichen Strukturprinzip.

Gewohnheitsrechtliche Bezüge spielen in der Rechtsprechung des Bundesverfassungsgerichts im Bereich der Grundrechte keine Rolle.[917] Die Frage eines allgemeinen Konsenses, sei es als Akzeptanz in der Doktrin oder in den Länderverfassungen - stellt das Bundesverfassungsericht - trotz häufig anzutreffender Bezüge auf die Literatur - im Sinne einer "conditio sine qua non" jedoch nicht.[918]
Diese Rechtsprechung ist nicht zuletzt Ausdruck einer gewissen Skepsis, die dem Gewohnheitsrecht im grundrechtlichen Bereich grundsätzlich entgegengebracht wird.[919]

20. Kapitel : Die Relevanz der Methode für das Ergebnis/Bewertung

Auch wenn die rechtsdogmatischen Ansätze der Rechtsprechung von Bundesgericht und Bundesverfassungsgericht in ihrem Bestreben, den grundrechtlichen Schutz zu optimieren, unterschiedlich sind, werden ähnliche Ergebnisse erzielt.[920] So handelt es sich sowohl bei den durch das Bundesgericht anerkannten ungeschriebenen Freiheitsrechten wie auch bei den "ungeschriebenen" Freiheitsrechten nach deutscher Lesart um materiell und formell-rechtlich vollwertige verfassungsrechtliche Garantien, deren Verletzung vor den Verfassungsgerichten beider Länder gerügt werden kann.[921]

Der im deutschen Verfassungsrecht durch weite Auslegung geschriebener Freiheitsrechte - insbes. des Art. 2 Abs. 1 GG - erreichte Schutz des Individuums

---

917 Zu vermeintlichen Ansätzen des BVerwG zur Annahme eines gewohnheitsrechtlichen Grundrechtes im Zusammenhang eines "Aufopferungsanspruchs für Requisitionsschäden vgl. Tomuschat, S. 42 FN 82; in der Literatur gab und gibt es insbesondere Tendenzen zur Anerkennnung eines gewohnheitsrechtlich begründeten Grundrechtes im Zusammenhang mit dem klassischen Aufopferungsgrundsatz, vgl. hierzu Tomuschat, S. 41 f., mit umfangreichen Literaturhinweisen.

918 Teilweise anders allerdings wohl Scheuner, S. 476, der feststellt: " Bei Entscheidungen, die sich auf sehr allgemeine Wertungen stützen, wird für die Rechtsprechung - und hier klingt ein Moment der Gesetzgebung an - die Übereinstimmung mit einem allgemeinen Konsens immer wesentlich sein". S. auch Ehmke, S. 71, der - zwar nicht im Bereich der Grundrechte, sondern bei der Problematik der Konkretisierung verfassungsrechtlicher Leitgrundsätze - vorschlägt, einen "Konsens aller Vernünftigen und Gerecht Denkenden" einzuführen.

919 Vgl. etwa Tomuschat aaO.

920 So spricht Bethge, S. 361, auch von "adäquaten Lösungen".

921 S. hierzu bereits oben, S. 9 ff.

wird im Schweizer Verfassungsrecht durch die Anerkennung ungeschriebener Freiheitsrechte adäquat gewährleistet.

Dabei erfaßt der Schutzbereich der freien Meinungsäußerung - natürlich in der konkreten Ausgestaltung nicht vollkommen deckungsgleich aber doch im Grundsatz und mit einer Reihe von Parallelen - Sachverhalte, die im deutschen Verfassungsrecht überwiegend von Art. 5 GG[922] geschützt werden : die "klassische" Meinungsäußerungsfreiheit kann Art. 5 Abs. 1 S. 1 GG, die Filmfreiheit Art. 5 Abs. 1 S. 2 GG, die Freiheit der Kunst Art. 5 Abs. 3 S. 1 GG und die Freiheit der Lehre sowie die Wissenschaftsfreiheit Art. 5 Abs. 3 S. 1 GG zugeordnet werden.[923]

Das Gleiche gilt bei einem Vergleich des ungeschriebenen Freiheitsrechtes der persönlichen Freiheit mit den aus Art. 2 GG abgeleiteten Freiheiten :

So werden die durch das ungeschriebene Freiheitsrecht der persönlichen Freiheit geschützte körperliche Integrität sowie die Bewegungsfreiheit im deutschen Verfassungsrecht durch Art. 2 Abs. 2 GG geschützt.

Insbesondere überschneidet sich der Schutzbereich der persönlichen Freiheit mit vielen Bereichen:

Hierbei wird die Menschenwürde im deutschen Verfassungsrecht durch Art. 1 GG geschützt.

Dem ungeschriebenen allgemeinen Persönlichkeitsrecht als Teil der persönlichen Freiheit in der Schweiz entspricht für das Grundgesetz das aus Art. 1 u. Art. 2 Abs. 1 GG hergeleitete allgemeine Persönlichkeitsrecht.

Fragen der informationellen Selbstbestimmung werden in der Schweiz unter das allgemeine Persönlichkeitsrecht, in Deutschland unter Art. 2 Abs. 1 i. V. m. Art. 1 Abs. 1 GG subsumiert.

Das Briefgeheimnis hat im deutschen Verfassungsrecht seine Verortung in Art. 10 Abs. 1 GG gefunden, in der Schweiz ist sein Anknüpfungspunkt die persönliche Freiheit.

Die Versammlungsfreiheit, in der Schweiz als ungeschriebenes Freiheitsrecht anerkannt, wird durch Art. 8 GG garantiert.

---

922 Art. 5 GG enthält allerdings nicht nur ein, sondern fünf Grundrechte, vgl. hierzu Wendt, in: v. M./K., Art. 5, Rdn. 1.

923 Wendt in : v. M./K., Art. 5, Rdn. 66.

Allerdings bleibt auch ein entscheidender Unterschied zwischen der deutschen und der schweizerischen Rechtsprechung hervorzuheben. Den Schritt der Weiterentwicklung des (ungeschriebenen) Freiheitsrechtes der persönlichen Freiheit zu einer "allgemeinen Handlungsfreiheit" ist das Bundesgericht trotz einiger vermeintlicher Ansätze - im Gegensatz zum Bundesverfassungsgericht - nicht gegangen.

Angesichts der vorstehend dargestellten Ergebnisse, durch die Anerkennung ungeschriebenen Verfassungsrechts wie vom Bundesgericht praktiziert sowie die Auslegung als Ansatz des Bundesverfassungsgerichts ähnliche Ergebnisse zu erzielen und vor dem Hintergrund, daß beide methodische Vorgehensweisen schwer voneinander abgrenzbar sind, stellt sich die Frage der Relevanz und Abgrenzbarkeit des methodischen Vorgehens.

Dahingehende Zweifel werden sowohl in der schweizerischen als auch in der deutschen Literatur seit langem verteten. So ist etwa davon die Rede, daß "die dualistische Alternative von Verfassungsauslegung und Anwendung ungeschriebenen Verfassungsrechts ... zu kurz" greife.[924]
Der Anerkennung oder Nichtanerkennung eines Freiheitsrechtes als autonom oder der (extensiven) Ausweitung des Schutzbereiches einer bereits existierenden grundrechtlichen Gewährleistung wird aufgrund des fließenden Übergangs vor allem "technischer und programmatischer Charakter"[925] bzw. eine "symbolische" Bedeutung zugesprochen. In Frage gestellt wird deshalb, ob eine Grenze zwischen dem ungeschriebenen Verfassungsrecht und der Auslegung geschriebener freiheitsrechtlicher Garantien überhaupt bestehe oder ob es sich bei dem ungeschriebenen Verfassungsrecht nicht einfach um eine "Metapher für das eine Ende des allmählichen Übergangs" handele.[926]

Hintergrund der begrenzten Anwendbarkeit des klassischen Methodenspektrums ist nicht zuletzt die Sonderstellung des Verfassungsrechts.[927] Hierbei ist insbesondere zu betonen, daß eine Verfassung sich auf die wesentlichen Gesichtspunkte

---

924 Göldner, S. 203.

925 Gunten, S. 25 f.; allerdings wird in der vermehrten Anerkennung von ungeschriebenen Freiheitsrechten anstelle der immer weiteren Ausweitung bestehender freiheitsrechtlicher Schutzbereiche auch die Möglichkeit gesehen wird, die Rechtsprechung des Bundesgerichts voraussehbarer zu gestalten, vgl. hierzu Kieser, S. 22 f.

926 Huber (Probleme), S. 107. Zur Problematik s. auch Eichenberger, in : Kommentar BV, verfassungsrechtliche Einleitung, Rdn. 13; Häfelin. S. 130; Haefliger (Hierarchie), S. 475.

927 Man denke etwa an den Vorrang des Verfassungsrechtes oder die erschwerte Abänderlichkeit oder sogar Unabänderbakeit verfassungsrechtlicher Normen, vgl. hierzu bereits oben, S. 6.

und Prinzipien beschränkt[928] und die Regelung von Detailfragen i. d. R. bewußt der einfachen Gesetzgebung zuweist oder überläßt. Eine "durch den Rechtsanwender zu komplettierende Detailvernetzung von Staat, Recht und Gesellschaft" macht gerade nicht das Wesen einer Verfassung aus.[929] Die einzelnen Artikel der Staatsgrundgesetze - und dies trifft in besonderem Maße für die hier besonders interessierenden grundrechtlichen Gewährleistungen zu - sind meist knapp in ihrem Umfang und ihrem Gehalt nach eher deklaratorisch, unbestimmt und elastisch.[930] Dem Gesetzgeber kommt hier deshalb ein "Konkretisierungsprimat" zu.[931] Um diese Unterschiede zwischen Verfassungsrecht und einfachem Recht deutlich zu machen, wird denn auch teilweise der Begriff der "Konkretisierung" als Substitut der Auslegung in das terminologische Repertoire des Verfassungsrechts eingeführt. Konkretisierung bedeutet dabei "Verfassungsentfaltung, Ausschöpfung, Anreicherung, Rechtsfortbildung durch Erfüllung ganzer Normprogramme, im Laufe der Zeit und im Wandel der Gesellschaft".[932] Die Grundrechte bieten dabei für den (Verfassungs)richter das "Ideal einer Konkretisierungsaufgabe".[933]

Dies bedeutet auf der anderen Seite zwar nicht, daß die für das einfache Recht entwickelten Grundsätze der Methodenlehre grundsätzlich nicht für das Verfassungsrecht Anwendung finden dürften.[934] Allerdings muß den Besonderheiten einer Verfassung in vollem Maße Rechnung getragen werden.

---

928 Vgl. hierzu etwa BVerfGE 32, 54, 72 : "Die sprachliche Einkleidung dieses Grundrechts (= Art. 13 GG, d. Verf.) hat seit jeher die juristische Präzision zugunsten des feierlichen Pathos einer einprägsamen Kurzformel zurücktreten lassen"; s. auch BVerfGE 43, 154, 168: "Es ist die Eigentümlichkeit von in der Verfassung gewährten Ansprüchen, mögen sie in Grundrechten, grundrechtsähnlichen Vorschriften oder Grundsätzen der Verfassung enthalten sein, daß sie in summarischer Kürze formuliert sind, daß man ihnen durch eine Vielzahl von Varianten des Sichverhaltens gerecht werden kann ... , daß sie der Ausfaltung im einfachen Gesetz zugänglich und regelmäßig bedürftig sind".

929 Göldner, S. 208; Froesch, S.196 ff.

930 Vgl. hierzu insbes. Huber (Konkretisierung), S. 195, der verschiedene Grundrechte der Schweizer BV sehr anschaulich auf ihre begriffliche Quintessenz reduziert; Gygi (Rechtsfindung), S. 74; Ehmke, S. 62; Hesse (Verfassungsrecht), Rdn. 50; Bethge, S. 357; Göldner, S. 208; Ossenbühl (Grundrechte), S. 2105.

931 Göldner, S. 182, 237.

932 Huber (Formenreichtum), S. 186; derselbe (Konkretisierung), S.192; kritisch hierzu Ossenbühl (Grundrechte), S. 2106; s. auch Hesse (Verfassungsrecht), Rdn. 60 ff.

933 Huber (Formenreichtum), S.191; für Huber (Formenreichtum), S. 192, versucht "ein gutes Verfassungsgericht" auch nicht, die die zentralen Begriffe in den Grundrechtsartikeln genau zu bestimmen, vgl. Huber (Formenreichtum), S. 192; danach wäre das Bundesverfassungsgericht aber ein schlechtes Gericht, was jedoch wohl kaum jemand ernstlich behaupten wird.

934 Häfelin/Haller, Rdn. 104 ff.; Gygi (Rechtsfindung), S. 74; Häfelin (FS Hegnauer), S.115 f.; Aubert (Bundesstaatsrecht), Rdn. 291; Hesse (Verfassungsrecht), Rdn. 53 ff.; Ossenbühl

Hierzu sind die Begründungen sowohl des Schweizer Bundesgerichts als auch das Bundesverfassungsgericht nicht ausreichend dogmatisch begründet.

(Grundrechte), S. 2105 f.; für eine stärkere Differenzierung zwischen den Rechtsgebieten Lüchinger, S. 54 ff.

7. Teil : Ausblick

21. Kapitel : Die Totalrevision der Schweizer Bundesverfassung

Wie bereits in der Einführung ausgeführt, wurde in der Volksabstimmung vom 18. April 1999 die neue Bundesverfassung der Schweizerischen Eidgenossenschaft angenommen. Damit hat eine lange verfassungsrechtliche Diskussion und Entwicklung ihr vorläufiges Ende gefunden.

Die Lückenhaftigkeit der Schweizer Bundesverfassung - auch und gerade im Bereich der Grundrechte - war zwar bereits lange als unbefriedigend empfunden worden. Dennoch kam es erst 1965 zu konkreten Schritten in Richtung einer als einziges wirksames Mittel erachteten Totalrevision.[935]

Etwa zwanzig Jahre später legte das Eidgenössische Justiz- und Polizeidepartement[936] schließlich eine Modellstudie[937] vor und am 3. Juni 1987 beauftragte die Bundesversammlung den Bundesrat, einen Entwurf einer neuen Bundesverfassung vorzulegen. Dieser sollte "das geltende geschriebene und ungeschriebene Verfassungsrecht nachführen, es verständlich darstellen, systematisch ordnen sowie Dichte und Sprache vereinheitlichen".[938] Die Aufgabe der Nachführung des ungeschriebenen Verfassungsrechts[939] wurde dem Bundesamt für Justiz und verschiedenen Expertenkommissionen übertragen.[940]

---

935 Vgl. die Motionen Obrecht und Dürrenmatt in Amtl. Bull. N 1966, S. 412 ff.; S. 1966, S. 168 ff.; ein Überblick über die "Etappen der laufenden Totalrevision der Bundesverfassung" findet sich bei Lombardi, S. 6 ff.

936 Neben den "offiziellen" Verfassungsentwürfen gab es auch mehrere "private" Verfassungsentwürfe, vgl. hier insbesondere den von Kölz/Müller vorgelegten (Kölz, Alfred/Müller, Jörg Paul, Entwurf für eine neue Bundesverfassung, 2. Aufl. Basel/Frankfurt a.M. 1990).

937 Im Bereich der Grundrechte/Freiheitsrechte sieht die Studie etwa einen Schutz der Menschenwürde (Art. 8), der "Persönlichkeit und der Privatsphäre" (Art. 10), der "Meinungsfreiheit und Informationsfreiheit" (Art. 12), der "Versammlungs- und Vereinigungsfreiheit" (Art. 13) sowie der "Wissenschafts- und Kunstfreiheit" (Art. 14) vor; nach Art. 9 Abs. 2 soll zudem "niemand...wegen seiner ... Sprache ... benachteiligt oder bevorzugt werden" dürfen, vgl. BBl. 1985 III, S. 1 ff.; zur Frage eines Grundrechtskataloges in einer totalrevidierten Verfassung s. bereits Rhinow (Grundrechtskatalog); Hanggartner (Freiheitsgarantie); Schaumann.

938 BBl. 1987 II, 963. Allerdings handelt es sich - insbesondere auch im Bereich der Grundrechte - angesichts der "neuen Systematik der Verfassung und des Grundrechtskataloges" um mehr als eine bloße "Nachführung", s. hierzu Kley, S. 302 f.

939 Hier ist insbesondere auch an die ungeschriebenen Freiheitsrechte zu denken.

940 Zu den "Vorbereitungen für eine Totalrevision der Bundesverfassung s. im einzelnen Häfelin/Haller, Rdn. 29 ff.

Im Juni 1995 stellte der Schweizer Bundesrat eine "nachgeführte" Bundesverfassung als Rahmen für weitergehende Reformen vor, stellte dabei verschiedene materielle Reformen der Volksrechte und der Justiz zur Diskussion und eröffnete ein breit angelegtes Vernehmlassungsverfahren.[941]

Am 20. November 1996 legte der Bundesrat einen nachgeführten Verfassungsentwurf, Vorschläge für eine weitgehende Reform der Volksrechte sowie für eine Justizreform vor.[942]

Ende November 1997 wurde die Beratung der Vorlagen betreffend die Nachführung sowie die Reformen der Volksrechte durch die parlamentarischen Kommissionen von National- und Ständerat abgeschlossen.[943]

Die Verfassung wurde in der Volksabstimmung vom 18. April 1999 angenommen.

Im Bereich der Grund- und Freiheitsrechte sieht die neue Verfassung - in einem mit "Grundrechte, Bürgerrechte und Sozialziele" überschriebenen Grundrechtskatalog zusammengefaßt - u. a. die ausdrückliche Normierung folgender Garantien vor :[944]

Art. 7 Menschenwürde
Die Würde des Menschen ist zu achten und zu schützen.

Art. 10 Recht auf Leben und auf persönliche Freiheit
1. Jeder Mensch hat das Recht auf Leben. Die Todesstrafe ist verboten.
2. Jeder Mensch hat das Recht auf persönliche Freiheit, insbesondere auf körperliche und geistige Unversehrtheit und auf Bewegungsfreiheit.
3. Folter und jede Art grausamer, unmenschlicher oder erniedrigender Behandlung oder Bestrafung sind verboten.

Art. 12 Recht auf Hilfe in Notlagen
Wer in Not gerät und nicht in der Lage ist, für sich zu sorgen, hat Anspruch auf Hilfe und Betreuung und auf die Mittel, die für ein menschenwürdiges Dasein unerlässlich sind.

Art. 13 Schutz der Privatsphäre
1. Jede Person hat Anspruch auf Achtung ihres Privat- und Familienlebens, ihrer Wohnung sowie ihres Brief-, Post- und Fernmeldeverkehrs.

---

941 Häfelin/Haller, Rdn. 31d.
942 Häfelin/Haller, Rdn. 31e.
943 Häfelin/Haller, Rdn. 31f.
944 S. Verfassungsentwurf 1996.

2. Jede Person hat Anspruch auf Schutz vor Missbrauch ihrer persönlichen Daten.

Art. 16 Meinungs- und Informationsfreiheit

1. Die Meinungs- und Informationsfreiheit ist gewährleistet.
2. Jede Person hat das Recht, ihre Meinung frei zu bilden und sie ungehindert zu äussern und zu verbreiten.
3. Jede Person hat das Recht, Informationen frei zu empfangen, aus allgemein zugänglichen Quellen zu beschaffen und zu verbreiten.

Art. 17 Medienfreiheit

1. Die Freiheit von Presse, Radio und Fernsehen sowie anderer Formen der öffentlichen fernmeldetechnischen Verbreitung von Darbietungen und Informationen ist gewährleistet.
2. Zensur ist verboten.
3. Das Redaktionsgeheimnis ist gewährleistet.

Art. 18 Sprachenfreiheit

Die Sprachenfreiheit ist gewährleistet.

Art. 20 Wissenschaftsfreiheit

Die Freiheit der wissenschaftlichen Lehre und Forschung ist gewährleistet

Art. 21 Kunstfreiheit

Die Freiheit der Kunst ist gewährleistet.

Art. 22 Versammlungsfreiheit

1. Die Versammlungsfreiheit ist gewährleistet.
2. Jede Person hat das Recht, Versammlungen zu organisieren, an Versammlungen teilzunehmen oder Versammlungen fernzubleiben.

Art. 31 Freiheitsentzug

1. Die Freiheit darf einer Person nur in den vom Gesetz selbst vorgesehenen Fällen und nur auf die im Gesetz vorgeschriebene Weise entzogen werden.

Das Schweizer Verfassungsrecht befindet sich also in einer Zeit grundlegenden Umbruchs. Die neue eidgenössische Verfassung enthält alle vom Bundesgericht in den vergangenen Dekaden anerkannten ungeschriebenen individualrechtlichen Garantien, die von daher in der bisherigen Form als ungeschriebene Freiheitsrechte der Vergangenheit angehören werden.

Ob die Rechtsfigur der ungeschriebenen Freiheitsrechte aber gänzlich von der eidgenössischen Verfassungsbildfläche verschwinden wird, kann zwar jetzt noch nicht gesagt werden.[945]
So wurde zwar einerseits festgehalten, daß "der Bundesrat nie die Absicht (hatte), einen abschließenden Grundrechtskatalog in der Verfassung zu normieren" und es "dem Bundesgericht unbenommen bleiben (solle), neue Grundrechte zu schaffen oder den Anwendungsbereich bestehender Grundrechte zu konkretisieren".[946]
Andererseits aber dürften die vom Bundesgericht angewandten Voraussetzungen für die Anerkennung ungeschriebener Freiheitsrechte in nächster Zeit kaum mehr vorliegen.[947]
Auch die offene Formulierung des neuen Grundrechtskataloges läßt eine Anerkennung neuer ungeschriebener Freiheitsrechte kurz- und mittelfristig ausgeschlossen erscheinen.[948]

Daher wird die Bedeutung ungeschriebenen Verfassungsrechts im grundrechtlichen Bereich wohl insgesamt an Bedeutung verlieren. Die Kontroverse insbesondere in der Schweizer Lehre dürfte damit diesbezüglich geschlossen sein.
Stattdessen wird das Bestreben von Schweizer Rechtsprechung und Lehre - ähnlich wie in Deutschland - wohl dahin gehen, den Schutzbereich nunmehr ausdrücklich normierter Freiheitsrechte zu konkretisieren und gegebenenfalls durch Auslegung zu erweitern. Von besonderem Interese wird hier sein, inwieweit die neu garantierte persönliche Freiheit möglicherweise doch irgendwann im Sinne einer "allgemeinen Handlungsfreiheit" ausgelegt werden wird oder zumindest eine dahingehende Annäherung erfahren wird.

22. Kapitel : Reformen im deutschen Verfassungsrecht

Auch im deutschen Verfassungsrecht gab es - Auslöser war hier insbesondere die Herstellung der staatlichen Einheit[949] - intensive Diskussionen über Notwendig-

---

[945] S. hierzu auch den Bericht in der *Neuen Zürcher Zeitung* vom 16./17.01.1999, wo die Forderung nach einem - in dem nachgeführten Verfassungsentwurf nicht enthaltenen - "Recht auf den Ertrag der eigenen Arbeit und des eigenen Vermögens" erhoben wird. Buser befürwortet die "Anerkennung eines Grundrechts auf Kultur, das nach seinen verschiedenene Aspekten als Teilhaberecht und Abwehrrecht ... zu differenzieren ist", s. Buser, S. 1 f.

[946] Amtliches Bulletin N 1998, S. 655; s. hierzu auch Kley, S. 306.

[947] S. hierzu ausführlich Kley, S. 307 ff.

[948] So Kley, S. 315 ff.

[949] Zu den im Einigungsvertrag vereinbarten Grundgesetzänderungen vgl. etwa Klein, in : DÖV 1991, S. 569 ff.

keit und Umfang einer Änderung des Grundgesetzes. Teilweise wurde sogar die Schaffung einer gänzlich neuen Verfassung gefordert. Den ersten mehr oder weniger euphorischen Rufen nach verfassungsrechtlicher Um- oder Neuorientierung[950] begegnete die 1992 eingesetzte Verfassungskommission, die sich aus Vertretern aus Bundestag und Bundesrat zusammensetzte, mit einem sich durch begrenzte Änderungsvorschläge auszeichnenden Abschlußbericht.[951] Die Empfehlungen der Verfassungskommission wurden durch Gesetz vom 27.10.1994 weitgehend umgesetzt.[952] Im Bereich der Grundrechte kam es zu Änderungen bei Art. 3 Abs. 2 GG[953] und Art. 3 Abs. 3 S. 3.[954] Insgesamt gesehen blieb also der status quo bestehen.

Auf dem Gebiet des Asylrechts wurde - als Konsequenz einer langen politischen Diskussion[955] - mit Gesetz vom 28.06.1993 zudem der bisherige Art. 16 Abs. 2 S. 2 GG durch Art. 16a GG ersetzt.[956]

Zu einer Neufassung des Art. 13 GG kam es mit Gesetz vom 25.03.1998.[957] Mit den Änderungen wurde der Einsatz technischer Mittel bei der Überwachung von Wohnungen - d. h. die Vornahme von Lausch- und Spähangriffen - unter Festlegung von inhaltlichen und verfahrensrechtlichen Vorgaben verfassungsrechtlich legitimiert bzw. konkretisiert.[958]

---

950 Vgl. hierzu etwa Isensee, S. 2584 f. hinsichtlich der "postsozialistischen Alternativen zum Grundgesetz"; kritisch hierzu Schneider, H. P., S. 559.

951 BT-Drucksache 12/6000; zu den Empfehlungen der Verfassungskommisssion vgl. etwa Jahn, in : DVBl. 1994, S. 177 ff.; Vogel, in : DVBl. 1994, S. 497 ff.

952 Vgl. hierzu im einzelnen Sannwald, in : NJW 1994, S. 3313 ff.

953 Eingefügt wurde: "Der Staat fördert die tatsächliche Durchsetzung der Gleichberechtigung von Frauen und Männern und wirkt auf die Beseitigung bestehender Nachteile hin"; kritisch hierzu Isensee, S. 2585 : "dunkle Sentenz, was immer sie bedeuten mag".

954 Eingefügt wurde : "Niemand darf wegen seiner Behinderung benachteiligt werden"; die Änderung war allerdings - obwohl innerhalb des Gremiums diskutiert - nicht von der gemeinsamen Verfassungskommission empfohlen worden; vgl. BT-Drucksache 12/6000, S. 52 f.

955 Zur Entstehungsgeschichte s. Wollenschläger/Schramml, in : JZ 1994, S. 61.

956 Dabei ist Art. 16a Abs. 1 GG zwar wörtlich identisch mit dem bisherigen Art. 16 Abs. 2 S. 2 GG. Allerdings werden in den Absätzen 2 - 5 verschiedene Einschränkungen vorgenommen. An der Konzeption als individuelles Grundrecht wurde allerdings festgehalten; s. hierzu Henkel, in : NJW 1993, S. 2705. Kritisch zur Neuregelung (insbesondere in ihren praktischen Auswirkungen) Franßen, in : DVBl. 1993, S. 301 : "Grundrechtsverhinderungsvorschrift".

957 Dabei wurden die Absätze 3 - 6 neu eingefügt, der bisherige Absatz 3 wurde zu Absatz 7. Die Änderung erfolgte im Rahmen des Erlasses mehrerer Gesetze zur Bekämpfung der organisierten Kriminalität; vgl hierzu Meyer/Hetzer, in : NJW 1998, S. 1017 ff.

958 S. hierzu im einzelnen, Kühne, in : Sachs, Grundgesetz, Art. 13, Rdn. 38 ff.

Alles in Allem haben sich sowohl Grundgesetz und Grundrechtskatalog - flankiert von der Rechtsprechung des Bundesverfassungsgerichts - bewährt[959], so daß - trotz weiteren verfassungsrechtlichen Diskussionsstoffes[960] - grundlegende Änderungen hier eher unwahrscheinlich sein werden.

Damit kann gesagt werden, dass der "Verfassungsstandort Deutschland"[961] nicht gefährdet ist, zumal wenn das Grundgesetz auch weiterhin von einem breiten gesellschaftlichen Konsens getragen wird.[962]

959 In diesem Sinne etwa Isensee, wenn er die Arbeit der Verfassungskommission als "grosso modo gut und verdienstvoll für die Zukunft des Verfassungsstaates" qualifiziert; a. A. Schneider, H. P., S. 558 ff.

960 Vgl. hierzu etwa Vogel, S. 505 f.

961 Schneider, H. P., S. 561.

962 Vgl. Sannwald, S. 3320.

Literaturverzeichnis

Alexy, Robert, Theorie der Grundrechte, 2. Aufl., Frankfurt am Main 1994

Aubert, Jean-Francois, La Constitution, son contenu, son usage, in : ZSR Nf Bd. 110 1991, S. 9 ff.
(zit.: Constitution)

Aubert, Jean-Francois, La liberté d´opinion, in : ZSR NF Bd. 92 1973, S. 429 ff.
(zit.: liberté)

Aubert, Jean-Francois, Les droits fondamentaux dans la jurisprudence récente du Tribunal fédéral suisse, in : Menschenrechte, Föderalismus, Demokratie, FS zum 70. Geburtstag von Werner Kägi, Zürich 1979, S.1 ff.
(zit.: droits fondamentaux)

Aubert, Jean-Francois, L´origine coutumière des règles de droit public, in : ZBl. 1959, S. 145 ff.
(zit.: L´origine)

Aubert, Jean-Francois, Petite Histoire Constitutionelle De La Suisse, 3. Aufl., Bern 1979
(zit.: Histoire)

Aubert, Jean-Francois, Bundesstaatsrecht der Schweiz, Fassung von 1967 und neubearbeiteter Nachtrag,
Bd. I bis 1990, Basel/Frankfurt a. M. 1991
Bd. II bis 1994, Basel/Frankfurt a. M 1994
(zit.: Bd.)

Auer, Andreas, Die schweizerische Verfassungsgerichtsbarkeit, Basel 1984
(zit.: Verfassungsgerichtsbarkeit)

Auer, Andreas, D´une liberté non écrite qui n´aurait pas dû l´être : la liberté de la langue", in : AJP 1992, S. 955 ff.
(zit.: liberté)

Auer, Andreas, Grundlagen und aktuelle Probleme der schweizerischen Verfassungsgerichtsbarkeit, in : Jahrbuch des Öffentlichen Rechts Der Gegenwart NF Bd. 40, S. 111 ff.
(zit.: Probleme)

Auer, Andreas, Problèmes fondamentaux de la démocratie suisse, in : ZSR NF Bd. 103 1984, S.1 ff.
(zit.: démocratie)

Badura, Peter, Staatsrecht, 2. Aufl., München 1996

Baeggli, Susanne, Die Kunstfreiheitsgarantie in der Schweiz, Zürich 1974

Barrelet, Denis, Le droit du journaliste à l'information, in : SJZ 75 1979, S. 69 ff.

Béguelin, Michel, Das Gewohnheitsrecht in der Praxis des Bundesgerichts, Bern 1968

Benda, Ernst, Die Verfassungsgerichtsbarkeit der Bundesrepublik Deutschland, in : Verfassungsgerichtsbarkeit in Westeuropa, Christian Starck/Albrecht Weber (Hrsg.), Teilband I, 1. Aufl. Baden - Baden 1986, S. 121 ff.

Bethge, Herbert, Aktuelle Probleme der Grundrechtsdogmatik, in : Der Staat 1985, S. 351 ff.

Bettermann, August/ Nipperdey, Hans Carl, Die Grundrechte, 4. Band 2. Halbband, Berlin 1962

Biaggini, Giovanni, Verfassung und Richterrecht : verfassungsrechtliche Grenzen der Rechtsfortbildung im Wege der bundesgerichtlichen Rechtsprechung, Basel/Frankfurt a. M. 1991

Blaise, Knapp, le fédéralisme, in : ZSR NF Bd. 103 1984, S. 275 ff.

Bleckmann, Albert, Staatsrecht II - Die Grundrechte, 4. Aufl., Köln/Berlin/ Bonn/München 1997

Böckenförde, Ernst Wolfgang, Die Methoden der Verfassungsinterpretation - Bestandsaufnahme und Kritik, in : NJW 1976, S. 2089 ff.

(zit: : Verfassungsinterpretation)

Böckenförde, Ernst-Wolfgang, Grundrechtstheorie und Grundrechtsinterpretation, in : NJW 1974, S. 1529 ff.
(zit.: Grundrechtstheorie)

Böckenförde, Werner, Der allgemeine Gleichheitssatz und die Aufgabe des Richters, Berlin 1957
(zit.: Böckenförde, W., Gleichheitssatz)

Boldt, Hans, Deutsche Verfassungsgeschichte, München 1990, Bd. 2 : von 1806 bis zur Gegenwart

Boßhardt, Hans, Die Eigentumsgarantie, Turbenthal 1930

Bosshart, Jürg, Demonstrationen auf öffentlichem Grund, Zürich 1973

Botzenhart, Manfred, Deutsche Verfassungsgeschichte 1806-1849, Stuttgart u. a. 1993

Brühwiler, Hans, Die Freiheitsrechte der Kantonsverfassungen in ihrem Verhältnis zur Bundesverfassung, Affoltern 1948

Bühler, Theodor, Gewohnheitsrecht - Enquête - Kodifikation, Zürich 1981

Burkhardt, Walter, Kommentar der schweizerischen Bundesverfassung, 2. Aufl., Bern 1914

Buser, Denise, Dimensionen einer kulturellen Grundrechtssicht, in : ZSR Bd. 117 1998, 1. Halbband, S. 1 ff.

Bydlinski, Franz, Hauptpositionen zum Richterrecht, in : JZ 1985, S. 149 ff.

Canaris, Claus-Wilhelm, Die Feststellung von Lücken im Gesetz, 2. Aufl., Berlin 1982

Degenhart, Christoph, Das allgemeine Persönlichkeitsrecht, Art. 2 I i.V. m. Art. 1 I GG, in : JuS 1992, S. 361 ff.
(zit.: Persönlichkeitsrecht)

Degenhart, Christoph, Die allgemeine Handlungsfreiheit des Art. 2 I GG, in : JuS 1990, S. 161 ff.
(zit.: Handlungsfreiheit)

Dehler, Thomas, Zur Entstehungsgeschichte des Art. 2 Abs. 1 des Grundgesetzes, in : JZ 1960, S. 727 ff.

Derleder, Peter/Winter, Gerd, Zur verfassungsrechtlichen Stellung des Mieters: Das Beispiel der Mobilisierung öffentlicher Wohnungsbaumittel, in : JZ 1976, S. 657 ff.

Dessemontet, Francois, Le droit des Langues en Suisse, Québec 1984

Dörr, Dieter, Faires Verfahren, Straßburg 1984

Dreier, Horst, Grundgesetz Kommentar, Bd. 1, Art. 1-19, Tübingen 1996
(zit.: Bearbeiter, in : Dreier, Art. ..., Rdn. ...)

Dressler, Hans, Der Schutz der persönlichen Freiheit in der Rechtsprechung des Schweizerischen Bundesgerichts, in : ZBl. Bd. 81 1980, S. 377 ff.

Du Pasquier, Claude, Les lacunes de la loi et la jurisprudence du Tribunal fédéral suisse sur l'art. 1er CCS

Duttge, Gunnar, Freiheit für alle oder allgemeine Handlungsfreiheit, in : NJW 1997, S. 3353

Dürig, Günther, Die Menschenauffassung des Grundgesetzes, in : JR 1952, S. 259 ff.

Ehmke, Horst, Prinzipien der Verfassungsinterpretation, in : VVDStRL Heft 20 1963, S. 53 ff.

Eichenberger, Kurt, Ausländische Einflüsse bei der Entstehung des Grundgesetzes - Einflüsse der Schweiz, in: 40 Jahre Grundgesetz, München 1990, S. 71 ff.
(zit.: Einflüsse)

Eichenberger, Kurt, Entwicklungstendenzen in der schweizerischen Demokratie, in : Menschenrechte, Föderalismus, Demokratie, Festschrift zum 70. Geburtstag von Werner Kägi, Zürich 1979, S. 79 ff.
(zit.: Entwicklungstendenzen)

Eichenberger, Kurt, Sinn und Bedeutung einer Verfassung, in : ZSR NF Bd. 110 1991, S. 143 ff.
(zit.: Verfassung)

Eichenberger, Kurt, Von der Bedeutung und von den Hauptfunktionen der Kantonsverfassung, in : Recht als Prozess und Gefüge, Festschrift für Hans Huber zum 80. Geburtstag, Bern 1981
(zit.: Kantonsverfassung)

Evers, Hans-Ulrich, Zur Auslegung von Art. 2 Abs. 1 des Grundgesetzes, in : AöR Bd. 90 1965, S. 88 ff.

Eyermann, Erich, Gleichheitssatz, Wurzel des Willkürverbots? in : Verfassung und Verfassungsrechtsprechung, Festschrift zum 25-jährigen Bestehen des Bayer. Verfassungsgerichtshofes, S. 45 ff.

Favre, Antoine, Droit constitutionnel suisse, Fribourg, 2. Aufl. 1970
(zit.: Droit constitutionnel)

Favre, Antoine, L'évolution des droits individuels de la Constitution, in : ZSR NF Bd. 55 1936, S. 291a ff.
(zit.: droits individuels)

Fleiner, Fritz, Schweizerisches Bundesstaatsrecht, Tübingen 1923

Fleiner, Thomas, Die verfassungsrechtliche Bedeutung von Art. 1 Abs. 2 ZGB, in: Gedächtnisschrift Peter Jäggi, Freiburg 1977
(zit.: Fleiner, Th.)

Fleiner,Fritz/Giacometti,Zaccaria, Schweizerisches Bundesstaatsrecht, Zürich 1949

Florio, Nicole, La liberté d'expression et la liberté académique dans les universités en droits allemand, francais et suisse, Genève 1979

Forsthoff, Ernst, Die Umbildung des Verfassungsgesetzes, in : Festschrift für Carl Schmitt, 3. Aufl., Berlin 199, S. 35 ff.

Friesenhahn, Ernst, Einige Anmerkungen zum Verfassungsbegriff und zum Staatsvertragsreferendum der Schweizerischen Eidgenossenschaft, in : Festschrift für Ulrich Scheuner, Berlin 1973
(zit: Verfassungsbegriff)

Froesch, Klaus Peter, Ausdrückliche und stillschweigende Kompetenzverteilung im Bundesstaat, Zürich 1955

Frohn, Hansgeorg, Wohnen als Grundrecht, in : WuM 1991, S. 635 ff.

Geis, Max-Emanuel, Der Kernbereich des Persönlichkeitsrechts, in : JZ 1991, S. 112 ff.

Germann,, Otto, Probleme und Methoden der Rechtsfindung, Bern 1965
(zit.: Rechtsfindung)

Germann, Otto A., Zur Überwindung des Positivismus im Schweizerischen Recht, in : ZSR NF 71 I 1952, S. 99 ff.
(zit.: Positivismus)

Giacometti, Zaccaria, Allgemeine Lehren des rechtsstaatlichen Verwaltungsrechts, Zürich 1960
(zit.: Allgemeine Lehren)

Giacometti, Zaccaria, Die Auslegung der schweizerischen Bundesverfassung, Tübingen 1925
(zit.: Auslegung)

Giacometti, Zarraria, Die Freiheitsrechtskataloge als Kodifikation der Freiheit, in: ZSR NF Bd.74 1955, S.149 ff.
(zit.: Freiheitsrechtskataloge)

Gieré, Gian-Reto, Die Rechtsstellung des Rätoromanischen in der Schweiz, Winterthur 1956

Göldner, Detlef Christoph, Verfassung, Rechtsfortbildung und Lücke, in : Festschrift für Karl Larenz zum 80.Geburtstag, München 1983, S.1983
(zit.: Rechtsfortbildung)

Göldner, Detlef Christoph, Verfassungsprinzip und Privatrechtsnorm in der verfassungskonformen Auslegung und Rechtsfortbildung, Berlin 1969
(zit.: Verfassungsprinzip)

Goerlich, Helmut, Wertordnung und Grundgesetz, Baden-Baden 1973

Grabitz, Eberhard, Freiheit und Verfassungsrecht, Tübingen 1976

Grisel, André, Les droits constitutionnels non écrit, in : Festschrift für Ulrich Häfelin, Zürich 1989, S. 53 ff.
(zit.: droits constitutionnels)

Grisel, André, Droit public non écrit, in : Der Staat als Aufgabe, Gedenkschrift für Max Imboden, Basel 1972, S. 139 ff.
(zit.: droit public)

Grisel, André, La liberté personelle et les limites du pouvoir judiciaire, in : Revue Internationale De Droit Comparé 1975, S. 549 ff.
(zit.: liberté personelle)

Grisel, André, Traité de droit administratif, Neuchâtel 1984
(zit.: traité)

Gunten, von, Jean-Marc, Das Grundrecht auf Unverletzlichkeit der Wohnung, Zürich 1992

Gusy, Christph, Richterrecht und Grundgesetz, in : DÖV 1992, S. 461 ff.

Gut, Ulrich Ernst, Grundfragen und schweizerische Entwicklungstendenzen der Demokratie, Zürich 1983

Gut, Walter, Zum Wandel des Verfassungsverständnisses, in : ZSR NF Bd. 104 1985, S. 345 ff.
(zit.: Gut, W.)

Gygi, Fritz, Grundrechtskonkurrenz ?, in : Mélanges Henri Zwahlen, Lausanne 1977, S. 61 ff.

Häfelin, Ulrich, Verfassungsgebung, in : ZSR NF Bd. 93 1974, S. 75 ff. (zit.: Verfassungsgebung)

Häfelin, Ulrich, Bindung des Richters an den Wortlaut des Gesetzes, in : Festschrift für Cyril Hegnauer zum 65. Geburtstag, Bern 1986, S. 111 ff. (zit. : Wortlaut)

Häfelin, Ulrich, Die Fortbildung des schweizerischen Bundesstaatsrechts in den Jahren 1954 - 1971, in Jahrbuch des Öffentlichen Rechts der Gegenwart NF Bd. 22 1973, S. 1 ff. (zit.: Fortbildung)

Häfelin, Ulrich, Verfassungsgebung, in : ZSR Bd. 93 1974, S. 75 ff. (zit.: Verfassungsgebung)

Häfelin, Ulrich, Zur Lückenfüllung im öffentlichen Recht, in : Festschrift für Hans Nef, Zürich 1981, S. 91 ff. (zit.: Lückenfüllung)

Häfelin, Ulrich/Haller, Walter, Schweizerisches Bundesstaatsrecht, 4. Aufl., Zürich 1998

Haefliger, Arthur, Die Hierarchie von Verfassungsnormen und ihre Funktion beim Schutz der Menschenrechte, in : EuGRZ 1990, S. 474 ff. (zit.: Hierarchie)

Haefliger, Arthur, Die Grundrechte des Untersuchungsgefangenen in der bundesgerichtlichen Rechtsprechung, in : ZStrR, Bd. 104 1987, S. 257 ff. (zit.: Grundrechte)

Haefliger, Arthur, Die Sprachenfreiheit in der bundesgerichtlichen Rechtsprechung, in : Mélanges Henri Zwahlen, Lausanne 1977, S. 77 ff. (zit.: Sprachenfreiheit)

Häner Eggenberger, Isabelle, Öffentlichkeit und Verwaltung, Zürich 1990

Haller, Walter, Ausbau der Verfassungsgerichtsbarkeit ?, in : ZSR NF Bd. 97 I 1978, S. 501 ff.
(zit.: Verfassungsgerichtsbarkeit)

Haller, Walter, Das schweizerische Bundesgericht als Verfassungsgericht, in : Verfassungsgerichtsbarkeit in Westeuropa, Christian Starck/Albrecht Weber (Hrsg.), Teilband I, 1. Auflage, Baden - Baden 1986, S. 179 ff.
(zit.: Verfassungsgericht)

Haller, Walter, Die akademische Lehrfreiheit als verfassungsmäßiges Recht, in : ZSR NF Bd. 95 1976, S. 113 ff.
(zit.: Lehrfreiheit)

Haller, Walter, Die persönliche Freiheit in der neueren Rechtsprechung des Bundesgerichts, in : Mélanges André Grisel, Neuchâtel 1983, S. 95 ff.
(zit.: persönliche Freiheit)

Haller, Walter, Die Verfassungsgerichtsbarkeit im Gefüge der Staatsfunktionen, in : DÖV 1980, S. 465 ff.
(zit.: Staatsfunktionen)

Hanggartner, Yvo, Die Freiheitsgarantie der Bundesverfassung, in : ZBl. Bd. 70 1969, S. 337 ff.
(zit.: Freiheitsgarantie)

Hanggartner, Yvo, Grundzüge des schweizerischen Staatsrechts,
Band I : Organisation, Zürich 1980 (zit.: Bd. 1)
Band II : Grundrechte, Zürich 1982 (zit.: Bd. 2)

Hegnauer, Cyril, Künstliche Fortpflanzung und Grundrechte, in : Festschrift für Ulrich Häfelin, Zürich 1989, S.127 ff.

Hempel, Heinrich, Die Freiheit der Kunst, Zürich 1991

Henke, , Wilhelm, Juristische Systematik der Grundrechte, in : DÖV 1984, S. 1 ff.

Henschel, Johann Friedrich, Eigentumsgewährleistung und Mieterschutz, in : NJW 1989, S. 937 ff.

Herzog, Roman, Hierarchie der Verfassungsnormen und ihre Funktion beim Schutz der Grundrechte, in : EuGRZ 1990, S. 483 ff.

Hesse, Konrad, Bedeutung der Grundrechte, in : Handbuch des Verfassungsrechts der Bundesrepublik Deutschland, 2. Aufl. 1994
(zit. : Grundrechte)

Hesse, Konrad, Der Gleichheitssatz in der neueren deutschen Verfassungsentwicklung, in : AöR 1984, S. 174 ff.
(zit.: Gleichheitssatz)

Hesse, Konrad, Grundzüge des Verfassungsrechts der Bundesrepublik Deutschland, 20. Auflage, Heidelberg 1995
(zit.: Verfassungsrecht)

Hesse, Konrad, Verfassung und Verfassungsrecht, in : Handbuch des Verfassungsrechts, 2. Auflage, Berlin New York 1994, S. 3 ff.
(zit. : Verfassung)

Heubel, Horst, Der "fair-Trial" - ein Grundsatz des Strafverfahrens ? Berlin 1991

Heusler, Andreas, Schweizerische Verfassungsgeschichte, Basel 1920

Hoerni, Konrad, Das Versammlungsrecht in der Schweiz, Aarau 1938

Hoffmann, Gerhard, Verfassungsbezogenes Richterrecht und Verfassungsrichterrecht, in: Recht und Rechtserkenntnis, Festschrift für Ernst Wolf, Köln/Berlin/Bonn/München 1985, S. 183 ff.

Höhn, Ernst, Gewohnheitsrecht im Verwaltungsrecht, Bern 1960

Huber, Ernst Rudolf, Deutsche Verfassungsgeschichte, Stuttgart u.a.
Bd. 1, 2. Aufl. 1990
Bd. 2, 3. Aufl. 1988
Bd. 3, 3. Aufl. 1988
Bd. 4, 2. Aufl. 1982
Bd. 5, 1978
Bd. 6, 1981
Bd. 7, 1984

(zit.: Huber, E.R., Bd.)

Huber, Hans, Der Formenreichtum der Verfassung und seine Bedeutung für ihre Auslegung, in : ZBJV Bd. 107 1971, S. 172 ff.
(zit.: Formenreichtum)

Huber, Hans, Die Garantie der individuellen Verfassungsrechte, in ZSR Bd. 55 1936, S. 1a ff.
(zit.: Garantie)

Huber, Hans, Die Grundrechte in der Schweiz, in : Die Grundrechte, Hrsg. Bettermann, Karl August/Neumann, Franz L./Nipperdey, Hans Carl, Berlin 1966
(zit.: Grundrechte)

Huber, Hans, Die persönliche Freiheit, in : SJZ Bd. 69 1973, S. 113 ff.
(zit.: persönliche Freiheit)

Huber, Hans, Die Rechtsprechung des schweizerischen Bundesgerichts als Verfassungsgerichtshof von 1961 bis 1968, in: JöR NF Bd. 18
(zit.: Rechtsprechung 1961-1968)

Huber, Hans, Rechtsprechung des Bundesgerichts im Jahre 1957, in : ZBjV 94, 1958, S. 457 ff.
(zit.: Rechtsprechung 1957)

Huber, Hans, Probleme des ungeschriebenen Verfassungsrechts, in : ZBl. Bd. 62 1961, S. 69 ff.
(zit.: Verfassungsrecht)

Huber, Hans, Über die Konkretisierung der Grundrechte, in : Der Staat als Aufgabe, Gedenkschrift für Max Imboden, Basel 1972, S. 191 ff.
(zit.: Konkretisierung)

Imboden, Max, Die Totalrevision der Bundesverfassung, in : ZSR NF Bd. 87 1968, S. 499
(zit.: Totalrevision)

Imboden, Max, Verfassungsgerichtsbarkeit in der Schweiz, in : Staat und Recht, Basel/Stuttgart 1971, S. 257 ff.
(zit.: Verfassungsgerichtsbarkeit)

Imboden, Max/ Rhinow, René A., Schweizerische Verwaltungsrechtprechung, Basel Stuttgart 1976

Ipsen, Jörn, Richterrecht und Verfassung, Berlin 1975
(zit.: Richterrecht)

Ipsen, Jörn, Verfassungsrechtliche Schranken des Richterrechts, in : DVBl. 1984, S. 1102 ff.
(zit.: Schranken)

Isensee, Josef, Mit blauem Auge davongekommen - das Grundgesetz, in : NJW 1993, S. 2583 ff.

Isensee, Josef/Kirchhof, Paul (Hrsg.), Handbuch des Staatsrechts der Bundesrepublik Deutschland, Heidelberg
Bd. V 1992
Bd. VI 1989
(zit. Bearbeiter, in : HdBStR, Bd., § Rdn.)

Jaccottet, Georges, La Réforme du Droit de la Presse en Suisse, in RDS, S. 123a ff.

Jagmetti, Riccardo L., Demokratie im Umbruch, in : Menschenrechte, Föderalismus, Demokratie, Festschrift zum 70, Geburtstag von Werner Kägi, Zürich 1979, S. 209 ff.

Jarass, Hans D., Das allgemeine Persönlichkeitsrecht im Grundgesetz, in : NJW 1989, S. 857 ff.
(zit.: Persönlichkeitsrecht)

Jarass, Hans D., Grundrechte als Wertentscheidungen bzw. objektivrechtliche Prinzipien in der Rechtsprechung des Bundesverfassungsgerichts
(zit.: Grundrechte)

Jarass, Hans D./ Pieroth, Bodo, Grundgesetz für die Bundesrepublik Deutschland, 4. Aufl., München 1997
(zit. : Bearbeiter, in : Jarass/Pieroth, Art. ... , Rdn. ...)

Jahn, Friedrich-Adolf, Empfehlungen der gemeinsamen Verfassungskommission zur Änderung und Ergänzung des Grundgesetzes, in : DVBl. 1994, S. 177 ff.

Kägi, Werner, Zur Entwicklung des Schweizerischen Rechtsstaates seit 1848, in : ZSR NF Bd. 71 1952 1. HB, S.173 ff.
(zit.: Entwicklung)

Kägi-Diener, Zweck und Aufgaben der Eidgenossenschaft aus bundesstaatlicher Sicht, in: ZSR NF 117, 1998, II. Hb., S. 497 ff.

Kälin, Walter, Das Verfahren der staatsrechtlichen Beschwerde, Bern 1984

Karwacki, Angelika, Der Anspruch der Parteien auf einen fairen Zivilprozeß, Köln/Berlin/Bonn/München 1984

Katzenstein, Dietrich, Die föderale Struktur der Schweiz, Bonn 1959

Kaufmann, Otto K., Bestand und Bedeutung der Grundrechte in der Schweiz, in : EuGRZ 1978, S. 475 ff.
(zit. : Grundrechte)

Kaufmann, Otto K., Verfassungsgerichtsbarkeit 1875-1974-19..?, in : ZSR NF Bd. 93 I 1974, S. 339 ff.
(zit.: Verfassungsgerichtsbarkeit)

Keller, Adolf, Die Kritik, Korrektur und Interpretation des Gesetzeswortlautes, Winterthur 1960

Keller, Adolf, Die Kritik,Korrektur und Interpretation des Gesetzeswortlautes, Winterthur 1960

Kieser, Ueli, Die Anerkennung von ungeschriebenen Freiheitsrechten in der bundesgerichtlichen Rechtsprechung, in : SJZ 87 (1991), S. 17 ff.

Kirchhof, Paul, Richterliche Rechtsfindung, gebunden an "Gesetz und Recht", in : NJW 1986, S. 2275 ff.

Klein, Eckart, Landesverfassung und Landesverfassungsbeschwerde, in : DVBl. 1993, S. 1329 ff.

Kley, Andreas, Der Grundrechtskatalog der nachgeführten Bundesverfassung - ausgewählte Neuerungen, in : ZBJV Bd. 135 1999, S. 301 ff.

Koch,Hans-Joachim, Die Begründung von Grundrechtsinterpretationen, in : EuGRZ 1986, S. 345 ff.

Kölz, Alfred, Neuere Schweizerische Verfassungsgeschichte, Bern 1992

Koller, Arnold, Verfassungserneuerung in bewegter Zeit: eine Chance für die Schweiz, in : ZSR NF 117, 1998 I. Hb., S. 103 ff.

Kommentar zum Bürgerlichen Gesetzbuch, Reihe Alternativkommentare, Bd. 3, Neuwied, Darmstadt 1979
(zit.: Derleder, in : AK BGB vor §§ 535 ff. Rdn.)

Kommentar zur Bundesverfassung der Schweizerischen Eidgenossenschaft vom 29. Mai 1874, hrsg. von Jean-Francois Aubert, Kurt Eichenberger, Jörg Paul Müller, Rhené A. Rhinow, Dietrich Schindler, Basel/Zürich/Bern 1987
(zit.: Bearbeiter, in : Kommentar BV, Art. ..., Rdn. ...)

Kopp, Ferdinand O., Die Grundrechte der deutschen Landesverfassungen, in : Der Föderalismus und die Zukunft der Grundrechte, S. 53 ff.

Kramer, Ernst A., Juristische Methodenlehre, München 1998

Krause, Peter, Das Recht auf informationelle Selbstbestimmung, in : JuS 1984, S. 268 ff.

Kriele, Martin, Theorie der Rechtsgewinnung, 2. Aufl., Berlin 1976

Krüger, Herbert, Neues zur Freiheit der Persönlichkeitsentfaltung und deren Schranken, in : NJW 1955, S. 201 ff.
(zit.: Persönlichkeitsentfaltung)

Krüger, Herbert, Verfassungsvoraussetzungen und Verfassungserwartungen. (zit.: Verfassungsvoraussetzungen)

Krüger, Herbert, Subkonstitutionelle Verfassungen, in : DÖV 1976, S. 613 ff. (zit.: Verfassungen)

Kunig, Philip, Der Reiter im Walde, in : Jura 1990, S. 523 ff.

Kurer, Martin, Die kantonalen Grundrechtsgarantien und ihr Verhältnis zum Bundesrecht, Zürich 1987

Larenz, Karl, Methodenlehre der Rechtswissenschaft, 6. Aufl., Berlin u. a. 1991

Leisner, Walter, Richterrecht in Verfassungsschranken, in : DVBl. 1986, S. 705 ff.

Lerche, Peter, Koalitionsfreiheit und Richterrecht, in : NJW 1987, S. 2465 ff.

Liver, Peter, Der Begriff der Rechtsquelle

Lombardi, Aldo, Verfassungsrevision (Partial- und Totalrevision der Bundesverfassung), in : Schweizer Dokumentation für Politik und Wirtschaft, Bd. 4 1991, S. 1 ff.

Löw, Konrad, Ist die Würde des Menschen im Grundgesetz eine Anspruchsgrundlage, in : DÖV 1956, S. 516 ff.

Lüchinger, Hans Georg, Die Auslegung der Schweizerischen Bundesverfassung, Zürich 1954

Malinverni, Giorgio, La liberté de réunion, Genf 1981

Mangoldt von, Hermann/Klein, Friedrich, Das Bonner Grundgesetz, Bd. I, 2. Auflage, Berlin/Frankfurt 1957
(zit. : Klein, in : v. M/K, Art. ..., Rdn. ...)

Mangoldt von, Hermann/Klein, Friedrich/Starck, Christian, Das Bonner Grundgesetz, Bd.1, 3. Auflage, München 1985
(zit.: Bearbeiter, in : v. M/K/S, Art. ..., Rdn. ...)

Marti-Rolli, Christine, La liberté de la langue en droit suisse, Zürich 1978

Marxen, Klaus, Medienfreiheit und Unschuldsvermutung, in GA 1980, S. 365 ff.

Mastronardi, Philippe, Der Zweck der Eidgenossenschaft als Demokratie, in: ZSR NF 117, 1998 II. Hb., S. 321 ff.
(zit.: Demokratie)

Mastronardi, Philippe, Strukturprinzipien der Bundesverfassung ?, in : Beihefte zur Zeitschrift für schweizerisches Recht, Heft 7 1988, S. 1 ff.
(zit.: Strukturprinzipien)

Mattner, Andreas, Das Recht auf individuelle Freizeitgestaltung oder das Recht auf die Freizeit der anderen, in : DÖV 1989, S. 621 ff.

Maunz, Theodor/Dürig, Günther/Herzog, Roman/Scholz, Rupert, Grundgesetz-Kommentar, Losebl., Bd.1, München, Stand November 1997
(zit. : Bearbeiter in : M/D/H/S, Art. ..., Rdn. ...)

Maunz, Theodor/Zippelius, Reinhold, Deutsches Staatsrecht, 30. Aufl., München 1998

Mennicken, Axel, Das Ziel der Gesetzesauslegung, Bad Homburg v. d. H. Berlin Zürich 1970

Meier-Hayoz, Der Richter als Gesetzgeber, in: FS Max Guldner, Zürich 1973, S. 189 ff.
(zit.: Richter)

Meier-Hayoz, Über geschriebenes und ungeschriebenes Recht, in : Recueil de travaux suisses présentés au VIIIe Congrès international de droit comparé, Basel 1970, S.1 ff.
(zit.: ungeschriebenes Recht)

Merten, Detlef, Das Recht auf freie Entfaltung der Persönlichkeit, In : JuS 1976, S. 345 ff.

Mitteis, Heinrich/Lieberich, Heinz, Deutsche Rechtsgeschichte, 19. Aufl., München 1992

Morand, Charles-Albert, La liberté de la langue, in : Mélanges André Grisel, Neuchatêl 1983, S. 161 ff.
(zit.: liberté)

Morand, Charles-Albert, Les droits fondamentaux en suisse, in : Recueil des travaux présentés au IXe Congrès international de droit comparé, Basel 1976, S. 197 ff.
(zit.: droits)

Müller, Friedrich, Die Positivität der Grundrechte, 2. Aufl., Berlin 1990
(zit.: Müller, F., Positivität)

Müller, Friedrich, Juristische Methodik, 5. Aufl., Berlin 1993
(zit.: Müller, F., Methodik)

Müller, Friedrich, Richterrecht, Berlin 1986
(zit.: Müller, F., Richterrecht)

Müller, Georg, Der Gleichheitssatz, in : VVDStRL Bd. 47 1989, S. 37 ff.
(zit.: Müller, G., Gleichheitssatz)

Müller, Jörg Paul, Bemerkungen zur Schweizerischen Rechtsprechung des Jahres 1971, in : ZSR NF Bd. 91 1972, S. 209 ff.
(zit.: Rechtsprechung 1971)

Müller, Jörg Paul, Die staatsrechtliche Rechtsprechung des Bundesgerichts im Jahre 1978, in : ZbJV Bd. 116 1980, S. 233 ff.
(zit.: Rechtsprechung 1978)

Müller, Jörg Paul, Die Verfassungsgerichtsbarkeit im Gefüge der Staatsfunktionen, in : VVDStRL Bd. 39 1980, S. 53 ff
(zit.: Verfassungsgerichtsbarkeit)

Müller, Jörg Paul, Elemente einer schweizerischen Grundrechtstheorie, Bern 1982
(zit.: Elemente)

Müller, Jörg Paul, Soziale Grundrechte in der Verfassung, in : ZSR 92 II 1973, S. 687 ff.

(zit.: Soziale Grundrechte)

Müller, Jörg Paul, Die Grundrechte der schweizerischen Bundesverfassung, 2. Aufl., Bern 1991
(zit.: Grundrechte)

Müller, Jörg Paul, Die Grundrechte der Verfassung und der Persönlichkeitsschutz des Privatrechts, Bern 1964
(zit.: Persönlichkeitsschutz)

Müller, Jörg Paul, Recht auf Leben,Persönliche Freiheit und das Problem der Organtranplantation, in : ZSR NF Bd. 90 1971, S. 457 ff.
(zit.: persönliche Freiheit)

Münch, von Ingo, Staatsrecht, Bd. 1, 5. Aufl., Stuttgart Berlin Köln 1993

Münch, von Ingo/Kunig, Philipp, Grundgesetz Kommentar, Bd. 1, München 1992
(zit. : Bearbeiter, in : v. M./K., Art. ..., Rdn. ...)

Nef, Hans, die Wertordnung der Schweizerischen Bundesverfassung, in : Verfassungsrecht und Verfassungswirklichkeit, Festschrift für Hans Huber zum 60. Geburtstag, S. 190 ff.

Oberhänsli, Hans, Die Gewährleistung der Freiheitsrechte, unter besonderer Berücksichtigung der verfassungsmäßigen Garantie der persönlichen Freiheit, Zürich 1971

Ossenbühl, Fritz, Die Interpretation der Grundrechte in der Rechtsprechung des Bundesverfassungsgerichts, in : NJW 1976, S. 2100 ff.
(zit.: Grundrechte)

Ott, Edward E., Zur Frage der Rangordnung unter den Auslegungselementen, in : ZSR NF, Bd. 92 1973, S. 247 ff.

Perrin, Jean-Francois, Le Tribunal Fédéral face aux méthodes d´interprétation, in: Semaine judiciaire 1983, S. 609 ff.

Pestalozza, Christian, Verfassungsprozeßrecht, 3. Aufl., München 1991

Peters, Hans, Das Recht auf freie Entfaltung der Persönlichkeit in der höchstrichterlichen Rechtsprechung, Köln/Opladen 1963
(zit.: Persönlichkeit)

Peters, Hans, Die freie Entfaltung der Persönlichkeit als Verfassungsziel, in : Festschrift Rudolf Laun, Hamburg 1953, S. 669 ff.
(zit.: Verfassungsziel)

Peters, Hans, Geschichtliche Entwicklung und Grundfragen der Verfassung, Berlin/Heidelberg 1969
(zit.: Grundfragen)

Peyer, Hans Conrad, Verfassungsgeschichte der alten Schweiz, Zürich 1978

Pieroth, Bodo, Der Wert der Auffangfunktion des Art. 2 Abs. 1 GG, in : AöR Bd. 115 1990, S. 33 ff.

Pieroth, Bodo/Schlink, Bernhard, Grundrechte Staatsrecht II, 13. Aufl. Heidelberg 1997

Renfer, Hans Peter, Das Grundrecht der persönlichen Freiheit, Basel 1972

Rennert, Klaus, Das Reiten im Walde - Bemerkungen zu Art. 2 I GG, in : NJW 1989, S. 3261 ff.

Rhinow, René A., Der Grundrechtskatalog als Problem des Verfassungsrechts, in: ZBl. Bd. 70 1969, S. 225 ff.
(zit.: Grundrechtskatalog)

Rhinow, René A., Grundprobleme der schweizerischen Demokratie, in : ZSR NF Bd.103 1984, S. 111 ff.
(zit.: Grundprobleme)

Rhinow, René A., Rechtsetzung und Methodik, Basel/Stuttgart 1979
(zit.: Rechtsetzung)

Rhinow, René/ Krähenmann, Beat, Schweizerische Verwaltungsrechtsprechung, Ergänzungsband zur 5. (und unveränderten) Aufl. der Schweizerischen

Verwaltungsrechtsprechung von Max Imboden und René A. Rhinow, Basel Frankfurt am Main, 1990

Rittstieg, Helmut, Eigentum als Verfassungsproblem, Darmstadt 1975

Robbers, Gerhard, Der Gleichheitssatz, in : DÖV 1988, S. 749 ff.

Roellecke, Gerd, Das Mietrecht des BVerfG, in : NJW 1992, S. 1649 ff.
(zit. : Mietrecht)

Roellecke, Gerd, Prinzipien der Verfassungsinterpretation in der Rechtsprechung des Bundesverfassungsgerichtes, in : Bundesverfassungsgericht und Grundgesetz, Festgabe aus Anlaß des 25jährigen Bestehens des Bundesverfassungsgerichts, Tübingen 1976, S. 22 ff.
(zit. : Verfassungsinterpretation)

Roemer, Walter, Zum Grundrecht der freien Entfaltung der Persönlichkeit, Karlsruhe 1960

Rossinelli, Michel, La question linguistique en Suisse: Bilan critique et nouvelles perspectives juridiques, in : ZSR NF Bd.108 1989, S. 163 ff
(zit.: linguistique)

Rossinelli, Michel, Les libertés non écrites, Lausanne 1987
(zit.: libertés)

Ruck, Erwin, Schweizerisches Staatsrecht, 1. Aufl., Zürich 1933

Rüesch, Adrian, Die Versammlungsfreiheit nach schweizerischem Recht, Zürich 1983

Rupp, Hans Heinrich, Vom Wandel der Grundrechte, in : AöR 1976, S. 161 ff.
(zit.: Grundrechte)

Rupp, Hans Heinrich, Das Urteil des Bundesverfassungsgerichts zum Sammlungsgesetz - eine Wende in der Grundrechtsinterpretation des Art. 2 Abs. 1 GG ? in : NJW 1966, S. 2037 ff.
(zit.: Sammlungsgesetz)

Sachs, Michael, Die Grundrechte im Grundgesetz und in den Landesverfassungen
(zit.: Grundrechte)

Sachs, Michael, Die Entstehungsgeschichte des Grundgesetzes als Mittel der Verfassungsauslegung in der Rechtsprechung des Bundesverfassungsgerichts, in : DVBl. 1984, 73
(zit.: Entstehungsgeschichte)

Sachs, Michael, Grundgesetz, 2. Aufl., München 1999
(zit.: Bearbeiter, in: Sachs, Grundgesetz, Art. ... Rdn. ...)

Sachs, Michael, Zur dogmatischen Struktur der Gleichheitsrechte als Abwehrrechte, in : DÖV 1984, S. 412 ff.
(zit.: Abwehrrechte)

Saladin, Peter, Bemerkungen zur schweizerischen Rechtsprechung der Jahre 1964-1965, in: ZSR NF 1965, Bd. 84, S. 448 ff.
(zit.: Rechtsprechung)

Saladin, Peter, Bemerkungen zu Struktur und Stil der Schweizerischen Bundesverfassung, in : Recueil des travaux suisses présentés au IXe Congrès international de droit comparé, S. 219 ff.
(zit.: Struktur)

Saladin, Peter, Bund und Kantone - Autonomie und Zusammenwirken im schweizerischen Bundesstaat, in : ZSR NF Bd. 103 1984, S. 431 ff.
(zit.: Bundesstaat)

Saladin, Peter, Das Recht auf Bildung, in : ZSR NF Bd.90 1971, S. 113 ff.
(zit.: Bildung)

Saladin, Peter, Die Funktion der Grundrechte in einer revidierten Verfassung, in ZSR NF Bd. 87 1968, S. 531 ff.
(zit.: Funktion bzw. Berichte)

Saladin, Peter, Grundrechte im Wandel, 3. Aufl. Bern 1982
(zit.: Grundrechte)

Saladin, Peter, Persönliche Freiheit als soziales Grundrecht, in : Mélanges Alexandre Berenstein, Lausanne 1989
(zit.: Persönliche Freiheit)

Sannwald, Rüdiger, Die Reform des Grundgesetzes, in : NJW 1994, S. 3313 ff.

Schätzler, J.-G, Bundesverfassungsgericht und verfassungsmäßige Ordnung, in : NJW 1957, S. 818 f.

Schaumann, Wilfried, Bemerkungen zur schweizerischen Rechtsprechung des Jahres 1957, in : ZSR NF Bd. 77 1958, S. 469 ff.
(zit.: Rechtsprechung)

Schaumann, Wilfried, Soll eine neue Verfassung einen Grundrechtskatalog enthalten?, in : ZBl. Bd. 71 1970, S. 33 ff.
(zit.: Grundrechtskatalog)

Scheuner, Ulrich, Die Funktion der Grundrechte im Sozialstaat ... in : DÖV 1971, S. 505 ff.
(zit.: Grundrechte)

Scheuner, Ulrich, Pressefreiheit, in : VVDStRL Heft 22 1965, S. 1 ff.
(zit.: Pressefreiheit)

Scheuner, Ulrich, Verfassungsgerichtsbarkeit und Gesetzgebung, in : DÖV 1980, S. 473 ff.
(zit.: Verfassungsgerichtsbarkeit)

Schick, Walter, Verfassungsgewohnheitsrecht, Verfassungsrechtsprechung und "Soziologische Betrachtungsweise", in : Mélanges Marcel Bridel, Lausanne 1968, S. 515 ff.

Schickedanz, Erich, Das informationelle Selbstbestimmungsrecht, in : Bayr.VBl. 1984, S. 705 ff.

Schlaich, Klaus, Das Bundesverfassungsgericht, 3. Aufl. München 1994
(zit.: Bundesverfassungsgericht)

Schlaich, Klaus, Die Verfassungsgerichtsbarkeit im Gefüge der Staatsfunktionen, in : VVDt.St., Bd. 39 1980, S. 99 ff.
(zit.: Verfassungsgerichtsbarkeit)

Schlink, Bernhard, Das Recht der informationellen Selbstbestimmung, in : Der Staat 25. Bd. 1986, S. 233 ff.

Schmidt, Walter, Die Freiheit vor dem Gesetz, in : AöR Bd. 91 1966, S. 42 ff.

Schmidt-Bleibtreu, Bruno/ Klein, Franz, Kommentar zum Grundgesetz, 9. Aufl. 1999
(zit.: Bearbeiter, in SB/K, Art. ..., Rdn. ...)

Schneider, Hans-Peter, Das Grundgesetz - auf Grund gesetzt ? in : NJW 1994, S. 558 ff.
(zit.: Schneider, H.P.)

Schneider, Peter, Die Verfassungsauslegung der staatsrechtlichen Kammer des Schweizerischen Bundesgerichtes, in : ZBl., Bd. 64 1963, S. 313 ff.
(zit.: Verfassungsauslegung)

Schneider, Peter, Prinzipien der Verfassungsinterpretation, in : VVDStRL Heft 20 1963, S. 1 ff.
(zit.: Prinzipien)

Schnyder, Bernhard, Entgegen dem Wortlaut, in Erhaltung und Entfaltung des Rechts in der Rechtsprechung des Schweizerischen Bundesgerichts, Festgabe der schweizerischen Rechtsfakultäten zur hundertjahrfeier des Bundesgerichts, Basel 1975

Schoch, Friedrich, Der Gleichheitssatz, in : DVBl. 1988, S. 863 ff.

Schollenberger, J., Das Bundesstaatsrecht der Schweiz, Berlin 1902

Scholler, Heinrich, Die Interpretation des Gleichheitssatzes als Willkürverbot oder als Gebot der Chancengleichheit, Berlin 1969

Scholz, Rupert, Das Grundrecht der freien Entfaltung der Persönlichkeit in der Rechtsprechung des Bundesverfassungsgerichts,

1. Teil in : AöR Bd.100 1975, S. 80 ff.
2. Teil in : AöR Bd.100 1975, S. 265 ff.

Schürmann, Leo, Die Auslegung der Verfassung, in : Recueil de travaux suisses présentés au VIIIe Congrès international de droit comparé, Basel 1970, S. 265 ff.

Schuler, Andrea Hans, Die Verfassungsbeschwerde in der Schweiz, der Bundesrepublik Deutschland und Österreich, Zürich 1968

Schulz-Schaeffer, Helmut , Der Freiheitssatz des Art. 2 Abs. 1 Grundgesetz, Berlin 1971

Schwabe, Jürgen, Anmerkungen zum Verfassungshandwerk, in : ZRP 1991, S. 361 ff.
(zit.: Verfassungshandwerk)

Schwabe, Jürgen, Mißdeutungen um das "Elfes-Urteil" des BVerfG und ihre Folgen, in : DÖV 1973, S. 623 ff.
(zit.: "Elfes-Urteil")

Schweiger, Karl, Zur Geschichte und Bewertung des Willkürverbots, in : Verfassung und Verfassungsrechtsprechung, Festschrift zum 25-jährigen Bestehen des Bayer. Verfassungsgerichtshofes, München 1972, S. 55 ff.

Sendler, Horst, Überlegungen zu Richterrecht und richterlicher Rechtsfortbildung, in : DVBl. 1988, S. 828

Sigel, Beat, Über die Grundrechte, insbesondere die Pressefreiheit, in der Schweiz und in Grossbritannien, Zürich 1981

Simitis, Spiros, die informationelle Selbstbestimmung - Grundbedingung einer verfassungskonformen Informationsordnung, in : NJW 1984, S. 398 ff.

Spoendlin, Kaspar, Die verfassungsmäßige Garantie der persönlichen Freiheit, Zürich 1945

Stalder, Christoph, "Preferred Freedoms", Das Verhältnis der Meinungsäußerungsfreiheit zu den anderen Grundrechten, Bern 1977

Starck, Christian, Über Auslegung und Wirkungen der Grundrechte, in : Vierzig Jahre Grundrechte in ihrer Verwirklichung durch die Gerichte, München 1990, S.11 ff.
(zit.: Grundrechte)

Starck, Christian, Vorrang der Verfassung und Verfassungsgerichtsbarkeit, in : Verfassungsgerichtsbarkeit in Westeuropa, Christian Starck/Albrecht Weber (Hrsg.), Teilband I, 1. Auflage Baden - Baden 1986
(zit.: Verfassungsgerichtsbarkeit)

Steiner, Heinrich, Das Grundrecht der Unverletzlichkeit der Wohnung, Zürich 1959

Stern, Klaus, Das Staatsrecht der Bundesrepublik Deutschland, München
Band I : 2. Aufl. 1984
Band II : 1980
Band III, 2. Halbband : 1994
(zit. : Stern, Bd.)

Stern, Klaus, Qualität und Bedeutung der Prozeßgrundrechte für die Rechtsbindung der Rechtsprechung, in : Festschrift für Carl Hermann Ule, Köln/Berlin/Bonn/München 1987, S. 359 ff.

Strathenwert, Günter, Zum Streit der Auslegungstheorien, in : Rechtsfindung, FS für Oscar Adolf Germann, Bern 1969, S. 257 ff.

Stürner, "Fair trial" und öffentliche Meinung, in : JZ 1980, S. 3 ff.

Tettinger, Peter J., Fairneß und Waffengleichheit, München 1984

Thürer, Daniel, Das Willkürverbot nach Art. 4 BV, in : ZSR NF Bd.106 II 1987, S. 415 ff.
(zit.: Willkürverbot)

Thürer, Daniel, Zur Bedeutung des sprachenrechtlichen Territorialprinzips für die Sprachenlage im Kanton Graubünden, in : ZBl. Bd. 85 1984, S. 241 ff.
(zit.: Territorialprinzip)

Tomuschat, Christian, Verfassungsgewohnheitsrecht ? 1972

Torche, Yvette, Bekämpfung ansteckender Krankheiten und persönliche Freiheit, Bern 1951

Trachsel, Daniel, Über die Möglichkeiten justiziabler Leistungsforderung aus verfassungsmässigen Rechten der Bundesverfassung, Zürich 1980

Tschudi, Hans Peter, Die Sozialverfassung der Schweiz (Der Sozialstaat), Bern 1986

Vogel, Hans-Jochen, Die Reform des Grundgesetzes nach der deutschen Einheit, in : DVBl. 1994, 497 ff.

Vogler, Theo, Die strafschärfende Verwertung strafbarer Vor- und Nachtaten bei der Strafzumessung und die Unschuldsvermutung (Art. 6 Abs. 2 EMRK, in : Strafverfahren im Rechtsstaat, FS für Theodor Kleinknecht München 1985

Vogt, Ursula, Die Freiheit der Kunst im Verfassungsrecht der Bundesrepublik Deutschland und der Schweiz, Zürich 1975

Vollkommer, Max, Der Anspruch der Parteien auf ein faires Verfahren im Zivilprozeß, in : Gedächtnisschrift für Rolf Bruns, München 1980

Wank, Rolf, Grenzen richterlicher Rechtsfortbildung, Köln 1977

Wehrhahn, Herbert, Systematische Vorfragen einer Auslegung des Art. 2 Abs. 1 des Grundgesetzes, in : AöR 82 (1957), S. 250 ff.

Wendt, Rudolf, Der Gleichheitssatz, in : NVwZ 1988, S. 778 ff.

Wertenbruch, Der Grundrechtsbegriff und Art.2 Abs.1 GG, in : DVBl. 1958, S. 481 ff.

Wintrich, Köln/Opladen, Zur Problematik der Grundrechte, in: Arbeitsgemeinschaft für Forschung des Landes Nordrhein-Westfalen, Heft 71, S. 5 ff.

Wipfelder, Hans-Jürgen, Ungeschriebenes Verfassungsrecht durch Richterspruch, in : DRiZ 1980, S. 441 ff.

Wolff, Martin, Reichsverfassung und Eigentum, in : Festgabe Wilhelm Kahl, Tübingen 1923, 3 ff.

Studien und Materialien zum Öffentlichen Recht

Herausgegeben von Herbert Bethge

Band 1 Hans-Georg Kamann: Die Mitwirkung der Parlamente der Mitgliedstaaten an der europäischen Gesetzgebung. National-parlamentarische Beeinflussung und Kontrolle der Regierungsvertreter im Rat der Europäischen Union im Spannungsfeld von Demokratie und Funktionsfähigkeit des gemeinschaftlichen Entscheidungsverfahrens. 1997.

Band 2 Gerhard Spieß: Der Grundrechtsverzicht. 1997.

Band 3 Stefan Hepach: Der Grundrechtsstatus der Landesmedienanstalten. 1997.

Band 4 Michael Fraas: Sicherheitsrat der Vereinten Nationen und Internationaler Gerichtshof. Die Rechtmäßigkeitsprüfung von Beschlüssen des Sicherheitsrats der Vereinten Nationen im Rahmen des VII. Kapitels der Charta durch den Internationalen Gerichtshof. 1998.

Band 5 Friedrich Loschelder: Die Durchsetzbarkeit von Weisungen in der Bundesauftragsverwaltung. 1998.

Band 6 Gunila Dieterich: Rechtsschutz der deutschen Bundesländer vor dem Bundesverfassungsgericht in Angelegenheiten der Europäischen Union. 1998.

Band 7 Wolfgang Weiß: Die Personenverkehrsfreiheiten von Staatsangehörigen assoziierter Staaten in der EU. Eine vergleichende Analyse der Assoziationsabkommen. 1998.

Band 8 Christian Bamberger: Verfassungswerte als Schranken vorbehaltloser Freiheitsgrundrechte. Vom Verfassungs- zum Gegenseitigkeitsvorbehalt. 1999.

Band 9 Andreas Rohde: Freier Kapitalverkehr in der Europäischen Gemeinschaft. 1999.

Band 10 Herbert Bethge: Rechtsberatung im privaten Rundfunk. Rechtsgutachten, erstattet auf Ansuchen von SAT 1, unter Mitwirkung von Christian von Coelln. 2000.

Band 11 Marcel Vachek: Das Religionsrecht der Europäischen Union im Spannungsfeld zwischen mitgliedstaatlichen Kompetenzreservaten und Art. 9 EMRK. 2000.

Band 12 Kerstin Ebock: Der Schutz grundlegender Menschenrechte durch kollektive Zwangsmaßnahmen der Staatengemeinschaft. Vom Interventionsverbot zur Pflicht zur humanitären Intervention? 2000.

Band 13 Christiane Gucht: Das Zensurverbot im Gefüge der grundrechtlichen Eingriffskautelen. 2000.

Band 14 Markus Ruttig: Der Einfluß des EG-Beihilferechts auf die Gebührenfinanzierung der öffentlich-rechtlichen Rundfunkanstalten. 2001.

Band 15 Jochen Murach: Die Haftung der öffentlichen Hand im Verwaltungsschuldrecht. 2002.

Band 16 Holger Schäfer: Die ungeschriebenen Freiheitsrechte in der schweizerischen Bundesverfassung von 1874 im Vergleich mit dem Grundgesetz. 2002.

FSC
www.fsc.org
MIX
Papier | Fördert
gute Waldnutzung
FSC® C083411

Kolibri 360 GmbH
Ferdinand-Jühlke-Straße 7
99095 Erfurt, Deutschland
produktsicherheit@kolibri360.de

Druck:
CPI Druckdienstleistungen GmbH
im Auftrag der
Kolibri 360 GmbH
Ferdinand-Jühlke-Str. 7
99095 Erfurt